1

西游详解

献给我敬爱的父亲母亲

目录

一　西游记写作手法总论

西游记一书，处处有典故，字字有来由。书中每段故事都有三个层次，第一层，为普罗大众所熟知的神魔志怪小说，唐僧四众取经斗妖魔；第二层，为心性修持的层面，往往采用佛家或者道家典故，以各种隐喻来说明修道者得到了心性上的提升，例如黑风山的黑风代表嗔怒，降伏黑熊怪便代表克服嗔心，用的是佛教用黑风来比喻嗔怒的典故。第三层，是内丹派身命修持的层面，用书中人物、情节、地点来影射内丹修炼中的种种要素、以及可能出现的危险和错误。例如车迟国象征着小周天河车运行中肾气运转的种种歧路，再比如火焰山象征着用大周天之火的发动，等等。也就是说，西游记本质是一本披着佛教外衣，宣说内丹修持的丹道之书。当然另外穿插着科诨幽默，讽刺点缀之类的桥段，为通俗小说必备之特色，不再赘述。

第三个层面虽是西游记的主旨所在，但极少有人提及，更遑论剖析明白。究其原因，内丹修持法门向来为修道之士所宝，不肯详细告人，丹道之书常常使用大量隐语，提高内丹修持之入门难度，而丹道修成之士，正不会来注解一部通俗小说。更何况西游一书，合佛道之妙，而通之于《易》。将此三个层面理解透彻，需要能读懂丹道之书，知晓丹道各种术语名词的指代，具备五行八卦的基础知识，熟悉佛家和道家的典籍掌故，同时还要具备猜谜射覆的天赋，善于抓住线索，剖析隐语。笔者虽然不才，但以诚谨之心撰写此书，接武前贤，反求诸己，务求发掘西游记作者原意。观点从笔者心苗所发源，不求创新而自然便和前人不同，相信诸君定能开卷而有所裨益，不至于入山而空手归返。我泱泱中华，圣贤泱泱。有此书抛砖引玉，以待来人，众志成城，西游记一书隐秘幽微之处，终将有一日大白于天下。

就像欣赏一件稀世古玩，需要从各个角度来把玩、鉴赏，方能领略其鬼斧天工，雕镂非凡。能从这三个层面来解读西游记故事，方能领略作者架构玲珑，文笔精巧。笔者于各个问题之下，都从历史典故、心性修持以及内丹修炼这三个角度来进行思考阐述。而读者也需要注意阅读顺序。因为西游记中大量使用了五行八卦术语，请务必先阅读附录（节选自拙著《周易详解》），在获得周易的基础知识之后，明白各卦具体指代的是何意象，再来阅读起首二章对内丹派修炼步骤的介绍以及唐僧四众的分别指代，然后阅读本书的其他章节，便如顺水行舟，毫不费力。

在西游记书中，其实有三次修持轮回。先有美猴王求道悟道，再有孙悟空修持、然后有唐僧求道悟道。美猴王悟道从东到西，再径回东土，这是一个求道轮回。此处基本上是虚写，并未涉及实质的修炼步骤。而孙悟空回到东胜神洲的花果山为东土，再上于天庭，见到如来为西天，被压五行山又是回到东土，这是第二个求道轮回。唐僧从东土大唐到西天灵山，再径回东土，这是第三个求道轮回。

第二个和第三个求道轮回，都是实写，一一对应着内丹修持的不同步骤，笔者自会在书中详述。区别在于，孙悟空在这两个轮回中的身份和指代象征不同。第二个轮回中，孙悟空象征着金丹，同时也为修道者自身。而唐僧取经中，师徒四众本为一体，指代修道者一人的不同侧面。唐僧为人格为道心，徒弟三人分别象征元精、元气和元神，而孙悟空作为元精以及修道者的心神存在。因此孙悟空在他的求道轮回走过的路，唐僧再在第三个求道轮回重新走一遍。孙悟空来到斜月三星洞，见到菩提祖师，象征着修道者见到自己的本心，悟入先天之窍，同时和第三个求道轮回中唐僧在两界山下见到孙悟空的情节相对应。孙悟空消灭混世魔王，象征着修道者运行周天而心肾互交，取坎补离，同时和第三个求道轮回中唐僧在黑风山降伏黑熊怪的情节相对应。孙悟空被灌口二郎神活捉，象征着大药移炉换鼎，同时和第三个求道轮回中唐僧在祭赛国的情节相对应。孙悟空大闹天空，玉帝请如来降妖，孙猴子不移一步到西天，象征着修道者功行完满，和第三个求道轮回中唐僧灵山拜佛相对应。孙悟空跃出如来手掌，象征着胎神脱壳，和第三个求道轮回中唐僧在凌云渡脱壳相对应。这些对应，读者在读完此书后，自然会豁然开朗。

　　而唐僧求道修行这个轮回，亦有小周天和大周天的不同。西游记一书，常常有同一情节出现两次的写法。例如多目怪为蜈蚣精，玉兔精篇的鸡鸣关亦有蜈蚣精；红孩儿为小周天三昧真火，牛魔王亦有三昧真火；小雷音处小周天功行圆满，见到假佛像；金平府处为大周天功行圆满，亦见到假佛像。其原因在于，修道者刚开始下手修行之时，运转小周天，需要降伏的识神阴能居于体内，通过外呼吸引发体内真气流转，呼吸在外为宾（也因此孙悟空常自称"外公"）而识神在内为主，强宾压主，所以比较困难。而到了大周天，心君正位为主，需要炼化的阴精自外而来为宾，自然不费力气。《太乙金华宗旨》："前者由外制内，今则居中御外。前者即辅相主，今则奉主宣猷，面目一大颠倒矣。"便是这个意思。

　　读西游记，需要知道人物的影射和分身，而非仅仅拘泥于具体的人物角色。例如猪八戒为先天祖炁的象征。文中也同时用别的人物影射先天祖炁，例如太上老君。这时，我们便可以说太上老君为猪八戒的一个影身。再比如沙僧为调和阴阳能量的土元素也就是内丹修炼中的黄婆。在四圣试禅心篇，骊山老母的女儿为象征阴阳能量的水火，因此骊山老母的作用和沙僧相似，我们就可以认为骊山老母为沙僧的一个影身。在车迟国三清观中，沙僧变作灵宝道君，说明灵宝道君是沙僧的一个影身。这些细节，笔者都将会在书中一一解释。

二 内丹派修行次第以及唐僧四人关系

内丹派要旨概述

内丹派为道教的一个分支。道家有些分支通过炉火，抟炼朱砂水银等矿物质而得到可促进人体健康的丹药，称之为"外丹"。与之相对应，内丹派所修炼的"丹药"产生于身体内部，并非从外界求取，因此称之为"内丹"。内丹派的修持法门为静坐而收摄身心，以求身心达到极致境界。可以类比于佛家的参禅打坐，儒家的端坐明心。其宗旨是通过潜藏精气神，使得能量凝结（成为丹药），从人之物理身体中锻炼出气息身体（胎神、阳神），进而达到人体能量的极致境界。西游记书中孙悟空在黑风山自言"他说身内有丹药，外边采取枉徒劳"就是这个意思。

人体呼吸运动，凭借的是宇宙最本源的能量，道教称之为"先天祖炁"。印度那边称之为"普拉纳（Prana）"（普拉纳是一个梵语词汇，意思是"原子之前的东西"）。基督教称之为"光"。西方性灵学派称之为"以太能"。大致都指代同一个东西。这个能量是创生的、积极的、阳性的能量。内丹派借用周易哲学中的乾卦 ☰ 来表示。乾卦有三个阳爻，代表着纯粹的、完全的阳性生命能量。内丹派认为，人出生以后慢慢生长，每天都积累此阳性的能量，到了五千四百八十天（女子为五千零四十八天）时，人体的乾能具足，为完全的阳性能量。但是人心受到物欲杂染（佛教称之为"无明"），不能保持此具足完满的乾能，受制于论断善恶的二元世界，因此使得乾性能量分离，精气神随之流失，人也就慢慢衰老、走向死亡。修炼的目的便是逆转这一过程（所谓"逆修"），通过人体中气息的运行，连接并吸取宇宙本源的阳性能量，从而使得自身的阳性能量不断增加，最后重返乾能具足的先天完备状态。

周易一书讲的是能量的消长变化的运行规律。因此内丹派往往用周易为框架来阐明修行中的能量运行状态。从周易八卦的角度看，坎卦（☵）中间是阳爻，而离卦（☲）中间是阴爻，阳爻为实而阴爻为虚，将坎卦的阳爻取出放入离卦之中，相交则成了乾卦。也可以说，乾卦中的阳爻流失在外，变为坎卦，而原本的乾卦则内中空虚，变成了离卦。坎离二卦由乾卦分裂而来。内丹派用此来比喻人从先天的能量完备状态分裂而堕入后天，因此修行的手段便是通过坎离互交，使得重返先天乾卦，从后天坎离分裂对立的能量修回先天乾能的状态。

那么坎离如何互交呢？人体对应着宇宙，自成太极。人心属阳，对应的是周易八卦中的离卦☲。离卦为两个阳爻包裹一个阴爻，象征着阳中含阴的能量。这一点阴精，称之为"姹女"，又称为"汞"、"汞木龙"等等。同样，人肾属阴，对应的是周易八卦中的坎卦☵。坎卦为两个阴爻包裹一个阳爻，象征着阴中含阳的能量。这一点阳炁，称之为"婴儿"，或称之为"铅"、"铅金虎"等等。道书中所谓铅汞、龙虎、水火、坎离、日月、婴儿姹女等无非都是象征阴精和阳炁的能量的隐喻。各行各业都有自己的术语行话，道家更是喜欢运用隐语。在人体中，坎离互交便是心中的阴液和肾中的阳炁互交。这一点一定要明确，才能看懂此书后续章节。

坎卦中的阳能和离卦中的阴精，是宇宙最本源的能量分化而出的阴阳两种形式。道教认为，当阳能和阴精汇聚交媾之时，会回复到最初的能量的本来面目，为极微小的一粒金色之物，称之为"黍米"、"黄芽"、"金光"、"药"。印度教派将其称之为"金色粒子"。当修道之人通过不断修行，将其汇聚，便变为一团金色物，称之为"金华"、"金莲"、"金丹"、"内丹"等等。

记载内丹修炼的道书很多，大致都是如上思路。在具体如何让阴精和阳炁交会的方法上，则有许多修炼途径。大致要清心寡欲，不为欲望名利所役使，看破自我人格的虚幻，长养精气神，静坐观心，弃想绝虑，看似无为，其实客观上起到了修行的效果。西游记书中所谓"无底篮儿能汲水"、"无根树能生花"就是此意。

内丹派修持讲究的是性命同修。"性"为先天精神，也就是心；"命"为后天肉体，也就是身。首先，先天精神（"元神"）本是纯洁，降生到世间后，为物欲、形式、论断、概念所染杂，变为"识神"，也就是心理学上说的自我、人格。道教的修持讲的是养元神、灭识神。老子的"无名之朴"，儒家的"存天理，灭人欲"其实也是这个意思。在心性上达到清净无杂、抱朴归真，是谓修心、修性。其次，内丹派重视肉身的转化。当人觉悟之后，随着自身心理、观念，精神能量场域的拓展，人体会发生自然而然的变化，是谓修身、修命。这里的"命"，便是指代通过各种手段对人体进行改善，使之达到最佳功能状态。这点和佛教密宗修持所谓的"肉身成就"也有相通之处。

逆转天地和攒簇五行

丹道之书《钟吕传道集》中讲述了普通人之身体为阴性能量和阳性能量所混杂。若是不进行修持，顺着生命的河流随波逐流、因循度日，阳性能量逐渐消耗，阴性能量逐渐增多，到了纯阴而无阳的境地便肉身死亡，神识变成了阴灵而消亡。若是修道，则可以逆转天地运行的规律，逐渐增加自己的阳性能量，直到返回自己生身之初的纯阳状态，也就是老子所说的"专气致柔，能婴儿乎"的状态。吕洞宾道长号称"吕纯阳"，也是此意。金丹大道称为颠倒、逆修之道，便是将混杂于人身的阴性能量、阳性能量以及意识，通过灭除二元意识（灭识神），从而修返还回纯阴纯阳的二元能量（"逆转天地"），再将其坤性能量（元神）与乾性能量（元炁）重新聚合，便可捕捉住即将而尚未化为形躯具体物质形式的原始能量，结成大丹，炼神返虚。

而生身之初的纯阳状态能量，具象化则称之为"金丹"。"金者，坚刚永久不坏之物。丹者，圆满光净无亏之物。古仙借金丹之名，以喻本来圆明真灵之性也。此性在儒则名太极，在释则名圆觉，在道则名金丹。名虽分三，其实一物。"（张紫阳真人《金丹四百字》注）西游记一书，通篇讲的，便是此物。西方为金气所藏之地（对应的是兑卦），西游，便是求取兑金以化为金丹的过程。

五行为金水木火土之五气。五行在先天本为一体，则是土生金、金生水、水生木、木生火、火生土，五行一气，为相生的关系，发而为仁义礼智信等五种正能量。在后天则五行分散偏倾，土克水、水克火、火克金、金克木、木克土，五行相戕相克，发而为喜怒哀乐欲等五种盗害人身的负能量。修行以后，五脏既满，元气自凝；元气既凝，五神自现。此五神为五脏之清净元神，不复未修之前的识神。修行可以使得五行从相互戕害变为相生相爱，称之为"颠倒五行"；在后天五行中返生出先天五行，五行合一，称之为"攒簇五行"。

金丹的具体修法：龙虎交会和大小周天

金丹金丹，那么这个金到底是什么？"金，即坎中液也。得离火以炼之，愈坚而愈莹。"金，就是创造万物以及人身的原始能量，称之为先天一炁。在人身体中，表达为藏于肾脏的阳气。肾脏对应的是坎卦，坎卦为外阴内阳，其中的阳能，就是道教所说的"金"。《一贯天机直讲》："乾之一阳，陷于坎中，坎中之一阳，即为'乾金'，亦即'命宝'"。从五行角度而言，金水木火土为相生关系，原本是金生水，也就是说金元素对水元素有生长促进作用。但肾中之阳能为水中之金，称之为"水中金"。内丹派认为这个金既然在水中，便是由水所生，所以称之为"水生金"，带有颠倒五行的意味。

人体的头部以及心部对应的是天，天属于乾，象征着阳性能量；腹部（肚脐丹田）以及肾脏对应的是地，地属于坤，象征着阴性能量。当人体的阳能发动之时（称之为"活子时"），这时采取静坐，使得坎离互交，龙虎交媾，水火既济，便可以得到药，所谓"黍米之丹"。在人体系统中，肾掌管着人身液体的净化，本为水象；心负责着人身精神行动能量的产生，本为火相。药物产生之时，肾中阳能上升，气化为津唾，为水在上位的景象；而心中的阴液下降于丹田，为火在下位的景象。周易中的既济卦，上卦为坎卦象征水，下卦为离卦象征火，整卦象征着水上火下的景象。心肾相交，水火交会，对应着既济卦，因此称之为既济。丹书《象言破疑》云："火本上焰，水本下流，今锅中之水在上，灶底之火在下，水火颠倒，彼此相济，而饮食熟成。"就是这个意思。

金处于人体北方子位的肾水之中。静坐之时，气从督脉上升，到了泥丸宫气极则化为唾液（"玉液"），再通过任脉下降，进行一个循环，好比周游天地一圈，因此称之为小周天。子为坎水，北方，在人体背面督脉；午为离火，南方，指任脉。因此小周天又称子午周天。

积药较多时，能量规模运动较大，纯乾纯坤的能量进行交媾，所谓"产在坤，种在乾"，"乾坤交媾罢，一点落黄庭"，便能结出金丹，称之为大周天。《周易参同契》中言"子当右转，午乃东旋"。修炼的法门在于，人体海底肾中的阳能发动之时，向右方旋转上升到人体右方，也就是酉位，对应的是兑金（肺气）；而本在南方午位的心火下降之时，向左旋转到人体左部，也就是卯位，对应的是震木（肝气）。肺金和肝木通过中间土元素（虚空、脾土、黄婆）进行牵引，而达到能量交媾的目的，从而凝结乾能（产生药物），称之为"金木相并"。卯为卯木，指东方，指人的左侧肝气；酉为酉金，西方，指人的右侧肺气。因此大周天又称为"卯酉周天"。

每次静坐运行周天，其实就是短暂地灭除了意识，回到先天乾能的状态。这样次数多了，乾能在人体内越积越多，内丹派称之为"积金累炁"，便能达到下一个阶段质的飞跃。就像西方性灵派所说的处于当下时刻的能力逐渐增强，便可以达到意识的觉醒状态。

其实用现代话语来讲，人的意识有先天和后天。先天意识没有分别心，就是我们的觉知，也是佛教说的觉心，西方性灵派说的纯粹意识，基督教说的光，老子说的无名之朴，内丹派说的金光、先天乾体；而后天意识基本上是自我人格，从各种经历而来的没有整合的能量碎片，基督教说的失乐园，佛家所谓无明，内丹派所谓的先天精魂飞丧而导致后天体不全等都是这个意思。金丹凝结，大致便是佛教所说的销矿成金，也就是禅宗的功夫打成一片，同时也是西方心理分析学派说的疗愈和整合碎片，使得纯粹意识觉醒并聚集。说白了，儒释道耶还有西方各家都在用自己的术语喋喋呶呶讲述同一个东西。皈依各家修行深挖，最终不过是在术语黑话上做功夫，故弄玄虚，故作高深。对于一个活生生的人而言，无论是否修行，自己活出何种样的生活，是否无愧于自己的本心，是否还活在痛苦之中，才是最重要的。

西游记和内丹派修持法门的对应

性命同修，到底如何修法呢？西游记一书百回，讲的便是这两个层面的修行次第。

从心性修持的角度而言，修行需要在觉悟的基础上进行修行，唐僧遇见"孙悟空"，为修行者与自己的心建立紧密联系，

15

也就是"悟后起修"。修行需要灭除傲慢、争竞等种种不善的能量，因此书中人物的性格和彼此关系也从开始的争竞猜疑等不善之心而渐趋仁义礼智信等美好品德。唐僧最开始念的是"多心经"，后来则念的是"心经"，这就象征着一个人和他自己心的和解过程。修行需要"惩忿窒欲"，如黑风山黑熊怪便象征了嗔恨，黑水河的浊水便象征了欲望对能量的染污，等等。道心不稳，经常会被物欲蒙蔽，外缘所牵。修白骨观（打白骨精）方能放下对肉身的执念，穿过象征痛苦的荆棘岭方有金丹（杏仙）显现，拘七魄（七个蜘蛛精），杀三尸（车迟国的三个道士），灭九虫（九头虫），降妖伏魔，都是祛除外欲（灭识神），杜绝生命能量漏泄而返还清净天真的本心（扶元神）的过程。

从身命修持的角度而言，修行者首先需要明白如何运用心念驾驭呼吸运输能量（孙悟空所象征的元精、行者），对能量团虚盈变化的觉知（猪八戒所象征的元炁八节），以及进入静定、归于空虚的法门（沙僧所象征的真土也就是虚空），用内丹派的术语来讲，便是聚合元精、元炁、真土，才能运转小周天，反映在西游记文中，便是收伏孙悟空、猪八戒以及沙僧三个徒弟。运转小周天其实便是人体气脉按一定规律运行，用河车转动来做比喻。河车转动需要熟悉路径，因此用乌巢禅师和四圣试禅心篇的情节来表明修道者熟悉掌握了真气运行的路径。而小周天成功运行之后则会产生微小的丹药（"黍米之丹"、"黄芽"），书中用五庄观的人参果来象征此小周天所产之药。然后继续运行小周天，修治脏腑，培本筑基。脏腑以心肾最为重要，因此西游记紧接着花了大量篇幅论述对心和肾的治理。就心的能量而言，平顶山莲花洞为灭除心脏部位的识神，乌鸡国为心脏部位的元神归位。就肾的能量而言，黑水河为灭除肾脏部位的识神，通天河为祛除肾中的阴水而提炼肾中的阳水。此外红孩儿篇为小周天起火炼药，而车迟国为真气运行的种种迷途、障碍。小周天功行完满之后，要转换为大周天，移炉换鼎，也就是丹药在人体中所处的位置和烹炼的手段都发生了变化，而大周天点火是修行路上的一大挑战，火焰山一篇讲得便是这个步骤。大药团聚之后，便有金丹现相，荆棘岭的杏仙，便是金丹初次现相的隐喻。而精气完全炼化之后，修行者达到马阴藏相的状态，则对应着唐僧在小西天收伏黄眉老怪。卯酉周天运转完满之后，大药冲关，则对应着收伏玉兔精的情节。大药成熟之后，修道者加以服食，然后进入如同死亡一样的大定的状态，对应着寇员外死而复生的情节。再后来长养胎神，终于达到脱去肉身的终极目标（凌云渡脱壳），是为灵山参见佛祖。而功行完满之后，便成为神仙，可以长生不老，对应着修行者回到象征生命繁荣生发的"东土"。一部西游，情节的起承转合紧密对应着内丹修炼者由弱到强、逐渐成长的过程步骤，严丝合缝，毫发不乱。一步步行来，每一步都有根基都有典故出处。明白了这些，再来看西游，便能领略其真正的文字之美，架构之妙。

西游记里的取象比喻，绝大多数都取自于五行八卦，脱胎于周易一书的取象比喻。一部周易，从先天到后天，因此从乾坤二卦开篇，乾卦和坤卦为纯粹的阴性和阳性先天能量。一部西游，则从后天修回到先天，因此末尾两篇故事（收伏玉兔精而见到太阴星君和寇员外起死回生）对应着乾坤两卦。另外如坎卦对应猪的形象、水元素、偷盗的故事情节等等，离卦对应鸡的形象、火元素等等都是源自易经的经典意象，不胜枚举。笔者同时还著有《周易详解》一书（ISBN：9798991345200），该书除了将周易原文每一字都做简明的现代汉语阐释之外，也附有对八卦中每一卦具体所代表意象的论述。现在节选附录于后，诸君一定要看熟该篇，才能豁然贯通，明白西游记中的各种取象比喻背后的思路。另外德国心理学家荣格的《金华的秘密》，从心理学的精神分析和人格疗愈的角度来论述内丹修炼背后的道理，也可以参看。

为何唐僧叫做唐三藏？

西游记第二回菩提祖师传给悟空的长生诀要："都来总是精气神，谨固牢藏休漏泄。"这一句，为全书大关目，大纲领，不可不知。唐僧师徒四众，本为一人。唐僧代表人格自我，悟空为精，八戒为气，沙僧为神。西游，便是修道者祛除后天习气、锻炼自我，使得精气神进行转化的过程。

唐僧为何叫做唐三藏？这里同时有佛教和内丹修持两个层面的含义。首先，三藏（zang）这个名字在佛教框架中有典故出处。精通佛教圣典中之经、律、论的僧人，人们将其尊称为三藏法师。但是唐僧在西游记书中角色设定是因为东土经典匮乏而去取经，三藏法师这个典故的原意与之冲突，因此书中为自圆其说起见，就用唐王李世民言佛教有三藏真经，给唐僧指经为名，所以取名叫做三藏。其次，从内丹派的框架来看，则是固藏精气神这三者，"必先陆沉三光，目不视而神凝，耳不听而精固，口鼻不动而气聚"，因此称之为三藏（cang）。（另外，藏，就是封。三藏，还影射了三丰这个名字，不排除西游记作者有可能是刻意为之。《张三丰先生全集》中便记载了张三丰署名为"封三张"的故事。单独这一点看起来牵强附会，读者不妨参阅笔者在乌鸡国篇对西游记和张三丰道派的关系所进行的论述。）

道家丹书把精、气、神合称为"三宝"。三宝有后天和先天之分。精气神是后天三宝，在精气神三字前各加个"元"字变成元精、元气、元神，即是先天三宝，强调人受身之初的本源能量。修道家炼气的最高功法，就是要修成精气神合一。《胎息经》幻真先生注说："修道者，常伏炁于脐下，守其神于身内，神气相合而生玄胎。"《悟真篇》也说："三家相见结婴儿。"所谓三家相见，一般指的是精、炁、神合一，龙门派则指的是身、心、意合一。《太乙金华宗旨》说："丹道，以精水、神火、意土三者。"唐僧得到了三个徒弟，便是链接到了元精、元炁和元神。有此三者，便可以安立炉鼎，吸引虚空中的阳气来归附自身，炼化外药阴精，如滚雪球一般，阳炁越滚越多，积金累炁，运行大小周天，从而达到金丹凝结，这便是修持的主要过程。

在精气神三者当中，唯有"神"独具主宰功能，是为三宝之主。《青华秘文》说："金丹之道，始终以神而用精炁者也。"因此唐僧的大徒弟为孙悟空，在三个徒弟中神通最大。

唐僧四众的隐喻、象征和相互关系

道家炼外丹之时，需要将药物放入炉鼎，然后下有柴火烧炉，上面添水对矿物质进行烹煮，使其转化为丹药。内丹派中也有相似的比喻。王重阳真人的《金锁玉关诀》言："脐中一寸三分名为丹田。田内一座宫，宫中名曰黄庭宫。中有一炉，名为丹炉。炉上坐定一只金鼎，下频进真火，上频添神水。水火者，坎离也。夫水火是君火、臣火、民火，三火者，为真味也，心性意是也。"内丹派以人身为炉鼎（西游记书中也用装清油的灯盏、装丹药的琉璃盏、金葫芦、玉净瓶等来作为隐喻）；肾水本在下，气化而至于头顶，化作津液流下，是为向炉鼎之中添水；心火本在上，液化下沉而守于丹田，发动胎息，如同风扇扇火，是为向炉鼎之中添火。心火在下，肾气化水在上，称之为"水火既济"。人体从外界吸收而来的能量为阴精、种子、待炼化的药物。

内丹派讲究精气和而凝结成丹药，"寻取太乙之精以为火，采取先天之气以为药，火以炼药，定里丹成"。人体自身所禀之先天能量为元精、元炁、元神。这里孙悟空为元精（兼具金火两性），也就是上文说的"太乙之精"（因此他是太乙金仙），猪八戒为元炁（兼具木水两性），沙僧为元神、真意。通过心神凝注虚空发动阳能产生真火，激荡元炁和阴精相摩荡，就好比外丹派用液体来烹煮药物，因此称为"炼药"。所产药物为极微小的金光，不断积累凝结后成为一团金色光华，称之为"金丹"。精炁神三者入于人身之炉鼎，锻炼成片，称之为"三家相会"。

张紫阳真人说："炉中若无真种子，犹将水火煮空铛。"唐僧十世修行，便是修道的真种子。佛教认为，人的潜意识中有过去多生累劫经历留下的痕迹和影响，称之为种子，当条件时机具备时会萌发出来，变成一个人的行为举止，所做之事。《法华经》里说哪怕看到佛像稍微低头，那一刻的些许恭敬之心，也会在一个人生命中留下痕迹，在识田中种下种子，因缘具足之时，人便能因此成佛。唐僧便是隐喻人性中向善求道的欲望，回归本源的渴望，西游记书中将其称之为"善种"、"善根"、"禅机"。相反地，妖魔鬼怪，便是向下拖拽的种子（所谓"地狱种子"）的能量爆发显现。我们每个人都有向善的冲动和向恶的欲念，从这个意义上说，我们每个人都既是唐僧，也是妖魔。

猪八戒为真水为元精，孙悟空为真火为元神，唐僧为真种子，加上沙僧为真土，四者条件具备（内丹派称之为"四象和合"），便可以开炉炼丹了。唐僧师徒四众，便是四象和合。

西游记一书中将猪八戒设定为猪的形象（对应着地支亥），又是掌管天河水师的天蓬元帅。地支亥中包含甲木和壬水，因此猪八戒兼具木和水两种元素的特性。河和水对应的都是坎卦，猪的形象、人体的肾脏对应的也是坎卦，因此猪八戒对应的是坎卦，在人体中象征肾水。坎卦中间为阳爻，象征着阴中之阳的能量，而龙正是水中之阳性生物，因此用龙来比喻坎卦，因此猪八戒的钉耙为龙齿耙。其居住在高老庄，象征着先天祖炁，因此常自称"祖宗"。内丹派修炼金丹，便是要积累增添此炁，因此猪八戒食肠宽大。

西游记一书中将孙悟空设定为猴子的形象。猴子为申，申对应的是土中之金。孙悟空同时也象征着修道者之心，也就是火元素。因此孙悟空兼具金火两种元素的特性。火元素和心为离卦，因此孙悟空对应的是离卦，在人体中象征心火。离卦中间是阴爻，内丹派将离中阴液称之为铅金虎，因此孙悟空穿虎皮裙，系虎筋绦，都是在影射这一点。

20

道书《钟吕传道集》言："肾气传肝气，气行子母，以水生木。心液传肺液，液行夫妇，以火克金。"内丹派认为，肾为母而肝为子，肾炁生肝木，因此肾为肝木之母，猪八戒为肾炁，因此书中将其称为"木母"。而心为夫而肺为妇，心对肺有克制作用，因此心为肺金之公，孙悟空为心火，因此书中将其称为"金公"。

沙僧为土，为意。取名为"和尚"，同样是一语双关。既是佛家的"和尚"这个专有名词，又取其以调和为尚（调和关系为上）的字面意思，重在调和水火，使得猪八戒象征的坎卦和孙悟空象征的离卦相互交会而产生乾卦。孙悟空为心火，猪八戒为肾水，心肾相交，水火相会，需要土元素来进行调和，道教称之为黄婆，沙僧所代表的土元素，便是此意。黄婆家住中宫脾土，土色黄，卦属坤，坤为母，故称婆。黄婆的作用是作为媒介，使元精（肾）和元神（心）相结合，达到龙虎交会和水火既济的目的。这些影射象征笔者都将会在后文详细解释。

当然在书中，唐僧四众也存在其他指代。例如孙悟空的金箍棒象征着静定，八戒这个名字象征着收摄身心之戒律，观音菩萨象征着从觉察中升起的智慧，三者合起来，象征着佛教的戒、定、慧，为去往西天的凭借主仗，这在佛教框架中颇为通顺。

再比如猪八戒为药为先天母炁，孙悟空为火为后天呼吸也就是后天子炁（因此以孙为姓，常自称外公，参见笔者在乌鸡国篇的详细解释）。内丹派认为后天呼吸可以调动先天能量。《伍柳仙宗》云："二炁者，先天是元炁，后天是呼吸之气，亦谓之母气与子气也。超劫运之本乃元炁，不能自超，必用呼吸以成其能。故曰元炁不得呼吸，无以采取烹炼而为本；有呼吸不得元炁，无以成实地长生、转神入定之功；必兼二炁，方得是长生超劫运之本也。"孙猪二人便是以火炼药，子母二炁的象征隐喻。

再比如孙悟空为心，猪八戒为身，心为猿猴，跳跃不居，故称之为心猿。猪八戒常常升起退步之心，既象征了身的怠惰也象征了水对火的克制（因此常常喊叫"散伙"，也就是"散火"）。唐僧三个徒弟，为身心意三宝。

再比如孙悟空之"孙"字拆为小子，指代内丹修炼中的婴儿（因此书中说他身材如同七八岁的孩童，"小自小，颇结实"），而猪八戒之"猪"字谐音为"珠"，指代修炼过程中之金丹，内丹派常将其称为宝珠、火珠、玄珠、太乙真珠等。

再比如唐僧三个徒弟也对应着修炼金丹的三个窍穴，孙悟空为心窍，猪八戒为肾窍，沙僧为中丹田也就是黄庭。《大成捷要》："人身中，有修炼金丹三窍，不可不知也。上窍离宫心位，外阳而内阴，中藏元神。为性、汞、龙，天山也。下窍是坎宫肾位，外阴而内阳。中藏元气。为命、铅、虎，气穴也。以及命宫、坤炉、生门、密户皆此一处。人能凭真意，元神下凝命宫，自然超生了死。此上二窍中间，又有养胎一窍，是空洞之所，虚无之窟，乃人身之正中在心下脐上黄庭之处，中丹田是也。此乃人一身之关窍也。"

这些指代并不矛盾。比如一身之中，肾为先天之本，也是元气的储藏之所，因此用它指代身体，也颇为恰当。优秀的文学家文笔活泼，如珠走盘，本无定方，逻辑上说的通，故事情节又能写到位，便是恰当的比喻指代了。

其他若干小问题

为何唐僧取名叫做金蝉子？

西游记惯常的写作手法便是，披着佛教外衣，讲丹道修持。因此，西游记作者最偏好使用的便是既能在佛教甚或道教的典籍中找到出处，又能影射丹道修持理论的典故。此处也不例外。

表面上看，此处仍是采用佛家典故。佛教中常常把和尚称作禅子，佛经中常常以金色为色身庄严。"金蝉子"便是"金禅子"，唐僧为如来佛的高足，称其为"金禅子"，乃是溢美之词，在佛教的框架中说的通。

骨子里仍是讲的内丹修持。内丹派以"弃壳升仙"为修行最终结果，修行到了一定境界，元神汇聚，化为胎神，称之为"怀胎"。胎神称之为"婴儿"，经过养育之后，胎神便能脱出肉身，来去自如，这便达到了修持的最后境界，可以长生不老，成仙了道。"金蝉"指代的便是金蝉脱壳，"壳"便是肉身，书中言"致使金蝉重脱壳，故令玄奘再修行"便是这个意思。唐僧修持之后结成灵胎，胎神圆熟以后，在凌云渡脱去肉身，讲的正是"脱壳"这一步骤。

另外，"金蝉"二字也是"金蟾"的谐音。传说中月宫有一只三足蟾蜍，也因此古人常称月宫为蟾宫。月宫对应的是坎卦，金蟾为坎中之金，正是内丹派所说的水中金，丹修之士常将坎卦中的阳能发动（活子时）称之为蟾光。内丹修炼的主题思想便是提取坎中金（金蟾）而凝结成丹，得道成仙（脱壳），因此"金蟾脱壳"这一意象颇为符合丹道框架。

明朝时期民间流传着刘海戏金蟾的故事，故事里的刘海盗取狐仙金丹，又用该金丹诱取金蟾精的金丹，双丹俱得而成为赤足大仙。刘海和金蟾，便是刘海蟾三字拆分而来。全真道尊奉王玄甫、钟离权、吕洞宾、刘海蟾为四大祖师。加上全真道的创始人王重阳，合称北五祖。这里刘海的行为特点，便是用自己已有的金丹来诱取外界的金丹，这就隐喻了内丹修炼中用自己的元炁来炼化阴精，使得阴精成为新的元炁，才能形成金丹大药。

内丹派用月亮的盈亏变化来比喻药物从微到壮之变化，因此调药又称"簇月功"。西游记一书中，孙悟空在天庭假扮赤足大仙（赤足大仙的原型为刘海蟾，影射着月中金蟾），猪八戒调戏月里嫦娥，沙和尚的宝杖为梭罗木也就是月中桂树，这些都隐隐暗示了簇月之功。师徒四人本为一体，唐僧的名字"金蝉子"也有此寓意，顺理成章，合乎逻辑。

为什么经在西天？为什么要"径回东土"？

表面上当然用的是佛教典故。西游记以玄奘西行去印度取经为表面故事，印度在中国西边，所以经在西天。

从丹道的角度看，丹书言"释氏教人修极乐，只缘极乐是金方"。内丹修炼是返本还源，回归先天的过程，以求取金丹为最终目的。《素问》云："东方之域，天地之所始生也。西方者，金玉之域，沙石之处，天地之气收引也。"西方为金的代表方位。兑卦为金，处于西。往西行去，才能得金，所以要去西天取经。而象征原始阴性能量的坤卦方位处于西南，而象征原始乾性能量的乾卦处于西北。向西去，才能逆修返回乾卦的纯阳能量和坤卦的纯阴能量，然后才有乾坤交媾，产生金丹大药。而金丹大药则可起死回生，东方为生机勃发的方向，因此要回到东方。西游记中寇员外的门楼坐西向东，便是这个道理。

另外，内丹修炼讲究金木交并，"震来就兑"。丹书云："金公本是东家子，送在西邻寄体生"。人体之内，肝气生发于震位，对应的方位为东。肺气生发于兑位，对应的方位为西。内丹派认为，肝气和肺气相交为金木交并，因此肝气从左腹东方卯位运行到右腹西方酉位，合于肺金而凝结成光（金华、药物、黍米之丹）（这也是卯酉周天的逻辑）。八卦所指代的意象中，震卦具有行走的意象，兑为西方，对应的便是向西方行走，因此反映到西游记的故事情节中，便是从东到西。唐僧求道从东土大唐出发到西方天竺灵山，正是"震来就兑"，然后又从西方径回东土。美猴王求道同样也是从东到西，从东胜神州的傲来国出发到西牛贺州的灵台方寸山，然后又从那里回到自己东方家园。太阳东升

24

西落，东方是生气方，西方象征着死亡。从东到西为向死而生，求取采炼金丹大药，耗时缓慢；而从西回东则迅疾无匹，指的是服食金丹大药所达到的返还先天而起死回生的效果。

为何西天取经要经过九九八十一难？

这里当然也是外佛里丹道的写法。

表面来看，佛教有"思惑"的说法，也就是现代心理学中所说的心理陷阱、固定思维模式。"思惑"是无明的体现，源于贪、嗔、痴、慢、疑之五盖。欲界、色界、无色界都有思惑，只不过表达形式不同，总共有八十一品思惑，也就是八十一种由于思维模式而产生的烦恼。修行者修行，要达到断除烦恼，西天见佛的境界，需要对这八十一种思惑烦恼分别进行对治，就好像历经了八十一种困难挑战一般，因此对应着唐僧西天取经经过了八十一种困难。

从内丹修炼的框架来看，金丹凝结讲究的是"三五合气九九节"，需要精、炁、意土三家会合，经历多次变化，丹药方能从微幼到老熟。节：节次、段落。九为阳数，亦有终究之意。九九用来形容丹药经过极为多次的交互变化。三五指的是肾水坎（一）、心火离（二）相结合为三，加上戊己意念（五）为媒介。猪八戒所象征的肾水对应坎卦，其数一；孙悟空所象征的心火对应离卦，其数二；沙和尚象征的脾土戊己意念（其数五）为媒介，使精炁（心肾）相结合，经过九九八十一个阶段变化，在西游记里便对应着九九八十一难。

而同时，八十一难还让我们联想到《难经》。《难经》原名《黄帝八十一难经》，又称《八十一难》，开创了中医人体藏象、五行阴阳理论体系。内丹修行本基于人体，和中医理论丝丝相连，关系极为密切。《黄帝八十一难经》以问答解释疑难的形式编撰而成，共讨论了中医诊治中的八十一个问题。而西游记其实是通过唐僧取经的形式，来隐喻不同状态下丹道修行遇到的八十一种问题、困难和挑战，因此用八十一难经来作为该书自喻，也非常恰切。

就唐僧求道而言，一共出现了九次丹药，是为金丹九转。第一次，黑风山悟空打死苍狼怪而吃下了一粒仙丹；第二次，唐僧在万寿山吃的人参果名为草还丹；第三次，乌鸡国王服下了太上老君的还魂丹；第四次，悟空在车迟国啃了一颗大桃子（西游记中以桃子来比喻仙丹，详见万寿山篇的论述）；第五次，悟空降伏铁扇公主之时从灵吉菩萨处得到一颗定风丹；第六次，荆棘岭杏仙现相，象征着金丹；第七次，朱紫国王服下乌金丹；第八次毗蓝菩萨降伏金光怪时给予唐僧解毒丹；第九次，寿星给比丘国王的火枣，"身轻病退，后得长生"。是为金丹九转。

西游记是如何对人体内景进行描写的？

内丹派认为，人身法天象地，其中能量运行的各种情景，以及阴阳感合，与外部世界没有什么两样。静坐之时要收摄眼光，心神从关注外部世界转而看向身体内部的世界，所谓内视、回光、返照，便能看到身体内部能量变化交互的景象，称之为内景。书中所描写的各种景象，如火烧黑风山，雪满通天河，看似是对外部世界的描写，同时也是天眼所看到的身体内部的能量运动的景观。五脏各有不同的气场之光华。最初为物欲杂染之时，五脏被邪气（"识神"）所占据，肝为黑风山，肾为黑水河，脾为黄风岭。锻炼身心之后，气场清净纯洁，五脏的真神（"元神"）现象，肝为青龙山，肾为通天河，脾为万寿山。一部西游，皮里阳秋，全在双关，表皮为佛为取经西天，内骨为道为锻炼内丹。明白了一击双响、机带双敲的手法，才能看懂西游记。

《太白还丹篇》言："左目，日也。右目，月也。泥丸，天也。泥丸何以为天乎？如天之不可升也。圣人有法，返本还元，使元气归於泥丸，则天门开，而通去来，如黄河自天汉而下，流入於海者也。发，星辰也。耳，幽谷也。参罗为万象也。鼻，玄牝也。口，天仓也。舌，赤龙也，仓言受众物，龙言耕也。喉，楼阁也，谓之十二楼环者也。五藏，五岳也。六府，六曹也。三焦，三台也；上为太师，中为太傅，下为太保。四水，四渎也。汗，雨也。气，风也。"可供参看。

西游记里的妖魔都代表什么？

妖魔鬼怪，总之都是使得精气神败坏的能量。内丹修炼讲究闭塞耳目口，固藏精气，勿使外泄。"内三宝者，精气神是也；外三宝者，耳目口是也。须以耳目口，闭塞勿发通。目视色则神从目漏；耳听声则精从耳漏；口开言则气从口漏。视听言时动于外，则精气神日耗于内，渐渐衰老，耗尽则死。所谓固三宝者，目不妄视，耳不妄听，口不妄言，是谓外三宝不漏也。目不视而神在心，耳不听而精在肾，口不言而气在丹田，是谓内三宝自含也。"（《重阳注五篇灵文》）例如多目怪、六耳猕猴以及九头鸟，便是在比喻通过眼目口视听说而漏泄能量，伤害到修道者的精气神。此宗旨和佛教《金刚经》说的"不应住色生心，不应住声香味触法生心"是一致的，讲的都是固藏不使能量向外漏泄。

另外，道教认为神有元神和识神之分。识神能以败道，元神能以成道。识神带有历劫根尘，借元神之灵而生，通过各种违缘，吸取人身能量。《太乙金华宗旨》将元神称之为"本来面目"："有元神在，即无极也。生天生地皆由此矣。学人但能守护元神，则超生在阴阳之外，不在三界之中，此惟见性方可，所谓本来面目也。下识心，如强藩悍将，欺天君暗弱，便遥执纪纲。"西游记一书中常有邪魔侵袭正位，便是此识心识神压倒元神的象征。

《钟吕传道集》讲述了十种妨害修行的能量，称之为"十魔"。如"舌求甘味，鼻好异香"为六贼之魔；"画栋雕梁，金玉满堂"为钱财之富魔；"侯封万户，满门青紫"为权势之贵魔；"恶虫为害，毒药所伤。路逢凶党，犯法身亡"为患难之魔；如"三清玉皇，往复翱翔"为圣贤之魔；如"弓箭齐张，争来杀害"为刀兵之魔；"艳质浓妆，争要成双"为女色之魔。"是此十魔，难有不认者是也。既认则著，既著则执。"所谓魔，便是使得人精神外驰，迷失本性的情境。修行者原本处于当下，清明在躬，被情境所吸引，升起念头情绪，乃至被虚假的自我支配，做出种种行为，就如被妖魔抓入魔鬼洞中一般。《金刚经》谆谆告诫的不能"着相"，便是此意。

妖怪们为什么要吃唐僧肉？为何最后都未能吃掉唐僧？

吃唐僧肉这个想法可能出自张三丰祖师的《玄机直讲》。他说得道之人，"浑身气候，无不是真药，鸡餐成凤，犬食成龙。"那么妖怪们都想分一杯羹，也是情理之中的。成道之人浑身辐射着可以提升他人能量的气场。这也是为何传说中在特蕾莎修女身边会感受到极度的幸福。其实不仅是成道之人，人们之间的能量场都会相互影响。俗语说的"沾光"、"托福"都是这个意思。

我们日常起心动念做事，源于一股元初能量。从能量的角度来讲，正和邪都是从本源的能量转化而来。而我们的自我根据自己的经验和欲望将原本中性的事物划分为善恶、是非、美丑，哲学上称之为二元论断。元初能量是超越二元判断的，道教称之为"光"，而将二元论断称为"识"。所谓"识起而光杳无可觅，非无光也，光已为识矣"，当二元判断升起之时，元初能量就从本来面目堕落而为二元对立的善念和恶念。善念和恶念，本源于同样的元初能量，可以相互转化。妄念一动，化元神真意为识神神意，先天即降等为后天，"性光"降级为"识光"，唐僧也就被妖魔劫入洞中。象征恶念的妖魔，要吃掉唐僧，便是想吸收善念背后的元初能量，将其转化吞噬为自身的能量。有的修道者内视人体时能够看见正邪能量的交锋，黑色阴邪的能量团吞噬白色的有益于人体的能量团，阴邪的能量自身便壮大，仿佛黑炁用嘴将白炁吃了一样，因此比作"吃唐僧肉"。而唐僧四众降伏妖魔，则反其道而行之，通过灭除因情景而产生的论断妄念，将分裂对立的二元能量重新整合转化为超越二元、本为一体的先天能量，称之为"返本还源"。西游记书中常常出现的"一体"、"本原"、"元始"等字，都是这个意思。

我们都知道《楞严经》中老王观河的例子。他三岁之时能看到河的那个机理，和他六十二岁之时能看到河水的那个机理，是完全一致的，都是基于我们的自性。我们的本性是不来不去，不生不灭，如如不动的。就连我们的肉体，据佛典说在一刹那间都有四百次生灭。唐僧在刹那间被妖魔吞吃了四百次，又重生了四百次。我们失去清明中正的状态，困于狭小的真相中，看似迷失了自我，但当迷雾散去，究竟所谓"西苑依旧满花枝"。从这个意义上讲，我们每个人都是唐僧。

为什么许多妖怪都和菩萨神仙有关系？为何魔怪大部分都不被打死，而是皈依？

菩萨神仙是正面光明的能量，妖怪虽然是负面黑暗的能量，但来源于同样的元初能量，只是没有呆在正确的位置上。有正必有负，正和负本是一枚硬币的两面，都是元初能量的不同划分。有了妖魔，才有菩萨。

魔怪本身就是错位的能量。能量是不来不去，不生不灭的，只能转化为不同的形态。魔怪皈依为菩萨的坐骑、侍从，象征着邪恶的能量被象征善和正义的能量所使用转化，处在了应有的位置，归于本源。所以回目有"姹女还归本性"，"魔王还归大道真"，"真阴归正会灵元"之类的语句。具体到中医而言，当人体虚火上焱时，也是元气流串错位，讲究的不是灭火，而是引火归元。而在周易体系中，妖魔为艮卦，象征着修行过程中遇到的障碍能量。但艮卦同时也有仆从、臣子、助手、坚实的支撑等意象。将妖魔收伏而为仆从助手，艮卦还是同一个艮卦，能量还是同样的能量，不过不再是障碍，而成了向上托举的助力。

观音菩萨代表什么？

蛇盘山鹰愁涧一篇故事中，孙悟空称观音为"七佛之师"。遍览佛典，只有文殊菩萨被尊称为"七佛之师"，并无他人。因此，这里显然是西游记作者的故意误用，就像屡屡把《心经》写成《多心经》一般。八卦中"七"这个数字对应为心，观音为"七佛之师"，其实就是为心神之师，也就是孙行者的师父。观音菩萨住于南海，对应的是离卦。我们知道孙悟空对应的也是离卦。因此，观音菩萨为孙悟空在书中的另一个影身。

观音菩萨的"观"字为儒释道修行之共法，强调人之意识所具备的体察功能。将体察的对象从外界转为内心，则称之为"返照"、"回光"、"内观"等等。吕祖的《太乙金华宗旨》言："圣圣相传，不离反照，孔云：'致知'，释曰：'观心'，老云：'内观'，皆此法也。"就是这个意思。又言："止观二字，原离不得，即定慧。定慧双修，此为回光。回者止也，光者观也。"

"观"为觉察，"音"为音信。《西游原旨》言："金丹大道，安炉立鼎，采药入药，文烹武炼，结胎脱胎，沐浴温养，防危虑险，药物老嫩，火候止足，进退迟缓，吉凶悔吝，事有多端，全凭觉察以为功，此《西游》以观音为一大线索也。"此说甚是。观能生慧，观音菩萨便代表的是灵明觉察之神，时时救难，即时时体察内丹修炼的火候，不使火炎水寒，务求到温温程度，刻刻保存真意。

三 悟入先天窍 心役真息行：孙悟空篇

此篇讨论孙悟空的故事。对应着百回西游记的第一到七回。

孙悟空求道和唐僧求道有何异同？

前文笔者已经论述过，西游记一书中其实有三次修持轮回。先有美猴王求道悟道，再有孙悟空修持、然后有唐僧求道悟道。美猴王悟道从东到西，再径回东土，这是一个求道轮回。此处基本上是虚写，并未涉及实质的修炼步骤。而孙悟空回到东胜神洲的花果山为东土，再上于天庭，见到如来为西天，被压五行山又回到东土，这是第二个求道轮回。唐僧从东土大唐到西天灵山，再径回东土，这是第三个求道轮回。

第二个和第三个求道轮回，都是实写。区别在于，孙悟空在这两个轮回中的身份和指代象征不同。第二个轮回中，孙悟空象征着金丹，同时也为修道者自身。而唐僧取经中，师徒四众本为一体，唐僧为人格为道心，徒弟三人分别象征元精、元气和元神，而孙悟空作为元精以及修道者的心神存在。因此孙悟空走过的路，唐僧再重新走一遍。例如西游记最后寇员外起死回生，对应着悟空大闹地狱勾销生死的情节。孙悟空未能跳出如来手掌，是为胎神出壳失败；唐僧凌云渡脱去肉身，对应着胎神出壳成功，终于成佛。这种对应，笔者自会在解读每篇故事时一一详说。

美猴王求道，从东胜神州出发，八九年后来到西牛贺州的灵台方寸山，又经十一二年而道成。唐僧求道，从南赡部州出发，十四年来到西牛贺州的灵山而脱壳道成。二人成就，都在西方。明面上，佛在天竺印度，因此成就在西方。内里从丹道的角度而言，西方对应着兑卦的方位，兑为金，为金丹成就之处。悟空之道，便是唐僧之道，也就是丹道。孙悟空走过的路，唐僧再走一遍。在寇员外的篇章中八戒说孙悟空："这路是你行过的，怎说不知！"悟空回答说："这路虽是走过几遍，那时只在九霄空里，驾云而来，驾云而去，何曾落在此地？事不关心，查他做甚，此所以不知。"正是此意。

金丹大道的修法，根据各人根器资质不同，有顿渐的区别。就像佛教，禅宗可以顿悟，慧能听《金刚经》一言而悟；净土则须渐修。孙悟空具有生而知之的灵明，可以顿悟。唐僧则"在那口舌场中，是非海里，弄得眼肉胎凡"，只能渐修。顿渐根器不同，所行道路快慢不同。孙悟空便能在"九霄空里，驾云而来，驾云而去"，唐僧却是"骨凡身重"，必须得"舍车而徒"，一步步前行。《大成捷要》："吾曾见有得闻天元大丹，而从天元了道者，则抵知天元之尊贵，而不知复有地元、人元之玄妙。"顿悟为天元大丹，从天元大丹得道之人，并不了解地元和人元的细微曲折之处，因此孙悟空不知晓唐僧所走之路，正是实情。

孙悟空在取经过程中象征着什么？为何书中称其为心猿、金公、外公？

首先，孙悟空是一个猴子的形象，这一设定仍然是外佛里丹道的写法。从佛道心性修行的框架来看，西游记文中屡次将孙悟空称为"心猿"，这是一个佛道两家共用的经典比喻，比喻心神如猿猴一般跳脱放荡，需要将其栓系。因此我们知道，孙悟空象征着修道者之心。而从丹道框架来看，正如书中牛魔王篇所说的"申下生金本是猴"，孙悟空猴子的形象对应着地支中的申。申在五行之中属金，为纯阳之金，称之为申金，说明孙悟空在丹道修行中具有金元素的属性。书中多次将孙悟空称为"金公"，猪八戒称为"木母"都印证了这一点。孙悟空在高老庄降伏猪八戒之时，诗云"金性刚强能克木，心猿降得木龙归"，"木龙"是八戒，对应着内丹理论中的"汞木龙"，而行者是和"木龙"相对应的"铅金虎"，龙虎交会才能结丹。

其次，孙悟空兼具金火二性。唐僧恨逐美猴王之篇，书中又说"身在神飞不守舍，有炉无火怎烧丹"，明说了孙悟空便是炼丹之火。内丹派以心神来调整呼吸为炼药之火，称之为以神驭气。另外上段已经阐述了，孙悟空为心，心在八卦中属于离卦。离卦对应的是火元素。（离卦的意象为眼目为火为光明，孙悟空为金为离卦，因此孙悟空具有火眼金睛这个设定。）心火在人体三昧之火中为君火，也因此火焰山篇土地说火焰山之火是大圣放的。在五行相克的理论之中，水克火。也因此，孙悟空惧水。在流沙河篇作者写道："水里勾当，老孙不大十分熟。若论赌手段，凭你在高山云里，干甚么蹊跷异样事儿，老孙都会，只是水里的买卖，有些儿榔杭。"八戒道："老猪当年总督天河，掌管了八万水兵大众，倒学得知些水性。"讲的就是孙悟空作为心神具有的火性元素，受到水元素的克制。当然这里也描写了猪八戒作为肾水具备水元素的特性（详见高老庄篇的解释）。

丹书《还原篇阐微》言："药取先天炁，火寻太乙精。能知药取火，定里见丹成。""太乙"的意思是来自先天的能量。书中又称孙悟空为混元一气太乙金仙，并且言道"混元体正合先天"，也就是说，孙悟空代表的是人体的先天之金精，也就是元精。内丹派修炼，便是以先天之元精、元炁、元神为炉鼎，来锻炼后天阴精药物，以达到积金累炁的目的，使得金丹凝结。对应到唐僧的三个徒弟，孙悟空具有金火二性，对应的是元精，猪八戒有水木二性，对应的是元炁，而沙僧为土，对应的是元神。

道书《性命圭旨》云："夫精、气、神三宝，则撑持宇宙，总括阴阳。天地得之而含盖乾坤，人心得之则修仙做佛。唯有内有外，知之者可以兼而修之，不知者独修一物。独修者，乃顽冥之汉也；兼修者，能证仙佛之果也。""凡言内外兼修者，其精在杳冥恍惚之中。此精姓金，唤九三郎，讳元晶，号曰金华商夫君，居玉池之西，出入跨虎，乳名婴儿，晚则唤为金公。凡到邻家，便称主人，其情嗜交梨。此乃先天地之精，却为人之至宝。其炁乃虚无中来，此炁姓白，唤太乙郎，名元炁，号曰：宇宙主宰素练郎君。寄居西川，出入骑白虎，乳名唤真种子，晚则呼白头老子。到邻家，便称父母，好食乌龟而多情。此为先天地之真炁，即是人之至宝。"这里的金精，称为"金公"，为先天之元精，正是孙悟空的写照。元炁称为"老子"，为先天祖炁，对应的则是猪八戒。

为何孙悟空自称"外公"？"外"为在外，"公"就是爹，孙悟空自称妖精的外公翻译成土话就是自称是妖精失散在外的爹爹。当然这是占妖精便宜的戏谑。但也是实际情况。妖魔为流串错位的能量，孙悟空所代表的先天心神，正是其源头能量，如父母一般，因此自称为外公。

"外"为修道者之外。修道者以身体以及自我来划分内外。内丹修炼讲究以外取内，用外呼吸取天地之气，来炼化体内的元炁，使之转化为金丹。因此药物为先天炁，火为后天呼吸。再比如猪八戒为药为先天元炁（因此出自高老庄，常自称"祖宗"），孙悟空为火为后天呼吸也就是后天子炁（因此姓孙，拆字为"小子"之意），呼吸自外而来，因此常自称外公。《伍柳仙宗》云："二炁者，先天是元炁，后天是呼吸之气，亦谓之母气与子气也。超劫运之本乃元炁，不能自超，必用呼吸以成其能。故曰元炁不得呼吸，无以采取烹炼而为本；有呼吸不得元炁，无以成实地长生、转神入定之功；必兼二炁，方得是长生超劫运之本也。"讲得很清楚了。先天元炁必须要通过孙悟空所象征的外呼吸才能调动其能量。这也是为何乌鸡国篇国王需要孙行者来度一口气才能返魂的原因。

为何美猴王名为孙悟空，又称为孙行者？

这里仍是外披佛教典故的外衣，内里化用丹道概念的双关写法。

首先，悟空和行者的名字看似和佛教中的《禅秘要法经》有关。该经的缘起是有一个名叫迦絺罗难陀的比丘，因为心多散乱，放逸不定，不能证果，因此向释迦牟尼询问应如何灭除乱心。佛祖因此说不净观和白骨观的修法，而且告诫众求道者"应当系念专心一处"，不能使"心驰骋六根，犹如猿猴"。经中将修行此法门的求道者称之为"行者"。白骨观和不净观乃是静坐以意观想身体以及周遭时节为白骨、不净之物等等，观成以后，再修无常观，观想地、火、水、风四大元素无不败坏，无有坚实，以破除身相的执著。最后以空观结束，"大地山河石壁一切悉空，心无所寄。尔时自然见金刚际。""金刚际"便是不来不去的圆明本性。从而证入空三昧，"观色、色性、及一切诸法，空无所有，如是众空，名空三昧。"此时，"行者"遵循佛法，悟入空性，漏尽慧通。此框架中，修行空观之人称为"行者"，其悟入空性，为"悟空"，其制服乱心，使得"心猿"不再放逸驰骋，正符合西游记中孙猴子的名称，以及猿猴的形象，因此孙猴子的"悟空"、"行者"之名称在佛教框架中颇为通顺。另外"空"这个概念为佛教重要概念之一，也见于诸多佛典；行者在佛教框架中，除了上述含义指代遵行佛法之人，也指代佛教中没有经过剃度的信徒，或者行脚乞食的苦行僧人，总之在佛教框架中都有出处典故。

其次，内里则化用丹道的概念。先说"孙"字。"孙"字拆开为子系二字。西游记文中明白说出了，"子者，儿男也；系者，婴细也。正合婴儿之本论。"这里纯粹是丹道的概念。 也就是说，子系二字为幼小之子的意思，正符合丹道中的婴儿，属于少阳。丹家认为，金丹结胎之后，胎神会现象如同婴儿，开始只有指头大，温养哺乳之后，可以长大。此处美猴王来到灵台方寸之处，正是缔结道胎的可能开端，所以姓孙。

再说"行者"二字。在丹道框架中，行者指代的是行炼己之功，以神驭气，心为行气之主宰，因此称为"行者"。大小周天，河车运行不休。心意行则呼吸行，呼吸行则真息行。呼吸往来，天道无一息不运，丹道无一息不行。必要行到无息，方成一个大丹。西游记书中说"功完行满即飞升"，便是隐指此意，并非普通大众认为的德行之意。

最后再说"悟空"二字。在丹道框架中，又分两层含义。首先从心性修炼的角度而言，道家也讲究心神空虚方能静定。《太乙金华宗旨》所谓"识不断，则神不生；心不空，则丹不结。心净则丹，心空即药。不着一物，是名心净，不留一物，是名心空。""悟空"便是悟到了清静无为的先天之道。其次，从身命修持而言，"空"字和"窍"字在字形上构造相似，因之用其来指代"窍"字。《说文解字》："窍：穴也，空也。"悟空，就是悟窍。详释如下：

人身之虚空即太虚，人身之虚窍即太极。八门九窍，皆为人之门户。内丹修炼尤其需要明白玄关一窍。丹书《还原篇阐微》言："如偃月者即本来玄窍之变象。言我身中未得药时，清净内守，七窍已归一窍，此中虚灵洞敞，圆浑如卵，盖其静也翕焉；及至药产，我之正令一到，窍即仰如承盂以受药，盖其将动也亦将辟焉。尔时若从旁观之，则象如偃月，迨既受药而冥合，仍如卵守矣。盖念头一动而即静，玄窍亦将辟而仍翕焉。若感乎情而心动，则窍遂辟为七而药即散矣。故以但能如偃月为受药之验，然亦以言夫修炼之士，当初苦不知窍，及会得窍，紧防断窍。"内丹修炼的炉鼎安立之处便是玄关一窍，如弯弯的月牙一般，因此成为偃月炉。玄关一窍并非实际存在，而是在阴阳二气交媾之时才出现，因此内丹派将其称为虚无子窟，认为是无形质可睹、空无所有之处，也就是"空"。书中言："打破顽空须悟空"，"悟

37

空"便是悟到了玄关这一空无之窍，才有胎息发动，才有炉鼎安立，才有后来的种种修炼。因此，"悟空"至关紧要。汪东亭在《三教一贯》中也说："如不知悟空，则不知交媾；不知交媾，则灵胎不结，药物不产。"

顺便说一句，美猴王来到菩提祖师的住处，书中将其称为"灵台方寸山，斜月三星洞"。《太乙金华宗旨》言："凡人投胎时，元神居方寸，而识神则居下心，下面血肉心，形如大桃。""灵台"为"灵胎"，方寸为灵胎所居住的中丹田。而斜月三星这四个字，我们都知道是"心"字的拆分说法。但在丹道的框架中，斜月便是指的偃月炉。美猴王见到斜月洞，隐含的寓意便是悟到了玄关一窍，因此到那时，他才获得了"悟空"这个名字。朱紫国篇中孙猴子自述"采取阴阳水火交，时间顿把玄关悟"，指的便是悟入玄关，步入斜月三星洞这一时刻。

为何西游记中孙悟空称为金公，猪八戒称之为木母？

首先，在道教典籍中，有木公和金母的称谓。学道之人升天时，要先拜木公后谒金母，才入三清拜太上老君、元始天尊、灵宝道君，最后面见天帝。如唐《墉城集仙录》："在昔道气凝寂，湛体无为，将欲启迪玄功，生化万物，先以东华至真之气，化而生木公焉。木公生于碧海之上，苍灵之墟，以主阳和之气，理于东方，亦号曰王公焉。"明《历代神仙通鉴》："木公至方诸，与金母二气相投，生九子五女。"

这也是为何孙悟空学会七十二变之时，大众让其演示，他变成了一颗松树的原因。"松"字拆开，正是"木公"二字。木公居于东方，象征着木气生发，变为松树，非常合宜。

内丹派取材于上述说法，但将其颠倒串换，形成了金公和木母的称谓。西游记书中也多次将孙悟空称为"金公"，猪八戒称为"木母"。内丹派讲的是"坎离相合"、"金木交并"，方能和合成丹。就人体的能量传导而言，心气传肺气，肺气为金元素，肾气传肝气，肝气为木元素，肺气和肝气在土元素的作用下相结合，则可凝结成丹。心气传肺气，孙悟空象征为心，为肺金之父，古时称老父为"公"，因此称之为"金公"；肾气传肝气，猪八戒象征为肾，属阴，为肝木之母，因此称之为"木母"。

那座山，正当顶上，有一块仙石。其石有三丈六尺五寸高，有二丈四尺围圆。三丈六尺五寸高，按周天三百六十五度；二丈四尺围圆，按政历二十四气。上有九窍八孔，按九宫八卦。四面更无树木遮阴，左右倒有芝兰相衬。盖自开辟以来，每受天真地秀，日精月华，感之既久，遂有灵通之意。内育仙胞，一日迸裂，产一石卵，似圆球样大。因见风，化作一个石猴，五官俱备，四肢皆全。便就学爬学走，拜了四方。目运两道金光，射冲斗府。

石卵产猴的情节脱胎何处？

石卵产猴的桥段脱胎于前人笔记小说。古人志怪笔记中往往有剖判顽石而发现生命的记载，如石中有鸡、鱼、鸟、龟等等，不一而足，并非西游记首创。例如宋《稽神录》："于积石之下，得一自然圆石如球，形式如砻。斫乃重叠，如壳相包。斫之至尽，其大如拳，复破之，中有一蚕如蛴螬，蠕蠕能动，人不能识，因弃之。"明《枣林杂俎》："万历庚子七月，山东任城县浚河，于石中剖得二小鹅，大如拳，能行动。一老工曰，三十年前曾得一。"明《庚巳编》："弘治末，南昌艾公璞巡抚江南。苏州属县崇明申报：本县民家有鸡生卵而方者，异而碎之，中有一猕猴，才大如枣。"西游记作者似乎将卵中有猴和石中有生命两种记载杂糅起来，变成了石卵中有猴这一故事情节。

另外《重阳真人金锁玉关诀》中有言："有一人姓卞名和，有一日荆山打柴。却见一凤凰落于一块石上。卞和便知石中有宝，将来献帝。帝大怒。刖了卞和双足。诀曰：卞和者，识也。意，顽石也。凤凰者，是真气成是身。玉者，是骨中精髓。"从这个比喻，我们可以隐约地窥见西游记石中之猴的比喻。人之后天意识仿佛顽石，元神为识神所包裹而无法现象，仿佛真金处于石中。破除后天识神，石头便豁然中开，美猴王便跳脱而出。

古人对天地的观念分为三派：盖天说，混天说，宣夜说。盖天说就是天上地下，天圆地方的观念。而混天说则认为，天大地小，天包裹地，如同鸡蛋的蛋清包裹蛋黄。《云笈七签》："葛稚川言混天之状，如鸡子卵中之黄。地乘天而中居，天乘气而外运，三百六十五度四分度之一，半出地上，半绕地下。"此处文中的仙石称为"石卵"，按周天度数和二十四气，符合混天说的天地观。据传道教亦有浑天派，源出全真龙门派，为玄宗隐派之一。笔者未知其详，不敢妄言。

而石猴目运金光，射冲北斗星又是什么寓意呢？金光和眼目都对应着周易中的离卦，而北斗星对应着周易中的坎卦，目运金光，冲射斗府就是在讲坎离互交。

到了下文菩提祖师传授口诀后，则"东方天色微舒白，西路金光大显明"，此处文中明说西方显明的是金光大道。东方为震木，西方为兑金，为金木交并。

祖师听说，十分欢喜，暗自寻思道："这厮果然是个天地生成的！不然，何就打破我盘中之暗谜也？"

祖师云："显密圆通真妙诀，惜修生命无他说。都来总是精气神，谨固牢藏休漏泄。休漏泄，体中藏，汝受吾传道自昌。口诀记来多有益，屏除邪欲得清凉。得清凉，光皎洁，好向丹台赏

明月。月藏玉兔日藏乌，自有龟蛇相盘结。相盘结，性命坚，却能火里种金莲。攒簇五行颠倒用，功完随作佛和仙。"

什么叫做盘中之谜？祖师之诗又是何意？

表面上看，这里用的魏晋时期苏伯玉妻的"盘中诗"的典故。该诗"写之盘中，屈曲成文"，乍看上去，满盘是字，无有开头和结尾，不符合正常的阅读顺序，因此成为一个谜团。"盘中之谜"指的便是无法解开的谜团。此诗真实的解读顺序，应从四周向中间解读。破解出真实的解读顺序，便称为打破"盘中之谜"。

内里自然还是暗点丹道的概念。盘，盘旋运转之意。中，为人体之"中"，也就是内窍。大小周天运转，真气盘旋运转于体中，因此指代的是真气在体中盘转运行的修炼法门。

祖师之诗便是一部西游丹道修炼的总纲。固藏精气神，不使得外泄。摒弃邪欲，久而久之，便得轻安。遍体清凉软暖，性光聚集，如月皎洁。肾中的阳能发动，和心中的阴液打成一片，金光凝聚，形成一团生命精华，是谓大丹。身中的五行从相克转为相亲相爱，功行圆满，便能脱壳飞升，成仙了道。

悟空弄本事，将身一耸，打了个连扯跟头，跳离地有五六丈，踏云霞去勾有顿饭功夫，返复不上三里远近，落在面前，叉手道："师父，这就是飞举腾云了。"祖师笑道："这个算不得腾云，只算得爬云而已。"

祖师却又传个口诀道："这朵云，捻着诀，念动真言，攒紧了拳，将身一抖，跳将起来，一筋斗就有十万八千里路哩！"

爬云是什么意思？为何孙悟空的毫毛能变成许多小猴子？

内丹修炼，胎神出壳之时，开始不能离身太远，只能走几步或者几里就要收神归舍。悟空开始之时，腾云无法致远，正是元神尚未完全调伏之意。《丹道要旨》："东华帝君曰：其调神之始，一七、二七、三七而放此一步、二步、三步而旋入，或五七、六七、七七而放出，一里、二里、三里而旋入。一年、二年、三年而放出，百里、千里、万里而旋入。调养三年之久，不可久留在外，还且入定九年之功。又云：调神出入，待天朗气清，无风云雷电，方可演神出壳。三年以后，性体老练，以太虚为宅舍，天地山河，尽是床枕。举步千里，遍游万国，出有无入，通天达地。入金石无碍，分形散影，百千万亿化身，遍满三千恒河沙界，乳哺功成。名曰：神仙者是也。"悟空胎神初成之时，只能驾云三里远近。而到了一筋斗十万八千里之时，便已经"性体老练"，"举步千里"了。说明阳神已经调养纯熟，可以脱壳。

为何孙悟空的毫毛能变成许多小猴子？在玉华县篇，孙悟空言："我身上有八万四千毫毛，以一化十，以十化百，百千万亿之变化，皆身外身之法也。"看似表面用佛教的意生身的概念（修行者通过高度专注的观想，可使意识在物质世界投影或显现出身外之身），内里则符合丹道修炼的成功标准，也就是可以元神纯阳而能脱壳，化身千万，入金石无碍，水火不能焚溺，刀兵不能损伤。张三丰祖师《玄机直讲》："炼至十月胎园，阳神脱壳，一身能化千万身。养至十二月，夺尽天地全数，能化出八万四千阳神，个个通灵达圣，隐显莫测，变化无穷。步日月无影，入金石无碍，水火不能焚溺，刀兵不能损伤，鬼神不能窥其奥妙。"孙悟空身上的八万四千毫毛，对应的正是这里的"八万四千阳神"。阳神炼成之后，无惧伤害，孙悟空大闹天宫后，刀砍斧剁，皆不能伤，也是这个道理。

为何取名叫做筋斗云？

筋斗云也同样有三个层面的含义。表面上在佛教层面讲的是心意快速无伦，心念一动，境界瞬间便随之展现显化，也就是"一念天堂，一念地狱"之意。而实际上，在朱紫国篇，国王问孙悟空为何如此会走路，悟空自述"全仗天罡搬运功，也凭斗柄迁移步"。这里面"斗柄迁移步"看似用的普通道教层面的踏罡布斗的说法，其实在内丹修炼层面中则别有玄机。

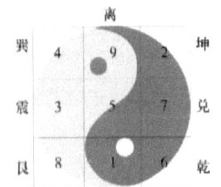

首先，道教术士作法时常采用一种特殊的步法，按照北斗七星排列的位置而行步转折，仿佛踏在罡星斗宿之上，称为"步罡踏斗"，又称"禹步"。葛洪《抱朴子》记有禹步法："正立，右足在前，左足在后，次复前右足，以左足从右足并，是一步也。次复前右足，次前左足，以右足从左足并，是二步也。次复前右足，以左足从右足并，是三步也。如此，禹步之道毕矣。"也有说法是按九宫八卦的排列，按左图从一到九的次序走完一周，然后还于中央，再行又从一开始周而复始。据说到一定时候行者本身就会"隐形"。因此"斗柄迁移步"明面上指代的是普通道家术士所采用的"步罡踏斗"之步法。

其次从丹道的框架而言，"筋斗云"便是"进斗运"。《周易参同契》注："以内丹言之，天以斗为机，人以心为机；斗居天之中，犹心居人身之中；丹法以心运火候，犹天以斗运十二辰。人身之天罡所指起于子时一阳初动，然后，运转河车，精、炁周流于一身，如北斗斗柄所指，遍历十二辰。"《太乙金华宗旨》云："作用不外一中，而枢机全在二目。二目者，斗柄也，斡旋造化，转运阴阳。《橐龠歌》曰："乾坤日月本不运，皆因斗柄转其机。"陈泥丸祖师《阴符髓》云："天以斗为机，人以心为机……若得斗柄之机，自然斡运日月，运行而无休息，乃纯阳炼神之道。"

内丹派认为，天以斗运为机枢，神炁运转以心为机枢。北极居中不动而斗运周天，斗柄不改犹如天心不动，孙悟空代表的是正是天心。而斗柄便是眼目，也就是注意力。将注意力贯注在何处，心念的能量便到达何处，真气的运行便到达何处。心念微微一动，能量便运行斡旋，遍历周天，因此用"斗运"来比喻真气运行之迅疾、周遍。那么悟空以"进斗运"为其特别技能也就非常恰切了。

从此角度看，石猴初生之时，目运金光，冲射斗府也就有了新的意味。孙悟空为心神。人体之中，心神为君，执掌着人体能量的周天运行。自然界的星辰周天运行围绕北斗而旋转，因此北斗星便是斗枢。心神引导能量的运行，与之类似。目运金光，冲射斗府便是心君正位，手握权柄之意。

为何一筋斗能打十万八千里路？

西游记一书将长安距离西天灵山有十万八千里，在最末一回言"路径十万八千里，圣僧历难簿分明"。筋斗云一筋斗能去十万八千里之远。这个十万八千里，当然又是外佛里丹道的写法。

首先，十万八千里并非作者杜撰，而是在禅宗佛典上有出处。六祖《坛经》："师言：使君善听，惠能与说。世尊在舍卫城中，说西方引化经文，分明去此不远。若论相说里数，有十万八千，即身中十恶八邪，便是说远。说远为其下根，说近为其上智。"十万八千里，对应着身中的十种恶的能量和八种邪气。凡人和佛的差别，就是这些能量没有被清除。锻炼心性，清除这些能量，相当于走了十万八千里路，便能从凡世来到佛地。十万八千里这一说法在佛教框架中颇为通顺，有据可依。

其次，从东土大唐到西天灵山为十万八千里。在西游记一书中，大唐为东的极点，灵山为西的极点，大唐到灵山十万八千里，便是一个周天。筋斗云一个筋斗能打十万八千里，也就是能运行一个周天。也就是对应着上文的"斗运"、"斗柄迁移步"。

44

丹法以心运火候，就好比天凭借北斗之柄而运转十二个时辰也就是一周天。丹道称精炁在全身周流为小周天、大周天，其实也是这个意思。在六十二回，西游记作者言："十二时中忘不得，行功百刻全收。五年十万八千周，休教神水涸，莫纵火光愁。"明说了"十万八千周"指的是十二个时辰中的运气行功（而这里的"行"就是"行者"之行）。

这猴王也是他一窍通时百窍通，当时习了口诀，自修自炼，将七十二般变化，都学成了。

悟空道："这是他弄的个术法儿，有何难也！我如今一窍通，百窍通，我也会弄。你们都合了眼，休怕！"

为何是七十二般变化？一窍通时百窍通是什么意思？

此处其实颇为幽默。依照历法而言，以五日为一候，三候为气，六气为时，四时为岁，一年二十四节气，共七十二候。也就是说，一年有七十二侯。西游记作者用"猴"来替换"侯"字，变成了一年中有七十二"猴"，对应着七十二般变化。

丹道中精炁运行，周流全身，称之为周天，对应着一天中的十二时辰，而精炁从微小到强壮再到衰弱，对应着一月的月亮阴晴圆缺，也对应着一年中的四时八节变化。因此读者读西游记之时，看到书中讲月份变化，季节转换，需要知道统统都不是实指，而是丹道的隐喻。

一年中有七十二侯，暗含着精炁走完一个圆周，周而复始。在此圆周中，有七十二"侯"，就像天气每五天一变一样，因此孙猴子就有了七十二般变化。

当然，以上为丹道框架的解释。从佛教框架来看，《楞严经》中提到，心有七十二相，对应着心的七十二种状态显现。七十二变这个说法在佛教框架中也颇为通顺。这里仍是外佛里丹道的写法。

《龙门心法》言："入玄关，一窍通而百窍通。"孙悟空来到了"斜月三星洞"，发现了偃月炉，悟透了玄关一窍，所以书中反复强调说他"一窍通而百窍通"。

菩萨将杨柳叶儿，摘下三个，放在行者的脑后，喝声
"变！"即变做三根救命的毫毛。

孙悟空脑后为何长有三根救命毫毛？

《道枢·混元篇》云："心有三毛七窍"。医书经典《难经》云："心重十二两，中有七孔三毛，盛精汁三合，主藏神。"宋代虞庶《难经注》："上智人心有七窍三毛，中智人心有五窍二毛，下智人心有三窍一毛，常智人心有二窍无毛，愚人心有一窍，下愚人心有一窍甚少。无窍则神无出入之门。"也就是说，心中的"毛"的数量和智慧程度成正比。正常普通之人，心有两个孔窍，没有"毛"。智慧越高，心的孔窍越多，而"毛"的数量也从零增加到或一或二或三不等。

《难经》的很多内容讲的是内视时的人体景观，和现代解剖学的血肉结构并不相同。据《内证观察笔记》言，这个"毛"，其实并非真正实存的毛发之毛，而是内视人体时看到的景观，为心辐射出的一束细细的真气，如草叶子一样。叶子中间的暗一点的线，如毛发一般摇曳。（另外该书也提到心藏及其周边共有七十二候穴，这七十二候穴变幻多端，至少有三种形态和结构。这就可能对应着孙悟空的七十二变。但笔者并未在别处典籍中见到心周边有"七十二候穴"的说法，愿有识者教我。）

我们注意到，这三根救命毫毛并非孙悟空天生就有，而是唐僧过了两界山，降伏了象征正念的白龙马以后，由观音菩萨赐予的。观音菩萨象征着静观觉察修行过程中音信变化的智慧。
"毛"由杨柳叶子所变，和上段内视景观中如草叶子中间的暗线
这种景象相符。过了两界山，正了心意，智慧开发，因此修行者
心便多了孔窍，长出了象征智慧的"毛"，是为救命毫毛。

那厮自称混世魔王，住居在直北下。

只见那魔王：头戴乌金盔，映日光明；身挂皂罗袍，迎风飘
荡。下穿着黑铁甲，紧勒皮条；足踏着花褶靴，雄如上将。腰广
十围，身高三丈，手执一口刀，锋刃多明亮。称为混世魔，磊落
凶模样。

剿灭混世魔王代表着什么？

在周易八卦中，坎为污浊为水，因此"混世"这两个字对应
的就是坎卦（☵）。坎卦代表的是黑色，因此我们看到此魔
王头戴黑盔，身穿黑袍黑甲，整个就是一个黑色的能量体。也因
此他居住在"三界坎源山，滋养五行水脏洞"，坎卦的能量在人
体中表达为肾脏，肾水为全身水气之母，滋养五脏，因此"坎源
山"、"水脏洞"代表的就是肾水的能量。坎卦为幽暗，和离卦为
对立之卦，离卦为眼目，坎卦则为无眼；坎卦又象征为月，因此
混世魔王嘲笑孙悟空时，悟空回答"你这泼魔，原来没眼！你量
我无兵器，我两只手勾着天边月哩"，正是说他是降伏坎卦能量
的对头。西游记处处微言大义，笔墨并不虚设，常常于细小处见
精髓，此处可见一斑。

而文中从小妖的口气对孙悟空的打扮进行描述："光着个
头，穿一领红色衣，勒一条黄绦，足下踏一对乌靴，不僧不俗，
又不像道士神仙，赤手空拳"。这里的描述则暗示了孙悟空为离
卦（☲）能量的代表。离卦为半个震卦（☳）和半个艮卦
（☶）相叠而成，因此为能量的交杂，所以"不僧不俗"；离为

空虚，对应着"赤手空拳"；离卦为火，有火焰的红黄之色，因此对应着红衣和黄绦。而离卦又对应着太阳，外面两个阳爻中间一个阴爻，正对应着太阳之中有三足黑乌的传说，因此脚下"踏一对乌靴"。

综上，孙悟空为离卦能量的代表，混世魔王为坎卦能量的代表，孙悟空剿灭混世魔王，讲的正是内丹修炼中的抽坎补离，坎离互交这一步骤。将坎卦中的阳爻抽出，补足离卦中的象征断裂空虚的阴爻，则离卦变为纯阳的乾卦，象征修道者回复先天圆满之性。因此书中言"随即洞里放起火来，把那水脏洞烧得枯干，尽归了一体。""尽归了一体"，便是还乾。西游记将此回命名为"断魔归本合元神"，文中又说剿灭了混世魔王后，"贯通一姓身归本，只待荣迁仙录箓名"，"贯通一姓"便是贯通一性，回复先天乾卦便是归本还元，总之都在暗示修道者归复于先天乾性。

龙王道："那是大禹治水之时，定江海浅深的一个定子，是一块神铁。"

原来两头是两个金箍，中间乃一段乌铁；紧挨箍有镌成的一行字，唤做"如意金箍棒"，重一万三千五百斤。

为何消灭混世魔王后才能得到金箍棒？金箍棒为何有两个金箍？为何重一万三千五百斤？

西游记书中言，孙悟空的金箍棒是大禹治水时所下的一个定子。上文的混世魔王为坎卦，坎卦为水为混乱杂染心性的后天能量，因此孙悟空打败混世魔王，就是在心性层面"治水"。《尚书中候》："禹观於河，有长人白面鱼身，出曰：'吾河精也。'呼禹曰：'文命治淫。'言讫授禹《河图》。"此处居住在水晶宫的龙王，便对应着引文中的河精。大禹治水而得河图，和悟空制服混世魔王而得金箍棒，有异曲同工之妙。而古文中的"禹"字正巧也有"猴子"之义项，西游记作者用典巧妙恰切，可见一斑。

"治水"之后，心性澄明，方可得定。"定"是佛道儒等派的共法，指的是修行者心念不动的时候，心可以进入特殊细微的稳定状态，超脱物质世界，进入非物质世界，佛教称之为禅定状态。得定之时，心性凝聚不散乱，古时常用"心如铁石"来比喻心念不因外界扰乱而转动，因此金箍棒为玄铁所铸造，为一根黑色棒子。书中在第二十一回说"如意棒，身黑箍黄"，也印证了这一点。

如意金箍棒是孙悟空的法器，所谓法器，便是修道者自身力量的凝聚爆发之点，因此法器往往隐喻着主人的性格特征。孙悟空在西游记书中设定为代表心火的离卦，因此其金箍棒也取于此特征，为一个迷你版的离卦。该棒放射金光，两头有金箍，象征着离卦的两个阳爻，中间一段黑铁，为离卦中间的阴爻，也对应着日中之乌，和上文孙悟空"踏一双乌靴"是同样的逻辑。

那么为何金箍棒是一万三千五百斤重呢？内丹派将人体的一次呼吸称为"一息"。一昼夜之间，人体要呼吸一万三千五百次。打坐修定有法门称为"随息"法，是运用呼吸法门来使得心思静定，不至于散乱。常人凡夫呼吸时其心散乱外驰，呼不知气出，吸不知气入。而修道者心思凝注，呼知息出，吸知息入，息的冷暖长短粗细，都了了分明。一万三千五百斤的金箍棒，指的就是修道者在一周天的呼吸中每时每刻每次呼吸都处于静定清明的状态。达到这种心念清明凝定的状态，便可以用自己的呼吸之气，来炼取"天地之正气"。《钟吕传道集》："一万三千五百呼，所呼者，自己之元气从中而出；一万三千五百吸，所吸者，天地之正气自外而入。呼吸之间，可以夺天地之正气，以气炼气，散满四大，流通荣卫。"就是这个意思。"以气炼气"便是降妖除魔，外部没有炼化之气便是妖魔（内丹派称为"阴精"），炼化阴精依靠的是修行者心神的凝定，也因此金箍棒是孙悟空降妖除魔的重要依仗。

他将那宝贝颠在手中，叫："小！小！小！"即时就小做一个绣花针儿相似，可以揳在耳朵里面藏下。

为何用绣花针来比喻金箍棒？金箍棒为何藏在耳朵眼里？

将金箍棒藏在耳朵眼里这一情节，表面上看，脱胎于佛教《楞严经》的典故。《楞严经》给出了二十五种进入禅定的法门，其中以观世音菩萨的耳根圆通法门最为殊胜。在人体六根（眼、耳、鼻、舌、身、意）中，耳根被认为是最为圆通的，周遍十方而不为障碍所阻，被动收听而永远开放，因此可以通过耳根（听觉）作为修行的入手点，进入当下，从而达到禅定状态。金箍棒代表静定，将其收敛于耳根，代表着用耳根来锚定禅定的状态，在佛教框架中非常通顺。

而从丹道的框架来看，肾开窍于耳，藏于耳便是藏于肾。孙悟空为元神为心，心思静定，潜藏于肾，所谓"潜心于渊，神不外游"，便是心肾相交，还归于乾。这里讲的还是心肾相交、坎离配对。

道书形容大周天"玉线穿三穴，金针透九关"，穿针引线，绣的是丹道的金花，而非寻常之花。《大成捷要》有言："看花容易绣花难，绣到难时莫惮烦"，用意追随金丹在体内运行的途径，如绣花一般，其中火候，升降都需要面面俱到，不然就"毫发差殊不结丹"。孙悟空的金箍棒如绣花针，正是此意。而后文沙僧的梭罗木宝杖，"梭罗"二字，讲得也是穿梭网罗，聚合能量。再后来玉兔精抛给唐僧的五彩绣球，寇员外的妻子小名叫做

50

"穿针"，都隐隐地影射丹道的绣花概念。读者读完此书，自然能够领会。此处不赘。

> 悟空跳出波外，身上更无一点水湿，金灿灿的，走上桥来。唬得众猴一齐跪下道："大王，好华彩耶！好华彩耶！"

> 将宝贝攥在手中，做一个法天象地的神通，把腰一躬，叫声"长！"他就长的高万丈，头如泰山，腰如峻岭，眼如闪电，口似血盆，牙如剑戟；手中那棒，上抵三十三天，下至十八层地狱。

金灿灿是何寓意？法天像地又代表了什么？

乾为金，"金灿灿"的，便是悟空作为离卦，抽坎补离之后，转变为乾金之意。"身上更无一点水湿"，"水湿"为坎，也就是说，所有坎卦的能量都被离卦收伏。丹书言："金精下入丹田，升之炼形而体骨金色。"正是孙悟空跳出波外，金灿灿地走上桥时的景象。

人体为宇宙，天和地都比喻人体的部位。天为乾，指代人体的头部，地为坤，指代人体的腹部。法天像地，说明心的能量流转辐射，从头顶直到脚底。混世魔王嘲笑悟空"身不满四尺"，悟空答道"要大却也不难"，于此篇便见分晓。这里讲的正是"以气炼气"达到的效果，所谓"以气炼气，散满四大。清者荣而浊者卫，悉皆流通。纵者经而横者络，尽得舒畅。"悟空变为广大法身，便是在描述修道者炼气之后，濡养荣卫，经络通畅的景象。

悟空剿灭混世魔王，还乾之后，本性贯通，因此紧接着下回的情节便是升入天庭。

西游记中的天庭象征着什么？为何名叫齐天大圣？孙猴子为何得以上天？

人体为宇宙，天和地都比喻人体的部位。天为乾，指代人体的头部。"齐天"指代心脏在人体中的地位重要，如同第二个头部，因此称为"齐天"。而西游记一书中还将人体比作盛丹的葫芦（详见流沙河篇的解释），因此书中描述天宫时说，"上面有个紫巍巍、明幌幌、圆丢丢、亮灼灼，大金葫芦顶。"

孙悟空为心之元神。内丹修炼讲究百日筑基、十月怀胎，筑基为补足后天虚损，以返回先天之完整无缺的性体。孙猴子消灭混世魔王，返回先天乾卦，便是代表着百日筑基功夫的完成。道书《性命要旨》言："养到十月胎圆气足，迁至上田，次寄居泥丸。"筑基以后，要长养神胎，胎圆气足后将神胎从中丹田迁至上丹田，寄居于头部泥丸宫。孙猴子上天，指代的便是此步骤，同时也说明了此时已经完成了十月怀胎的功夫。"神既迁到顶门之上，顶门如同天门，脑宫即是天宫。"因此孙猴子便得以在天宫居住。

将近天门，金星高叫道："那天门天将，大小吏兵，放开路者。此乃下界仙人，我奉玉帝圣旨，宣他来也。"这增长天王与众天丁俱才敛兵退避。

为何孙猴子上天之时天门不开，直到太白金星来方才开启？

太白金星又称为长庚星，这里取其名字中的"庚"字。每月初三黄昏，弯细月亮出现在西方（庚）的方位，内丹派用来比喻象征着人体能量的"一阳"初生，与震卦相对应。震卦方位为南，所以此处对应着南天门。一阳初动之时，为阳性能量在庚的方位升起，是炉鼎起火之时。孙悟空（金丹的象征）虽然到了南天门，但是火候未到，需要肺金长庚的能量（火候）来到，才能进入天庭，也就是开炉炼丹。《上品丹法节次》言："修真之士，筑基有效，不可懈弛，仍照前调鼻息、缄舌气、凝耳韵、闭谷道，四象和合，归于虚无。忽觉海底蠕蠕而光透，浑似一钩新月，挂于西南之乡，如初三日月出庚方，此金气初现也。"太白金星的到来，便代表着金气初现，炉鼎安立。

为何孙猴子被封做"弼马温"？

"弼马温"有双层含义。表面上脱胎于古文献的典故，内里则仍暗点丹道的概念。

首先，此词谐音为"避马瘟"，在古文献传说中有据可依。古人认为，在马厩中饲养猴子可以避免马群瘟疫。《齐民要术》言："常系猕猴于马坊，令马不畏，辟恶，消百病也。"《本草纲目》也有"养马者厩中畜之，能辟马病"的说法。古人认为，马无胆而善惊，一匹惊则一群皆惊。放猴子于马厩，猴子跳跃不休，使得马保持警觉，时时刻刻处于当下，则不易惊恐，对其整体健康有促进作用，可以避免马群瘟疫的产生。养鱼之人，放一条食鱼之鳟鱼于众多小鱼之群，使得鱼群因为警惕不断运动而保持健康，其实为同一逻辑。

其次，从丹道的框架看，以马来比喻意，也就是心念，因此西游记书中屡屡出现意马一词。唐僧乘坐的白龙马，便是意马的象征。丹书认为："神行即气行，神住即气住。所谓意是气马，行止相随。欲使元气，不离玄牝，即先拘守至神。神不离身，气亦不散，自然内实不饥、不渴也。"在内丹修炼过程中，修行者以心神静定来行气，而意念便是气在思想层面上的显化。绣花也好，牵马也好，这些比喻讲的都是真气在体内的运行。西游记书中大闹天宫一回有诗云："猿猴道体假人心，心即猿猴意思深。大圣齐天非假论，官封弼马岂知音？马猿合作心和意，紧缚拴牢

53

莫外寻。"讲得便是这个意思。"弼马温"之"弼"字，为纠正、扶佐之意。就像猿猴配合可以使得马匹健康，心神凝注则可以使得意念之马处于中正，不放荡外驰。因此，在西游记情节设定中，便有了孙猴子管养天马这一桥段。

那赤脚大仙觌面撞见大圣，大圣低头定计，赚哄真仙，他要暗去赴会。

大圣驾着云，念声咒语，摇身一变，就变做赤脚大仙模样，前奔瑶池。

赤脚大仙是谁？

赤脚大仙同样是披着道教外衣，暗点内丹派人物的写法。

首先，赤脚大仙在道教确有该形象。宋笔记小说《挥尘后录》载："仁宗母李后，曾梦一羽衣之士，跣足从空而下云：来为汝子。后召幸有娠而生仁宗。仁宗幼年，每穿履袜，即亟令脱去，常徒步禁掖，宫中皆呼为赤脚仙人。"宋《养疴漫笔》："真宗久无嗣，用方士拜章至上帝所，有赤脚大仙微笑，上帝即遣大仙为嗣。"宋仁宗因为不爱穿鞋袜，号称为天上赤脚大仙临凡。

其次，从内丹修炼的角度来看，赤脚大仙在民间传说中，原型为道士刘海蟾。全真道尊奉王玄甫、钟离权、吕洞宾、刘海蟾为四大祖师。加上全真道的创始人王重阳，合称北五祖。戏曲《刘海戏金蟾》中，刘海盗取狐仙金丹，又用该金丹诱取金蟾精的金丹，双丹俱得而成为赤足大仙。刘海和金蟾，便是刘海蟾三字拆分而来，也就是说赤足大仙的原型为全真道士刘海蟾。这里刘海的行为特点，便是用自己已有的金丹来诱取外界的金丹，这就隐喻了内丹修炼中用自己的元炁来炼化阴精，使得阴精成为新的元炁，才能形成金丹大药。因此孙悟空偷了蟠桃（结了内丹）之后，遇到了赤脚大仙，下面便来到了太上老君府，吃了无数金丹。哄骗赤脚大仙这一桥段，正是炼化外界阴精而为己用的隐喻。

最后，这里很可能也恭维了全真教的马钰道长。西游记作者和全真教渊源非凡，书中有好几篇诗词都是原封不动照搬。如第五十回的《南柯子》一词，便是马钰的手笔。马钰曾发愿赤脚，其所著《金玉集》中有"三年赤脚三年愿"的语句，还有诗云"我今誓死環墙内，夏绝凉泉，冬鄙红烟，认正丹炉水火缘。师思欲报勤修养，炼汞烹铅，行满功圆，做个蓬瀛赤脚仙。"

孙悟空变做赤脚大仙暗示了内丹修炼的哪个步骤？

上文已经阐述过，赤脚大仙为刘海蟾，也就是金蟾。金蟾对应传说中月宫的三足蟾蜍。月为坎，金蟾为坎中之金，正是内丹派所说的水中金。内丹修炼的主题思想便是提取坎中金（金蟾）而凝结成丹。悟空变为赤足大仙，便是坎中之金被吸收之意。

《一贯天机直讲》言："蟾蜍与兔魄，日月氘双明。蟾蜍视卦节，吐者兔生光。炼丹道已讫，屈伸低下昂。蟾蜍兔魄，日月双明，蟾蜍以象太阴，乌兔以象太阳。蟾蜍为阳精，其物生水中，昂头向天，专吸太阳之气；兔者，见月吐气，性无雌雄，向十五圆月吐气而孕，生产由口中吐出。一吸一吐，以象一日一月，《黄庭经》曰："出日入月呼吸存。"一吸而阴降，一呼而阳升，以比阴阳升降，蟾之吸往内而收，兔之吐以出为入。向外吐气，即以比月，月到十五，吐尽阳光故也。当晦日，日月相交之时，黑影落于月中；其后阳光渐积渐增，至十五而满足，月光即太阳之光也。十五月圆，日月双明；不但月圆，日亦圆矣。日月双举者，以比性命及神气而言也。"又言："丹法取象于月，阳气生足之时，即为月圆之时也。《悟真篇》曰："八月十五玩蟾辉，正是金精壮盛时。"此时水足金满，《乾卦》之象，其日为望。"

也就是说，纯阳之气累积到满足之时，便是坎中金蟾吐尽阳光之时。这里赤足大仙消失不见，正是坎中的阳能被完全吸收之意。而孙悟空为离卦为太阳为日，在此处象征着纯阳之药物，他变做赤脚大仙（为金蟾为坎为月），正是日月双明，璇玑合璧的景象。对应着内丹修炼中的水满金足，金丹完满。因此下文说"丹满酒醒"，暗点丹药足满的状态。

着他代管蟠桃园，他即偷桃；又走至瑶池，偷肴，偷酒，搅乱大会；仗酒又暗入兜率宫，偷老君仙丹，反出天宫。

为何说孙悟空为"偷天的大贼"？

"偷盗"在西游记书中具有非常正面的意义。内丹修行是从后天残缺之体修回到先天圆满之性，逆转宇宙能量的一般运行规律，所谓"窃天地无涯之元炁，续我体有限之命根"。因此青牛怪称悟空为"偷天的大贼"，孙悟空在万寿山说"老孙是盖天下有名的贼头"，在陀罗庄自称"偷天转地英明大"，菩提祖师传授悟空时说："此乃非常之道：夺天地之造化，侵日月之玄机。"都是这个意思。

孙悟空作为西游记的主角，盗兵器、盗桃、盗天酒、盗丹，无一而不盗，便是窃天地之正气，夺阴阳之造化之意。张三丰祖师讲服食大药后，阳神脱体："自有三千玉女奉侍，终日蟠桃会上，饮仙酒，戴仙花，四大醺醺，浑身彻底玲珑。"桃，就是丹药。仙酒，就是运转周天时周流人体之液。仙花，便是金丹显像为金色圆形放光之物，如花朵。偷桃偷酒再偷丹，其实就是孙悟空所象征的药物金丹逐渐增加而渐趋成熟的过程。

土地道："有三千六百株：前面一千二百株，花微果小，三千年一熟，人吃了成仙了道，体健身轻。中间一千二百株，层花甘实，六千年一熟，人吃了霞举飞升，长生不老。后面一千二百株，紫纹细核，九千年一熟，人吃了与天地齐寿，日月同庚。"

王母蟠桃是何典故？为何蟠桃园属于王母娘娘？

这里仍是披着历史典故的外衣，内里暗点丹道的概念。

王母娘娘的蟠桃园，脱胎于汉武帝的故事。汉武帝热衷于成仙修道，长生不老。笔记小说中曾记载其感得西王母从天庭下降与之交谈，并赐他仙桃。汉武帝偷偷藏起了桃核，想留种自种。王母说："此桃三千年一熟，非人间种也。"而汉武帝的弄臣东方朔传说中曾偷食王母桃，也和这里孙猴子偷食蟠桃园的桃子的故事情节非常一致，后文也有孙悟空和东方朔相互指称对方为贼之情节，因此我们知道，东方朔为孙悟空在书中的另一个影身。《汉武故事》曰："东郡献短人，呼东方朔。朔至，短人因指朔谓上曰：西王母种桃，三千岁一为子。此儿不良也，已三过偷之矣。后西王母下，出桃七枚，母因啖二，以五枚与帝。帝留核著前，母问曰：'用此何？'上曰：'此桃美，欲种之。'母笑曰：'此桃三千年一著子，非下土所植也。'"

王母就是西王母，传说中居于西方昆仑山。西方为兑，为西方兑金，对应的人体部位为肺。内丹修炼的过程，首先坎离（肾水心火）互交，其次金木（肺气和肝气）相并，肺金和土元素相互作用而金气凝结成丹。因此，金丹从肺金而出。这里蟠桃象征着金丹，西王母象征着肺金，蟠桃从西王母而出，可谓非常适宜。

蟠桃为何有上中下三品？

王母蟠桃中的下品桃，也是三千年一熟，人吃了体健身轻，和万寿山篇的"草还丹"特征相同。两者是一非二，对应的便是运转小周天河车所得到的道果。那我们就知道，蟠桃喻指道果。这三种蟠桃，对应的是修道所得的不同境界，称之为成道得果。《大成捷要》言："天元、地元、人元也。丹宗九品准三成，初成、中成、上成也。其三元丹经，分而言之，天元曰大丹，地元曰神丹，人元曰金丹。合而言之，初成曰金丹，中成曰神丹，上

57

成曰大丹。是三元皆有大丹、神丹、金丹之名也。在天元尽性了命，地元擒砂制汞，人元移花接木。"《钟吕传道集》言："五行循环，周而复始，默契颠倒之术，以龙虎相交而变黄芽者，小河车也。肘后飞金晶，还晶入泥丸，抽铅添汞而成大药者，大河车也。以龙虎交而变黄芽，铅汞交而成大药。化圣离俗，以为羽客。乃曰紫河车也。是此三车之名，而分上、中、下三成。故曰三成者，言其功之验证。"无论是天元大丹、地元神丹和人元金丹也好，还是小河车、大河车、紫河车也好，都对应着丹道修行的三个阶段。这三个阶段中，第一个阶段体健身轻，第二个阶段长生不老，第三个阶段霞举飞升，和这里蟠桃园的大桃、中桃、小桃的功效相对应，因此我们知道，这里的蟠桃，就是修行不同阶段所凝结的内丹。

一时间丹满酒醒，又自己揣度道："不好！不好！这场祸，比天还大；若惊动玉帝，性命难存。走！走！走！不如下界为王去也！"他就跑出兜率宫，不行旧路，从西天门，使个隐身法逃去。

孙悟空反下凡间又是什么意思？为何从西天门逃走？

内丹修炼有移炉换鼎之说。小周天数满之后，金丹凝结，需要将大药从乾鼎下到中丹田，运转卯酉周天也就是大周天进行烹炼。大周天不能用意念引导，靠的是先天能量的自行运转，对应着后文老君的八卦炉。

悟空"丹满酒醒"讲的是大丹成就。天宫为人的头部，也是小周天的乾鼎，从天宫"下界为王"讲的是大药从乾鼎下降。二郎神对应的是中丹田脐部命门之神。二郎神将孙悟空擒获，对应的是大药进入中丹田。而八卦炉就是卯酉周天的象征，推入八卦炉便是运行卯酉周天，对大药进一步进行烹炼。

笔者已经陈述过，孙悟空的修道过程，唐僧再重新走一遍。这里二郎神擒获孙悟空，对应在唐僧篇就是擒捉牛魔王以及祭赛国移炉换鼎的故事。因此书中在牛魔王故事篇说"牛王本是心猿变"，两者是一非二。也因此二郎神作为中丹田之神，同时出现在这两处情节。

西方为兑，兑对应的是肺金。大药成就时由兑变乾，所以此时丹药对应的是兑位。因此悟空从西天门逃走。

观音合掌启奏："陛下宽心，贫僧举一神，可擒这猴。"玉帝道："所举者何神？"菩萨道："乃陛下令甥显圣二郎真君，见居灌洲灌江口，享受下方香火。"

大圣道："我记得玉帝妹子思凡下界，配合杨君，生一男子，曾使斧劈桃山的，是你么？

二郎神代表了什么？灌口又是哪里？

此处仍是披着普通道教的外衣，暗点丹道的写法。

首先，二郎神为道教的尊神之一。唐朝已经有二郎神崇拜。《方舆胜览》载唐太宗赐封二郎神为神勇大将军，庙食灌口。民间流传着他治水擒龙、担山赶日、劈山救母的故事。马西沙先生主编的《中华珍本宝卷（第一辑）》第七册《二郎宝卷》则讲述独生子杨二郎的母亲在修炼中失控，放出了心猿，导致自己被压山下。后杨二郎在西王母指导下用开山斧劈开桃山，救出母亲。西游记书中说二郎神"斧劈桃山曾救母"就是指代此故事。因此，二郎神这个形象在道教传说中有据可依。

其次，就丹道框架来看，人体每个部位都有神明，而命门脐宫神名为桃孩，也称命门桃君。《仙经》曰："命门脐宫中有大君，名桃孩，字合延。衣朱衣，巾紫芙蓉冠。暮卧存之，六甲、六丁来侍人也。"《脉望》:"桃君乃肾神。盖宜惩忿窒欲、借精爱炁,为一身之主,性命根也。"二郎神为年轻男子,又曾力劈桃山,因此西游记取这个"桃"字,用他来隐喻命门脐部之神,也就是中丹田之神桃孩。

丘处机《大丹直指》说:"金丹之秘,在于一性一命而已。性者,天也,常潜于顶。命者,地也,常潜于脐。顶者,性根也。脐者,命蒂也。一根一蒂,天地之元也,祖也,脐下黄庭也。此论顶中之性者,铅也,虎也,水也,金也,日也,意也,坎也,坤也,戊也,姹女也,玉关也。脐中之命者,汞也,龙也,火也,根也,月也,魄也,离也,乾也,己也,婴儿也,金台也。顶为戊土,脐为己土,二土为圭字,所以吕仙翁号刀圭也。只是性命二物,千经万论,只此是也。"内丹派讲究心性和身命同时进行修炼。顶部为天为心性归属,而脐部为地为中丹田为身命归属。性根和命蒂潜藏着人体中来自天地的元始能量。因此,二郎神作为命蒂,可以和孙悟空作为性根的能量相抗衡,所以二郎神能制服孙悟空。二郎神将孙悟空擒获,对应的是大药进入中丹田。《胎息经》幻真先生注说:"修道者,常伏炁于脐下,守其神于身内,神气相合而生玄胎。"被二郎神擒获,就对应着这一情节。

而孙悟空被老君的金刚琢砸中因而被擒。金刚琢是贪欲的象征(详见青牛怪篇),说明练就大药的时候水源不够清正,所聚合的能量团中有欲念杂染,因此需要继续在中丹田烹炼。

原来那炉是乾、坎、艮、震、巽、离、坤、兑八卦。他即将身钻在"巽宫"位下。巽乃风也,有风则无火。只是风搅得烟来,把一双眼熏红了,弄做个老害眼病,故唤作"火眼金睛"。

真个光阴迅速,不觉七七四十九日,老君的火候俱全。忽一日,开炉取丹。

八卦炉为何意？为何是七七四十九天？

内丹派将脐部中丹田称为太乙神炉，太乙为无上之意。老君为道家始祖为太乙，其八卦炉便是内丹派所说的太乙神炉。

丹书《还原篇阐微》言："药取先天炁，火寻太乙精。能知药取火，定里见丹成。"药指精神魂魄意五者之气，五气一贯而朝元，结成太素氤氲之元神，体中乃有纯阳之气，是为先天气。火指精气神三品之华，三华齐化而聚顶，内凝太乙含真之气，心中乃得有纯阴之精，是为太乙精。寻取太乙之精以为火，采取先天之气以为药，火以炼药，定里丹成，白子所谓'可以无心会，不可有心求'者也。故紫贤薛子有歌曰：'药非物，火非候，分明只是一点阳，炼作万劫无穷寿。'我但于清静无象中，密以守之，自然有火锻炼成神，是为定里见丹成也。"

这里讲的仍是炼丹之大周天步骤。小周天丹成之后，其性不纯，要入定用大周天炉火温养。邵康节先生的《皇极经世》言，"六六三十六，乾之策数也。七七四十九日，大衍之用数也。八八六十四，卦数也。"衍，灾衍之数。因此灾难需要七七四十九天才能过去。丹道认为烹炼大丹需要五百六十个时辰，一天十二个时辰，便是四十七天，与四十九天的说法也颇为近似。

为何他要钻到八卦炉的巽宫之下？为何孙猴子为火眼金睛？

孙悟空为大药为金光，他钻到八卦炉下，对应着丹药被封固烹炼。周易八卦中，巽为退让为雌伏，巽又为风。内丹派讲究西南起巽风，就是从腹部发动胎息，鼓动气息好像风箱橐龠一般，来烹炼药物。这里的巽风和铁扇公主的铁扇是同一指代，都象征胎息，读者不妨参看火焰山一篇。内丹修炼讲究将心意伏于脐内玄关一窍，绵绵密密，胎息自然发动，如同给火炉扇火一般，起到烹炼丹药的作用。本质上，唐僧过火焰山，和悟空入八卦炉乃是修道中的同一步骤。因此西游记书中专门提示说火焰山的火是孙猴子蹬倒八卦炉而放。

而孙悟空又对应离卦，离卦为目为光明，《尔雅》言："玃父善顾。"因此孙悟空的特点之一便应该是眼目明亮，而书中设定该特点从此八卦炉中获取。居于巽位为离卦雌伏，便是将目光收回内视。《太乙金华宗旨》认为回光守中为修炼的不二法门："光易动而难定，回之既久，此光凝结，即是自然法身，而凝神于九霄之上矣。"修道之人讲究目光回摄，认为向外注目则元神走失，回光内视则能养神。神足则能心眼明亮，对应着孙猴子的火眼金睛。

大圣行时，忽见有五根肉红柱子，撑着一股青气。他道："此间乃尽头路了。这番回去，如来作证，灵霄殿定是我坐也。"翻转筋斗云，径回本处。

为何孙悟空未能跳出如来之掌？

孙悟空大闹天宫后见到如来佛祖，正是丹书说的"不移一步到西天"，说明胎神神完气足，已经到了肉体的边缘，准备好和本源能量交汇（也就是丹道说的"脱壳"），对应在唐僧的求道轮回中便是唐僧来到西天灵山。而孙猴子到了佛手边缘，对应的便是唐僧来到凌云渡。悟空欲前而未能前，返回则为五行所压；唐僧脱壳凌云渡，为弃壳出神成功，看似有别，其实是同一事件。

《大成捷要》言："阳神迁到囟门之后，千万不可下视，恐神惊怖，恋壳而不敢出，此是第一层色身。"胎神出壳之时，神识满盈，聚在头顶脉动不已，顶门大开，红光满室，神识欲出而未出，到了那个时节，敢出去便能脱壳证悟。只是一些人心生恐惧，以为要死了，心生抗拒，闭合卤门，功亏一篑，其实可惜。凌云渡中八戒和沙僧的抗拒，正是对脱离肉身的恐惧，本质上是对死亡的恐惧。而这里孙悟空突然心生迷惑，以为已经来到世界尽头，也是基于无意识的恐惧。这个时候，再往前一步，便胎神出壳，炼神返虚，只可惜他选择了"翻转筋斗云，径回本处"。这就意味着胎神出壳的失败，也就是以孙悟空为主角的炼丹过程的失败。因此下文才有唐僧的重新来过。

阳神将出未出之时，红光满室，火光电闪只有一刹那。可惜了，那一刹那心生迷惑恐怖。终究是为山九仞，功败垂成。丹倾炉毁，怨不得别人，毕竟是自家修为未到。只不过流浪生死，苦挨轮回，等到五百年后马蹄声归来，萧瑟秋风，又换了无数人间。一失足千古恨，再回首百年身，西西弗的那块大石，从头再推。此中辛酸，一声慨叹，千古一哭，但究竟也算不了什么，不过是成佛晚了五百年而已，对不对。

四 华池煮神水 离中纳金铅：黑风山篇

此篇讨论黑风山黑熊精的故事，对应着百回西游记中的第十六、十七回及十八回的前半部分。

黑风山降妖的故事是何寓意？为何此篇紧接在收伏孙悟空之后？

此篇故事仍是一咏三叹，披着佛教的外衣，同时隐喻了丹道的心性修持和身命修持。

从佛教框架来看，佛家常用黑风一词来比喻嗔怒，黑风山的名字来源于此。降伏黑风怪说明修行人调伏嗔心，转化了嗔恨的力量。同时丹道心性修持也强调"惩忿窒欲"，消除愤怒和贪欲的能量，这和佛家修持的思路是一致的。文中以金池长老因贪欲而自取灭亡，警醒世人贪欲的危害。

从丹道身命修持的框架来看，紫阳真人言玄关一窍"内有坎离精"，玄关一窍内坎精和离精相交而产大药。笔者已经陈述过，"悟空"便是"悟窍"，唐僧收了孙悟空，为悟入玄关一窍，下一步便是坎精和离精在玄关一窍内进行交媾而产药。因此过了两界山，下一站便是观音禅院。

那么坎精和离精又各是什么？心火本为红色如朱砂一般，阳极生阴，火极化液，反而生出阴液，就像外丹派从朱砂中提炼出水银也就是汞，因此内丹派将心中阴液称之为汞、汞木龙等。肾水本为黑色如铅一般，因此称之为黑铅，阴极生阳，液极化气，肾水中的阳气就好比外丹派从铅中提炼出金银一般，因此内丹派将肾中阳炁称作银、水中金、铅金虎等等。内丹修炼是用此阴液之汞来烹煮黑铅，使得铅从黑色转化为青白之色，进而提取其中的金精。玉枢真人王建章《仙术秘库》云："八石之中，惟用朱砂，砂中取汞。五金之中，惟用黑铅，铅中取银。汞比阳龙，银为阴虎；以心火如砂之红，肾水如铅之黑。"就是这个意思。

此篇故事中金池长老象征着心中的阴液（离卦中的阴爻），也就是汞木龙；而黑熊象征着肾水中之金铅（坎卦中的阳爻），孙悟空为玄关一窍为真土为真意为外呼吸。火焚禅院，便是通过呼吸点火，烹煮神水，铅池煎银，使得水尽（金池长老死亡）而铅现（黑熊精现身），进而真土在其中穿针引线，龙虎交媾。观音菩萨代表离卦，将黑熊收归空虚后山，便是将坎中的阳爻纳入离卦，是为取坎填离。黑熊精为铅，他带上禁箍咒，便意味着铅中之金被抽尽（"禁"为尽）；金池长老为汞，他的死亡，便意味着用来煮肾中黑铅的汞水被煮干，合起来便是"抽坎填离，铅尽汞干"的情景。具体细节，笔者将会在下文一一详述。

那和尚住了鼓，行者还只管撞钟不歇，或紧或慢，撞了许久。那道人道："拜已毕了，还撞钟怎么？"行者方丢了钟杵，笑道："你那里晓得！我这是'做一日和尚撞一日钟'的。"

为何行者撞钟？做和尚是什么意思？

乍看之下，此处行文颇为赘余突兀，不咸不淡地描述了几句行者撞钟。但西游记笔墨从不浪掷，这里其实是有意施设，暗点行者在此篇故事中的身份。

笔者在前文已经陈述过，孙悟空为猴子的形象，对应着地支申。将天干和地支相配，申中所藏天干为庚金、壬水和戊土。也就是说其角色设定中既包含金元素的属性，同时也包含水元素和土元素的属性。因此，孙悟空也可以作为真土存在，调和水火坎离。在此篇故事，孙悟空和黑熊怪以及观音分别相交，便施展了他作为真土所具备的穿针引线之调和功能。

内丹修行者称调和水火的土元素为中黄。"钟"谐音为中，"和"为调和水土，"和尚"便是调和水土以为上（"尚"字就是古"上"字）。此处沙和尚尚未出现，因此此处用行者撞钟暗点其作为真土的调和功能。

孙悟空先是寻到黑熊怪（坎）的住处，然后变为金池长老去见黑熊怪，再然后请来南海观音（离）降伏黑熊怪。这一系列举动都起到了调和坎离的作用。而观音为离卦，离为白虎。后来孙悟空所变的金丹，便是白虎、玉液。白虎入于黑熊之腹内，便是和精气相合，变成大丹。主要还是强调孙悟空的和合作用。

《道枢》认为，中央戊己之黄土，寄位于华池。所以孙悟空撞完钟后，立即就见到了金池长老。

当然，从佛教框架来看，"做一日和尚撞一日钟"也颇为通顺。

另外，此篇故事中还有众多和尚，孙悟空说"这伙和尚没甚妖气，他一个个头圆顶天，足方履地，但比老孙肥胖长大些儿"。头圆顶天，足方履地，也是调和阴阳之意。因此这伙和尚忙着帮运炼精的柴火，同时也劝解唐僧师徒二人的矛盾，都是暗点真土的调和作用。

因问："老爷，东土到此，有多少路程？"三藏道："出长安边界，有五千余里；过两界山，收了一众小徒，一路来，行过西番哈咇国，经两个月，又有五六千里，才到了贵处。"老僧道："也有万里之遥了。我弟子虚度一生，山门也不曾出去，诚所谓'坐井观天'，樗朽之辈。"三藏又问："老院主高寿几何？"老僧道："痴长二百七十岁了。"

东土至此为何有一万余里？

此处并非闲文。就周易的卦爻来看，此处对应着周易的旅卦。来到观音禅院借宿，为"旅即次，怀其资"。孙悟空借风纵火，烧掉观音禅寺，失掉袈裟，为"旅焚其次，丧其童仆"。禅院的和尚们未能烧死唐僧，却毁灭了自己的家园，为"鸟焚其巢"。而孙悟空纵火固然解恨，但最终麻烦上身，因此为"旅人先笑后号咷"。西游记中用周易的六十四卦来代表金丹演化的进程。内丹修炼在于从后天的既济卦修回到先天的纯阴纯阳的乾坤二卦。既济卦是第六十四卦，此处旅卦为是第五十六卦。说明从唐僧出发到黑风山，已经经历了八个卦变，为全部卦数的八分之一。因此书中唐僧和金池长老闲聊，说西天十万八千里，已经走过了一万多里，正隐隐暗示着丹道的进程走了差不多八分之一。

金池长老为何名叫金池？为何说其坐井观天？

"金"就是铅金，也就是上文肾水中的阳能。内丹派有铅池煎银的说法，铅池便是盛铅之池，在人体内对应着华池。《大成捷要》云："脐之后，肾之前，中间一穴，名曰偃月炉，又曰气海。稍下一寸二分，名曰华池，乃下丹田藏精之所，采药之

66

处。"西游记书中言"周引肾水入华池，丹田补的温温热"，华池之中肾水聚集，内丹修炼者将心中之阴液引入此处，通过呼吸点火对肾水进行烹煎，用心之阴液阴火作用于肾水，使得肾水气化而其中之阳能出现，称之为银。整个过程就好像外丹派烧炼汞得银一般，称之为华池炼药，铅池煎银。

此处金池长老便是指代华池也就是铅池，为肾水聚集之地，象征着心之阴火包裹着肾水，也因此他是阴火的发源，也就是此处放火的主谋。心之阴火包裹肾水，为的是提炼金铅，因此铅池又不妨称之为金池。铅池、华池为道教修持中的专有名词。显然一个僧人不能取名叫华池，否则成何体统，因此作者采用变换的暗语，此乃小说家故弄狡狯，不可不知。

而人体中华池和肾水紧密相联，因此金池长老与黑熊精住在同一地方为邻居。

"井"为地中穿陷之处，对应的是坎卦，坎卦又为肾水。"观"为眼目为离卦，离卦又为心为火，"天"为乾，乾又为金。因此，"坐井观天"这四个字翻译成内丹派行话便是，用心之阴火来烹炼肾水而得金铅。老僧说自己"坐井观天"，并非闲文，乃是暗示自己在内丹修炼中的身份象征。

当然，佛教《华严经》和《佛说阿弥陀经》等典籍中也有八功德水之说，盛放于由黄金、白银、琉璃、玻璃、砗磲、赤珠、玛瑙这七宝所合成的七宝池中。"佛之净土有八功德池，八定水充满其中。一甘、二冷、三软、四轻、五清净、六不臭、七不损喉、八不伤腹。""八功德水湛然盈满，清净香结，味如甘露。"金池这两个字隐隐也暗点此佛教典故。

头上戴一顶毗卢方帽，猫睛石的宝顶光辉；身上穿一领锦绒褊衫，翡翠毛的金边晃亮。一对僧鞋攒八宝，一根拄杖嵌云星。满面皱痕，好似骊山老母；一双昏眼，却如东海龙君。口不关风因齿落，腰驼背屈为筋挛。

为何金池长老如此样貌？为何他活了二百七十岁？

我们既然知道了金池长老便是铅池，为包裹肾水的心之阴火。那么他便具有心的一部分特征，但是偏向于心的阴性能量，而非光明的一面。心生计谋贪欲，都是阴性能量的代表。因此在文中称其"使心用心"设定其为一个谋财害命的阴毒之人。同时，心在八卦中对应的数字为二和七，因此其为二百七十岁。

将坎卦中的阴爻用阳气逼迫，剥落殆尽，便出现了阳能（黑熊精所代表的黑铅），因此后文借悟空之口称其为"老剥皮"，正是指代其作为心中阴火剥落坎卦之皮。

而金池长老的穿戴打扮以及形体特征，也符合其这一身份设定：

毗卢帽固然是僧人经典打扮，符合佛教框架。但毗卢二字同时也影射着大日如来，离卦为日，那么猫眼石便是离卦中间的阴爻，光辉指的是离中阴液也就是汞的光亮。

心中的阴液为太阴之液。"太阴为姹女之魂，服五彩之衣。"所以老僧穿着锦衣。而"金边晃亮"则是"铅池迸出金光现"，暗示着其中潜藏着铅金。

内丹派将心中阴液称为汞，汞为龙，其气应东方，因此这里将其比作"东海龙"。汞为先天元始阴液，"性柔爱物，又名木母"。"骊山之姥，始释阴符。""符"就是火，骊山老母是太阴，阴火的发源之地，而金池长老正是心中阴火，因此这里将其比作"骊山老母"。

肾水对应的是坎卦。坎卦为一个阳爻被两个阴爻包裹，象征着阳能失陷于阴性能量之中。"齿""筋"为骨为坎卦，"落""挛"为陷，因此"齿落"、"筋挛"指代的是坎卦的阳爻陷于阴性能量之中。

拿出一个羊脂玉的盘儿，有三个法蓝镶金的茶钟；又一童，提一把白铜壶儿，斟了三杯香茶。真个是色欺榴蕊艳，味胜桂花香。

若论我师祖，在此处做了二百五六十年和尚，足有七八百件（袈裟）！

老僧奉茶的情节暗示着什么？为何他拥有如此之多的袈裟？

当然老僧奉茶这一情节暗点了其作为心之阴火包藏肾水。"色欺榴蕊艳，味胜桂花香"。茶为液体为肾水，石榴花为红色，"蕊"字暗点心字，此茶色红，为心火丹砂之色。"桂"为圭土，说明土元素也业已到位。这里暗示着万事具备，可以点火炼丹了。所以下文便用袈裟引动放火之事。

"袈裟"谐音为加砂，丹道之士将心比喻为朱砂，添加心火的能量，从而增添心中阴液的能量，是为增添心中阴火，称之为"添汞"。《道枢》言："朱砂者，汞之父母也。"汞从丹砂所化，这里袈裟象征着朱砂而老僧为汞，因此他拥有大量的袈裟。

在西游记一书中，孙行者为离卦为心的能量的经典代表，此处又为黄婆，因此他一力承担，让金池长老将袈裟拿入自己的方丈之中，也就是向丹炉中添加朱砂，增添炼丹之火。

天王道："你差了；既是歹人放火，只该借水救他，如何要辟火罩？"

那天王笑道："这猴子还是这等起不善之心，只顾了自家，就不管别人。"

却说行者取了辟火罩，一筋斗送上南天门，交与广目天王道："谢借！谢借！"

辟火罩的作用是什么？为何南天门的广目天王才有辟火罩？

南方为离卦，广目也对应的是离卦。《道枢》言："南方赤，是为火之寄位。"因此南天门的广目天王与火有关，拥有辟火罩，逻辑通顺。但辟火罩这一宝物不见于前人典籍，此乃西游记作者杜撰。

另一方面，"辟"字既可以理解成"避免"之"避"字（避免、消除），也可以理解成"襞"字，取其闭合之意。《庄子·田子方》："心困焉而不能知，口辟焉而不能言。"丹道认为汞火易飞，所以需要用真符制之，使其在炉鼎中和凝。广目天王的辟火罩，便是禁制汞火的真符，相当于在汞火上加了个盖子，使其不至于飞走。《道枢》言："镕内有药，其上加覆"就是这个意思。

那么这个禁制汞火的盖子到底是什么呢？《道枢》："元阳子曰：玉液者，其名琼浆、其名天酒，是华池之水也。既采其药，於是必以津精相投焉。闭其息而存缩之、抽吸之，得土以相合，以息为火而锻炼焉。"原来就是采药之时闭气，使真息在体

69

内产生热能而达到锻炼药物的目的。"息"就是火,辟火就是闭息。

当然,从心性修持的角度而言,辟火罩的作用是"顾了自家,不管别人"。此处孙行者用辟火罩护住自己,而回风转火攻击别人,在心性层面也有其象征寓意。当我们的自我边界受到践踏时,我们的自我受到伤害时,攻击施害者几乎是一种本能的反应。别人辱骂我们时,我们反过来辱骂别人,便是将此愤怒的能量扔还给对方。看似心里痛快,于自身无损,其实愤怒的能量蔓延燃烧,毁天灭地,我们又何能独善其身。

我这里正东南有座黑风山。黑风洞内有一个黑大王。我这老死鬼常与他讲道。他便是个妖精。别无甚物。

黑风是何典故?黑熊精象征着什么?

黑风山的名字,表面是运用佛教典故,骨子里仍是丹道修持。

从佛教框架来看,"黑风"一词是嗔恨的隐喻。此典故源自《妙法莲华经》中的《观世音菩萨普门品》。我们先来看该经原文:"若有持是观世音菩萨名者,设入大火,火不能烧,由是菩萨威神力故。若为大水所漂,称其名号,即得浅处。若有百千万亿众生,为求金、银、琉璃、砗磲、玛瑙、珊瑚、琥珀、真珠等宝,入于大海,假使黑风吹其船舫,飘堕罗刹鬼国,其中若有乃至一人,称观世音菩萨名者,是诸人等,皆得解脱罗刹之难。"

《普门品》中说,"遇黑风吹其船舫,飘堕罗刹鬼国"。这里的"黑风"比喻嗔恨之心。关于此语句,章太炎先生曾经讲过一则故事。唐朝李翱研习禅宗,他问一个僧人:"'黑风吹堕鬼国',此语何谓?"僧人呵斥他说:"李翱小子,问此何为!"李翱不觉怒形于色。僧人便说:"此即是'黑风吹堕鬼国'。

当僧人贬低李翱时,李翱的自我形象受到了伤害,愤怒的能量瞬间升起,就将他卷到了罗刹鬼国。人遇到不如意的境界,升起嗔恨之心(黑风)。嗔恨心升起之时,"我"已经失去了当下,清明不复,而是堕落到另一个低能量频率的境界。那个境界至暗至黑,如同罗刹恶鬼所居住的国度,因此称之为鬼国。

黑暗喻示着光明沦陷，黑暗总与绝望相连。《西游记》中描述黑熊精通身漆黑，穿着黑罗袍，罩着黑铠甲，顶着黑头盔，系着黑丝绦，蹬着黑皮靴，手拿黑缨枪。（悟空暗笑："真个如烧窑的一般，筑煤的无二。想必是在此处刷炭为生。"）黑熊精，便是愤怒能量的具象化。就人体气场颜色而言，愤怒的时候人的头上会产生黑色的云雾状能量。黑色正是愤怒能量的本色。

从丹道框架来看，肾中黑气入于华池，是为华池神水。黑风山便是肾中黑气的隐喻，黑熊精便是肾中黑气之精，也就是坎精、黑铅。"熊"字为"能"字和半个"黑"字组合而成，和"猪悟能"作为先天祖黑存在是同一逻辑。因此，黑熊精便是猪悟能在书中的另一个影身。

看那些人放起火来，他转捻诀念咒，望巽地上吸一口气吹将去，一阵风起，把那火转刮得烘烘乱着。好火！好火！但见：
黑烟漠漠，红焰腾腾。黑烟漠漠，长空不见一天星；红焰腾腾，大地有光千里赤。起初时，灼灼金蛇；次后来，威威血马。南方三黑逞英雄，回禄大神施法力。爆干柴烧烈火性，说什么燧人钻木；熟油门前飘彩焰，赛过了老祖开炉。

为何要用放火烧了观音的留云下院来作比喻？

首先，从心性修持的角度而言，黑风山的那把大火，便象征着被外人侵害自身利益时所产生的嗔恨。嗔恨愤怒的能量在感觉上是膨胀的、燃烧的、吞噬性的。俗语说怒火中烧，而佛教中也常常用火来比喻嗔恚，所谓"一念嗔心起，火烧功德林"。嗔恚之火燃烧的时候，平素修行的功德便毁于一旦。因此《西游记》第十七回专门有一段描述火的威力，其中有句"星星之火，能烧万顷之田"。嗔恨的力量，便是如此可怖。

其次，从丹道的角度而言，此火为心中阴火。心为离卦，观音居住于南海，为离卦。观音之流（留）云，便是心中流出之阴液为火，因此此火发生在观音菩萨的留云下院，再恰当不过。

此段文字中的黑烟，便是肾中黑气；红焰，便是心中阴火。蛇、血都对应着坎卦，马为乾卦为金。因此金蛇和血马都象征着从坎中炼化出金铅。南方三黑为南方赤帝、丹灵、真老三黑天君，号曰赤帝。南方为离卦，暗暗表明此火为心中阴火。回禄是传说中的火神，也作为火灾的代称。汞又称之为汞木龙，所以用

"燧人钻木"的典故。老君为炼丹之祖，因此用老君开炉的典故。

为何孙悟空会回风转火？

首先，从心性修持的角度而言，这里讲的是面对愤怒能量的攻击，心灵抱持的态度是什么？是火上浇油，是紧抓住愤怒不放，是将此愤怒的能量扔回对自己施加伤害的人。愤怒的能量并没有消减，反而增长了。因此结果便是观音禅院的断瓦残垣，满目荒凉。

其次，从丹道修持的角度而言，这里讲得是回风混合之法，为风火炼精的关键步骤。回风为呼吸回旋，也就是用腹式呼吸加强火势。《大成捷要》言："回风者，回肇其呼吸，气之喻也。混合者，因元神在心心，元气在肾，本相隔远，及气生而驰外。神虽有知，而不能用者，无混合之法也。故此经，示人用呼吸之气，而回旋之。方得神气归根复命，而混合之，方得神宰于气，而合一之。倘无回风之妙用，则神虽在宰气，亦未知气曾受宰否？此为甘炼金丹至秘之至要者。若问至于百日之工，则灵验已显，气已足而可定。神已习定，久而可定。故小周天回风法之火，所当止也。"

为何悟空这里从巽地上吸一口气？因为巽卦的意象为风，炼丹之时讲究西南起巽风，西南为坤也就是小腹，便是用腹式呼吸加强火势。

原来是那黑风山妖怪偷了。老孙去暗暗的寻他，只见他与一个白衣秀士，一个老道人，坐在那芳草坡前讲话。
只把个白衣秀士，一棒打死。拖将过来看处，却是一条白花蛇怪。

为何这里有黑熊精、白花蛇以及苍狼怪三个妖精？

书中前文借观音禅寺和尚之口已经陈述过了，只有黑熊精这么一个妖精，再无他物。也就是说此处白花蛇怪以及苍狼怪都是黑熊的分身。《道枢》言："黑铅出于水银，其至于艮宫，则渐有青白而为少男，此二阴而生一阳者也。即上之位四旬有五日，从下生阳，震卦是也。其名曰丹砂之魂，于是其汞渐伏焉。"这里讲了黑铅被汞烹煎时转化为金的不同阶段。首先是呈现青白之色而为艮宫少男，对应着白衣秀士。白花蛇之白花说明黑铅已经有些地方变为银白色。悟空于此处先打死白花蛇，喻指先收伏转化为青白色的黑铅。而凌虚子为苍狼怪。"凌虚"二字指代震卦，对应着丹砂之精魂的出现，也就是凝结成丹，也因此后文凌虚子捧了两颗金丹。最后将黑熊也就是坎卦收伏，为坎中阳能收"尽"，大功告成。

艮、坎、震为坤之三子，为阳能陷落在阴中的不同部位。将此三卦所代表的妖精尽数收伏，象征着将阴中的阳能悉数抽取。这里的场景，和车迟国三国师一被砍头（艮卦），一被剖腹（坎卦），一被抽去冷龙（震卦），其实是同一逻辑。读者不妨参考该篇。

菩萨又怕那妖无礼，却把一个箍儿，丢在那妖头上。
（红孩儿篇）这宝贝原是我佛如来赐我往东土寻取经人的金紧禁三个箍儿。紧箍儿，先与你戴了。禁箍儿，收了守山大神。这个金箍儿，未曾舍得与人，今观此怪无礼，与他罢。"

观音菩萨为何有三个箍子？为何此处黑熊用的是禁箍咒？为何孙猴子要用紧箍咒？而红孩儿只能用金箍咒？

从红孩儿篇，我们可以推断得出，此处黑熊怪戴上的，是"禁箍"。"禁"字谐音为"尽"。黑熊怪象征着黑铅，铅中的阳能为金，内丹修炼的目的便是将铅中的阳能全部抽取炼化为金光。因此，黑熊带上"禁箍"，说明坎卦的阳爻全部被抽取，也就是"铅尽汞干"之"铅尽"。在小西天收伏黄眉怪时，弥勒佛祖用"口中神水"写了一个"禁"字，也是同一逻辑。

红孩儿象征着丹药，也就是金。将金封入炉中，使其不再凶狂。因此其戴上的是金箍。

而孙悟空戴上的则是紧箍。《说文解字》："紧：缠丝急也。"朱骏声《说文通训定声》："凡丝，持则紧，舍则缓；紧则理，缓则乱。一意之引申也。"将丝线缠绕在线轴上时，一定要紧密才能条理分明，若是松弛则丝线缭乱，这和整理心神是一个道理。"丝"便是"思"，也就是念头。心狂则神乱念杂，将其紧紧缠绕，方能制服心神。综合起来，紧字便是拴系结实之意。

栓系心神，不使外驰为佛道儒修行的共法。佛教《遗教经》说："制心一处，无事不办"，许多佛经例如《金刚经》都在教修行者如何"降伏其心"。丹道则提倡心息相依，呼吸和心息紧密相连以达到静定效果，类似于佛教的安那般那修行法门。如《陆地仙经》言："故用心息相根据法，拴系此心。"西游记书中"乖猿牢锁绳休解"（乖字这里是违逆之意），"猿马牢收休放荡""心猿乖劣莫教嚎"等语句，都是此意。

为何此篇需要观世音菩萨来救助苦难？为何观音菩萨会将黑熊精收服作为守山大神？为何书中说菩萨妖精本是一体？

这里仍是披着佛教外衣，论丹道之实。

首先，从内丹修炼的角度而言，观世音菩萨处于南海，南方为离卦的方位，观音菩萨象征的便是离卦。而黑熊精为坎，火则为坎卦中的阳爻，离能制坎，水能灭火。离卦为两个阳爻夹着一个阴爻，阳爻为充实，阴爻为空虚，离卦中间空虚，因此观音说后山无人，而黑熊精被降伏，则象征着用坎卦来补足离卦的空虚，正是抽坎补离的写法。坎离相交，化为纯阳之乾卦，回归先天一体的元始能量。因此文中说妖精菩萨本是一体。

其次，从佛教框架来看，《观世音菩萨普门品》中写着，"若有众生多于淫欲，常念恭敬观世音菩萨，便得离欲。若多嗔恚，常念恭敬观世音菩萨，便得离嗔。若多愚痴，常念恭敬观世音菩萨，便得离痴。"佛教修持中，称念菩萨名号为一种法门，可以截断愤怒的能量。因此此篇故事结局为悟空依靠观世音菩萨的力量收服了黑风怪，指代的是运用念菩萨名号的法门降伏了愤怒，在佛教框架中逻辑通顺。

那么念菩萨法名又代表了什么呢？从各种情绪之间的关系来讲，愤怒基于防御机制，是一种继发性情绪，为了推开更深层、更难受的感受。悲伤是一种脆弱的情绪，比愤怒更为精微细密，更为深层。当愤怒升起的时候，我们静心观察，便会发现愤怒中裹挟着一丝对自己无法改变这个世界的悲哀，一点对自己该做什么而未能做的内疚。当我们深入这些脆弱的情绪时，情绪的能量便会发生转化，转化成本源能量的平和安宁。这就是所谓的修持、静定、做功夫。也因为这样，中医常常说，悲胜怒。人们大发脾气以后，常常悲从中来，放声大哭，也是这个道理，怒火宣泄之后，后面的脆弱情绪就显现了。观音菩萨的本咒是大悲咒，用大悲心制服愤怒，非常相宜。

善和恶，为对立的两极，同属于二元论断。能量本身无善无恶，非善非恶，是超出二元模式的。只有人的念头论断，将其分成了善恶。因此书中观音说"菩萨妖精，总是一念"。也因此黑熊精的住所紧邻观音禅院。悟空明白此理，才能变成金丹，入于愤怒能量的内部，将其制服，而非再从外部与之对立，苦苦争斗。

愤怒，其实从本质上说，是对此刻的拒绝，是对另一种现实的响亮要求，因此是创始宇宙的力量。在印度教中，愤怒的能量便是创生及毁坏宇宙的湿婆大神。而在藏传佛教中，观音的另一个化身是愤怒马面金刚。观世音千千万万种化身均从源头能量而来，愤怒也是源头能量的一种，只是没有处在应有的位置，便成了邪恶的妖魔。愤怒和慈悲，恶和善，差的只是心生论断的那一线，彼此紧邻，相挽相牵。

也因此，观音说"后山无人看守"，将黑风山的黑熊精收了去作为守山大神。愤怒能量，便是慈悲的背面。漆黑狰狞的黑熊怪，便是观音微笑转身的背面。其最终归宿，是保留其本来面目，但其功能变化为卫护慈悲、为其所用。如此结局，可谓圆满。

附《金丹四百字解》

【真土擒真铅，真铅制真汞。铅汞归真土，身心寂不动。】

土居中央，为万物之母，能以和四象、攒五行、生万物、养万物，所以成始而成终者。此云真土，非世间有方有所之浊土，乃人身无方无所之真意。真意主宰万事，统摄精神，护持性命，镇守中宫，与土同功，故以真土名之，因其诚一不二，又名真情；因其内藏生机，又名中黄；因其无物不包，又名黄庭；因其动静如一，又名刀圭；因其能调阴阳，又名黄婆；因其总持理道，又名十字路；因其和合四象，又名四会。异名多端，总以形容此真意之一物耳。

铅性沉重，其气坚刚，经久不坏。此云真铅，非世间有形有质之凡铅，乃人身无形无质真知之真情。真情外暗内明，刚强不屈，能御外患，能制内邪，有象于铅，故以真铅名之。因其刚烈在内，又名黑虎；因其气属于金，又名白虎，因其不为物屈，又名金公；因其光照万有，又名金华；因其转运造化，又名天罡；因其暗中藏明，又名水中金；因其雌里怀雄，又名月中兔。异名多端，总以形容此真情之一物耳。

汞为活动之物，其性轻浮，其气明柔，易于走失。此云真汞，非世间有形有质之凡汞，乃人身无形无质灵知之灵性。灵性外刚内柔，至虚至灵，变化不测，叩之则应，触之则动，有象于汞，故以真汞名之。因其出入无时，又名为龙；因其气应东方，又名青龙；因其经火煅成，又名赤龙；因其性柔爱物，又名木母；因其外阳内阴，又名姹女；因其雄内怀雌，又名日中乌；因其真藏火中。又名朱里汞；因其光无不通，又名流珠。异名多端，总以形容此灵性之一物耳。

真意也，真情也，灵性也，即吾身中真土、真铅、真汞之三宝。

五 祖炁源先天 变化称八节：高老庄篇

书中为何将猪八戒称为"木母"？为何其为天河元帅？为何住在高老庄？在内丹修炼中猪八戒是何象征？其和太上老君有何关系？

首先，猪八戒为一头猪的形象。猪为水畜，在八卦中对应的是坎卦，在十二地支中对应的是亥。"亥中壬水甲木存"，用天干来配十二地支，则亥中包含的是壬水和甲木，也就是水元素和木元素，因此猪八戒兼有水木二性。孙悟空兼有金火二性。金克木而水克火，因此在西游故事中猪孙二人关系常有相生相克的现象。此处西游记原文称悟空降伏八戒为"金性刚强能克木，心猿降得木龙归"，正是内丹派所谓的"金木交并"。悟空对应着诗中的"心猿"，为金；八戒则对应着诗中的"木龙"，为木，也在强调猪八戒象征着木元素。

在十二时辰中，亥时是肝气生发的时辰。肝气为木，因此文中将猪八戒称之为"木母"，在牛魔王篇也说"木生在亥配为猪"。而在此篇故事中。孙悟空和唐僧也正是在肝气生发的春融时节降伏了猪八戒。

而亥也有财产蓄积的意象。古时人下葬常用玉猪作为陪葬品，便是取其富足之意。猪八戒所代表的元始祖炁，为人体的先天资本，正是人身财富的象征。所谓只有一个原本，更无微利添囊。老子说的"金玉满堂，莫之能守"也是这个意思。而亥的能量被破坏的时候，也对应着财产的分割。猪八戒常说散伙分行李，对应的便是木气不易生发，而亥的能量受到破坏。

其次，亥中包含水元素，因此称之为亥水。亥水在西北乾位，与戌土并称天门，代表着大河之水，奔流不息，因此也被称为"天河"。天倾西北，地陷东南，天下所有水的发源地，就是西北方乾位戌亥。亥水又对应着人中之将军，因此猪八戒为元帅，总督天河，掌管八万水师。

命书《三命通会》言："壬水在天为云，在地为泽，谓之阳水。"亥中之壬水有云的意象，因此猪八戒住在"栈云洞"。

乾卦为三个阳爻堆叠，有大山高陵的意象，也有老者的意象，因此影射着"高老"二字，因此猪八戒住于高老庄。西游记第一回中，作者写道"再去五千四百岁，交亥会之初，则当黑暗，而两间人物俱无矣，故曰混沌。又五千四百岁，亥会将终，贞下起元，近子之会，而复逐渐开明。邵康节曰：'冬至子之半，天心无改移。一阳初动处，万物未生时。'到此，天始有根。"（此篇书中将孙行者降伏猪八戒称为"性情并喜贞元聚"，对应着这里的"贞下起元"一语，从虚无混沌中化生出阴阳两仪。）也就是说，亥象征着虚无混沌，是天根将生而未生之时。亥居于西北乾位，乾为天，高老为根，因此高老庄喻指天根。

尹真人《寥阳殿问答篇》言："脐轮之后一寸三分，真元落于此处，号曰天心，又名神炉，乃胎仙元命之根，是故又号天根。"高、老为太上、原始、根本之意。八戒兼有木水二元素，高、老便是木之根，水之源，其象征的亥水正是万物之源，因此猪八戒为"元始祖炁"也就是先天一气，人受胎之时最原始的宇宙创造性能量。

先天始炁，便是金丹之祖。"猪"字其实是"祖"字的谐音。也因此猪八戒临阵对敌时常常自称"祖宗"。在人身之中，它的位置对应着元始祖窍，"心之下肾之上，脊前脐后，中间虚悬一穴，此即世人生生受命之处，又名曰祖窍"。"然人之命根，乃先天之祖炁，赋形而后，即生后天之呼吸。此祖炁者，乃父母媾精时得天赋之一点，二五之精，妙合而凝，凝结以成人。若无此一点，不能成胎，以其二五未合而未凝也。此一点者，即人生所得于天之理，周子所谓'太极'是也。"祖炁常用丹字中一点（、），坎卦中之阳爻、真铅来象征，在天地混沌时产生，为天地之父母，阴阳之本源。

综上，猪八戒在内丹修炼过程中对应着先天祖炁，其居住的高老庄便是祖窍，对应八卦中的坎卦和地支中的亥，具有水木二性。此结论读者务须牢记。

借助此视角，西游记书中许多情节便能豁然开朗。例如为何车迟国中行者变做元始天尊，而八戒变为太上老君？《授丹阳二十四诀》（王重阳真人和马钰真人的问答录）言："存精是元始天尊，存神是太上道君，存气是太上老君，名曰三命也。"存气是太上老君（这里"气"字为"炁"字之意），八戒为祖炁，因此变成太上老君。高、老为太上、原始、根本之意。太上老君，便是天根，对应着原始混沌虚无之太极，也就是对应着猪八戒。太上老君对应着北斗星，属于坎卦（参见笔者在平顶山莲花洞篇的论述），而猪八戒为猪，对应的也是坎卦，其为"罡列"，对应的也是北斗。因此太上老君和猪八戒是一非二，太上老君为猪八戒在书中的另一个影身。车迟国中猪八戒变成太上老君，乃是精准对应。再比如猪八戒逃跑时，孙悟空追逐说："你若上天，我就赶到斗牛宫！你若入地，我就追至枉死狱！"斗牛为斗星和牛星两个星宿，斗星便是北斗星座也就是天罡，对应的是坎卦；坎卦有精魂幽灵的意象，枉死狱是地狱，对应的也是坎卦。整体仍是强调猪八戒的坎卦特质。

当然，原始祖炁除了猪八戒和太上老君作为主要象征之外，在书中还有别的影身作为对应。太上老君姓李，"李"字拆分为"木子"二字。亥为极阴，阴极则阳生，因此"李"字强调木气生发以及子时一阳初动，再贴切不过。（此字颇为现成，简直是专为西游记作者写书而天造地设一般！）因此书中"李"姓之人，都是原始祖炁的象征，也就是猪八戒的另一个影身。如托塔李天王、太白金星李长庚，以及因唐王向幽府献果而从死返生的李翠莲都是猪八戒的影身。从这个角度而言，猪八戒调戏嫦娥犯罪当斩之时，太白金星出面为其求情，那是理所当然的。

为何猪八戒贪食、好色、懒惰？

这一角色设定同时有表面和丹道的两层含义。表面上，猪八戒代表着人的身体，孙悟空代表着人的心灵，因此猪八戒具有身体所可能具有的一切障碍习性。老子说："吾所以有大患者，为吾有身。"修道者心虽求道而身体常常制造障碍。猪八戒贪食、懒惰、好色都是身体给修道制造障碍的表现。

而从丹道的角度而言，内丹修炼，无非在于阳炁的积累，也就是说修行炼精成炁，在于增添炁的能量，对应到书中的情节，便是猪八戒食肠宽大。西游记书中，但凡吃斋，便是在增添能量。因此在通天河吃斋，唐僧需要一个人服侍，孙悟空需要两个人服侍，而猪八戒则需要几十个人服侍，隐喻着增添的能量分配给祖炁积累起来变成新的炁。而神炁满足完备才能到西天，所以在西天猪八戒就放下碗，因为他已经彻底吃饱了。

《壶中子》云："登明足艳，太乙多淫。""登明"就是指的地支亥有光彩焕发、艳丽夺目之象，因此猪八戒的钉耙光彩夺目，在玉华县狮子精开的是钉耙宴，而非金箍铁棒宴。亥水主妇女，又有阴私之意，因此有男女情事的意象，因此西游记作者设计了其调戏嫦娥而得罪的情节。从丹道修炼的角度而言，坎卦为水，其中阳水清水称之为壬水，阴水浊水称之为癸水，采炼药物要提取壬水而非癸水。猪八戒为男性，对应的是坎中阳水也就是壬水；月亮对应的是坎卦，嫦娥作为女性对应的便是坎卦中的阴水也就是癸水，看似猪八戒"扯住嫦娥要陪歇"，其实是嫦娥戏了猪八戒，壬水被癸水染污而贬下凡间，从先天而到后天。

而猪八戒在书中前半段比较懒惰，后半段则相对较为"勤谨"。这也很好理解，修道之初，修道者为有漏之体，神炁不满，做事修为往往不能得力。百日筑基，可以将后天损耗的先天之精补足；然后修持小周天，炼精化炁，随着炁的能量规模日渐积累，其发生的效用也日渐变大。《伍柳天仙法脉》："修士用此先天始炁，以为金丹之祖。未漏者，即采之，以安神入定；已漏者，采之以补足，如有生之处；完此先天也。"

止生三个女儿：大的唤名香兰，第二的名玉兰，第三的名翠兰。

为何高太公有三个女儿？为何猪八戒匹配的是小女儿？为何其名叫翠兰？

高太公为乾卦。周易之中，乾卦（☰）的三个阳爻分别变阴，对应着巽（☴）、离（☲）、兑（☱），这三个卦都具有女性的意象，在周易中对应着一家之中的长女、中女以及小女。因此，高太公有三个女儿。

翠兰为小女儿，对应的便是兑卦。"翠"为木之青色，"兰"为秀美之花木藤草，"翠兰"为阴柔之木，也就是乙木；而猪八戒为亥，具备甲木的特性。甲木和乙木同为木性，因此可为夫妇。另外笔者在前已经详细陈述过，《西游记》按先天卦讲为"取坎填离"；按后天卦讲为"震来就兑"。此处震为甲木为八戒，兑为少女，因此猪八戒取的是小女儿。

水气温煦，则百卉荣发。此处春融时节固然有翠兰，天竺国处修行者已经达到"三十六宫总是春"的境界，阳和能量在体内运转，虽然冬季仍有翠兰之景象，因此在天竺国唐僧赋诗曰"袖手高歌依翠栏"，亭名留春亭，正是此意。

三藏道："不可！不可！你既是不吃五荤三厌，我再与你起个别名，唤为八戒。"那呆子欢欢喜喜道："谨遵师命。"因此又叫做猪八戒。

猪八戒为何称为"八戒"？为何又称"悟能"？

"八戒"这个名字在西游记一书中有三层含义：

首先，表面上看，佛教有八戒这个术语，指代佛教的八项清规戒律：一戒杀生，二戒偷盗，三戒淫邪，四戒妄语，五戒饮酒，六戒着香华，七戒坐卧高广大床，八戒非时食。此名字在佛教框架里颇为通顺。

其次，文中八戒自述："我受了菩萨戒行，断了五荤三厌"，因此称作八戒。也就是说，此处八戒并非上面佛教框架中的八种戒行，而是戒除五荤三厌的斋戒行为。五荤为气味强烈的植物如蒜韭之类，佛道修行者认为此类植物能扰动人性灵清明，增添不洁能量，伤五脏元气，所以不应该食用。三厌为天厌雁、地厌狗、水厌乌龟。雁有夫妇之伦，狗有扈主之谊，乌龟有君臣忠敬之心，人若食之，诸天厌弃，因此称为三厌。

上述两个层面颇为浅显，不过是披着佛道外衣、掩人耳目，底里仍是描述内丹派修炼。八戒象征着内丹修炼中的先天原始祖炁，其能量如同月亮一般，盈亏消长有自己变化的规律。此规律有八个关键时刻，称之为"八节"（参见笔者在玉兔精的故事篇详细论述）。修道者需要抓住这八个关键时刻，才能把握住炁的运行。因此"八戒"一词的第三层含义，指的就是先天原始祖炁变化之"八节"。

四时八节既是我们熟知的季节和节气，同时也是内丹炼炁的隐语。四时指一年春夏秋冬四季，八节，指二十四节气中的立春、春分、立夏、夏至、立秋、秋分、立冬、冬至八个节气。古人用八卦应八节。坎主冬至，艮主立春，震主春分，巽主立夏，离主夏至，坤主立秋，兑主秋分，乾主立冬。

就炁能量团的消长而言，冬至一阳生，为活子时发动，春分添新火等等，春生夏长，炁能量团由小变大，直至盈盈如满月，不老不嫩，内丹派称之为"二候"，适合采取。内丹派采炁炼药需要辨时，也就是观察炁能量团的色泽大小来辨明药之老嫩。药老炁散，不能结丹，药嫩炁力微，亦不结丹。采炁离不开老嫩火候，流沙河故事篇中猪八戒说自己嫩，"我老猪还搯出水沫儿来哩，你怎敢说我粗糙。"也暗含着这个意思。那么炁则何时不老不嫩？这就需要四时八节来辨明证候。

而猪八戒之"猪"字谐音为"珠"，指代修炼过程中之金丹，内丹派常将其称为宝珠、火珠、玄珠、子珠、太乙真珠等。金丹由炁积累而成，原始祖炁正是其中重中之重。因此，"猪八戒"这个名字，其实对应的是"珠八节"的谐音，取先天祖炁名为玄珠，变化八节之意。

西游记书中也暗暗点明此点，四时八节之语比比皆是。在玉兔精篇唐僧写四时节气诗，并非闲文。猪八戒说自己的钉耙"体按四时依八节"，钉耙本是法器，正是八戒自喻。其自称"敕封元帅管天河，总督水兵称宪节"，则点明了自己便是"宪节"。到了归正灵山之时，便有"八节奇花，四时仙果"，喻指炁结金花，道果成熟。在天竺国八戒扯着唐僧说："这月啊：缺之不久又团圆，似我生来不十全。"也是这个意思，八戒便是象征先天祖炁，炁的消长正如月的盈缺。而先天祖炁能生长万物，因此高翠兰嫁了猪八戒以后，家业兴旺，"四时有花果享用，八节有蔬菜烹煎"。因为祖炁化生万物，无所不能，因此猪八戒又叫猪悟能，强调的是先天祖炁的化生能力。

我家住在福陵山云栈洞。我以相貌为姓，故姓猪，官名叫做猪刚鬣。

猪八戒为何又称为猪刚鬣？

此处表面上仍是用大众熟知的典故。"刚鬣"一词出自《礼记·曲礼下》："凡祭宗庙之礼，牛曰一元大武，豕曰刚鬣，豚曰腯肥，羊曰柔毛。""豕"就是猪。孔颖达在疏注中解释说："豕肥则毛鬣刚大也。""鬣"为颈部鬃毛，"刚"为坚挺刚直，"刚鬣"意思是颈部鬃毛坚挺刚直的动物，为猪的隐语。

内里则暗点丹道术语。"刚"字谐音为"罡"字，"罡"指代"天罡"即北斗星。"刚鬣"一词为"罡列"，猪八戒夸耀钉耙之时，说"六爻神将按天条，八卦星辰依斗列"，"斗"就是北斗天罡，"依斗列"就是"依罡列"。

西游记文中屡屡暗点猪八戒和"天罡"的关系。比如猪八戒学的是天罡三十六般变化。再比如猪八戒在车迟国变的是太上老君，太上老君为八戒的另一个影身，对应着北斗星（参见平顶山莲花洞篇笔者的论述）。再比如在通天河，八戒变为一秤金时需要"布起罡来"，"布罡炁"是炼炁者的一种手法，将自身的正阳炁能布散给客方。

为何猪八戒为天蓬元帅？为何其用的是九齿耙？为何钉耙是五千零四十八斤？猪八戒到底是男是女？

猪八戒号称"天蓬元帅"，也具有普通道教和丹道修持双层含义。

表面上看，用的是普通道教奇门遁甲的知识。天蓬一词最早见于晋代陶弘景所撰的《真诰》。其中记载了《天蓬咒》为"北帝煞鬼之法"，先叩齿三十六下，然后祝道："天蓬天蓬，九元煞童。五丁都司，高刁北公"等等。天蓬星为奇门九星之一，对应着坎卦，和水相连，猪八戒为亥水坎卦，对应的确实是天蓬星。

从内丹修炼的角度来看，"蓬"字为草为柴，"天蓬"便是天上用的柴草，也就是内丹修炼进火之木气柴草，"元"为元始祖炁，"天蓬元帅"便是在说内丹修炼之时，木气柴草全归原始祖炁统领，因此猪八戒为主管此事务之元帅。猪为亥木，木能生火。八戒动不动就说散伙（散火），也就是自己作为木气，不想燃烧了。

平顶山莲花洞妖精说八戒："你会使这钯，一定是在人家园圃中筑地，把他这钯偷将来也。"而在荆棘岭，八戒则说："不打紧，等我使出钯柴手来，把钉钯分开荆棘，莫说乘马，就抬轿也包你过去。"钉钯是农具，犁地、斫柴正是它的本分，猪八戒采用九齿钉钯开破荆棘岭，方法得当，构思巧妙。八戒是"木母"，五行之中木生火，此木为供给内丹修炼之炉鼎以用来点火的木柴。钉钯原为耕田搂柴之用，只不过此田为产药之丹田，此柴为炼化药物添助活力之木气。书中写行者嘲笑八戒："你这钯可是与高老家做园工筑地种菜的？"是的，此钯正是用来帮助原始能量滋生，丹药凝结的。老高家为原始祖窍，筑地为耕种丹田，种菜为凝结丹药。马钰道长的一首词里自夸"芝田凭仗云耕透，更无用，扶犁手。"也是这个意思。

此回虽未明说，但在玉华县时文中曾经提到，猪八戒的钉钯和沙僧的宝杖都是五千零四十八斤。为何如此呢？这和内丹派所说的"五千四百生黄道"有关系。其逻辑是，人自下生之日起，至五千四百八十日那一天，在人身之阳精完满具足，古称"共十六铢"，乾金气足，满身生阳，是为纯阳之体。女子则为五千零四十八日，比男子差一岁余，是为纯阴之体。特此为极盛之时，以后不复再生，有漏即损，用尽则死。此处猪八戒和沙僧的法器都是五千零四十八这个数字，暗指其达到纯阴之体。沙僧为黄婆，婆为女性，因此其法器比照女性的五千零四十八之数。猪八戒为亥，亥水属于阴水，对应的是阴性能量，称其为"木母"，就反映了这一点；而书中三十八回说"那个猪八戒，尖着嘴，有些会学老婆舌头。"也暗指其为女性能量。猪八戒临阵对敌，并不自称"爷爷"，而往往自称"祖宗"，也是这个原因。从这些角度看，猪八戒其实具备女性特质。而孙悟空为纯阳之体，则自称"外公"、"爷爷"。

那长老催动白马，早到街衢之口。又见一个少年，头裹绵布，身穿蓝袄，持伞背包，敛裤扎裤，脚踏着一双三耳草鞋，雄赳赳的，出街忙走。

此处乃是乌斯藏国界之地，唤做高老庄。我是高太公的家人，名叫高才。

那高才入了大门，径往中堂上走，可可的撞见高太公。

为何遇高才于通衢？

猪八戒所代表的原始祖炁为人身中的能量财富。"高"为元始，"才"为财富，因此"高才"这个名字也隐含指代元始祖炁。高才便是猪八戒在书中的另一个影身。而街衢，便是十字路口。内丹修炼中，土居于中央，因其总持理道，又名十字路，因为调和阴阳，又名黄婆、黄中。东西南北为四正，四正为罡，其中心点所汇集的能量叫作罡炁，通衢大道的中心点正是人体祖窍所在，因此为高老庄坐落之处。"心之下肾之上，脊前脐后，中间虚悬一穴，此即世人生生受命之处，又名曰祖窍。"高才回到高老庄，正好碰见太公位于中堂。总之都是强调人体中央这个位置，暗点土元素。

此篇故事讲的是降伏猪八戒也就是采取先天祖炁。孙悟空为离卦，猪八戒为坎卦，高才为猪八戒的影身亦为坎卦，通衢为黄中为调和坎离的土元素。孙悟空在十字路口遇见高才，其实在暗示坎离二卦在土元素的配合下进行能量的交互。这就难怪孙悟空扭定高才不放松，要问个明白了。

收伏猪八戒后，高太公献上金银两百两。金银在西游记中象征着增添新的能量。内丹派修炼的宗旨便是积金累炁。用自己的先天祖炁，来炼化后天，使得炁的能量不断增加。囿于情节所限，猪八戒本人不可能拿走金银，而孙悟空抓了一把金银赐予高才，便是在隐喻修行者在先天祖炁方面增添了新的炁能。

乌斯藏就是古时西藏的别称。在丹道框架里，西方是金炁所生之处，西藏便是暗指金炁潜藏之处。猪八戒是元始祖炁，因此他潜藏之处位于西藏。

禅师道："我有《多心经》一卷。"

那禅师化作金光，径上乌巢而去。长老往上拜谢。行者心中大怒，举铁棒望上乱捣，只见莲花生万朵，祥雾护千层。行者纵有搅海翻江力，莫想挽着乌巢一缕藤。

（九十三回）行者道："师父，你好是又把乌巢禅师《心经》忘记了也？"三藏道："《般若心经》是我随身衣钵。自那乌巢禅师教后，那一日不念，那一时得忘？颠倒也念得来，怎会忘得！"

为何收了八戒才得见乌巢禅师？为何悟空没办法捣翻乌巢？为何唐僧此处领受的是《多心经》而非《心经》？

唐僧遇见乌巢禅师这一情节，同样是以佛家典故为外衣，内里暗指丹道修行。

首先从佛教框架来看。乌巢禅师隐射着佛教史上的鸟巢道林禅师。《指月录》中曾记载该禅师栖止于秦望山长松之上，如鸟巢居于树，因此得名为"鸟巢禅帅"。此处乌巢禅师住于浮屠山上。浮屠为梵语，指代佛塔，正是"人人有个灵山塔，却向灵山塔下修"之意。因此西游记作者写唐僧从此处得到《心经》，在佛教的框架中颇为通顺。另外《大唐大慈恩寺三藏法师传》中提到唐玄奘法师确实得到传授心经，并以之破除魔难，在典籍中有据可依："念观音菩萨及般若心经。初法师在蜀见一病人，身疮臭秽，衣服破污。愍将向寺，施与衣服饮食之直。病者惭愧，乃授法师此经。因常诵习至沙河间。逢诸恶鬼奇状异类绕人前后。虽念观音不能令去。及诵此经发声皆散。"西游记作者将此两个典故杂糅在一起，"鸟巢"便成了"乌巢"。

其次，从丹道框架来看。从常理推断，作者不会无缘无故将鸟巢禅师之鸟字换作乌字，必然是有意为之。《夷坚志》提到"星禽遁甲"这种术数："每日演所得禽名。视以藏匿。如值毕月乌，则以月夜隐于乌巢之下。值房日兔，则当昼访兔蹊。""乌巢"为毕月乌之巢。毕月乌为二十八星宿之一，对应的是月亮，也就是坎卦，而且乌为黑色，黑色也是坎卦的颜色，坎卦为水元素；而乌巢位置处于树上，为柴草所制成，因此为木元素。乌巢二字兼具猪八戒的水木二元素，因此乌巢禅师便是八戒在文中的另一个影身。我们也就知道了为何唐僧收了八戒才得见乌巢禅师，因为此二人本是一非二。同时我们也明白了为何乌巢禅师劝八戒和他修行了。

而孙行者为心为离卦，乌巢禅师为坎卦，行者用铁棒向上乱捣，便是在隐喻内丹修炼过程中的坎离互交。但是唐僧刚收了象征坎卦的猪八戒，坎离双方能量刚刚建立，沙和尚作为调和之人还未到来，此时坎卦和离卦尚如水火互为刑克，不能相交成功，因此文中说"行者纵有搅海翻江力，莫想挽着乌巢一缕藤"。文中乌巢禅师假装不认识孙悟空，说因为见面少、跟他不熟，其实也是这个意思。而乌巢禅师住在浮屠山上。浮屠固然指代有形的佛塔，同时也暗指人身。乌巢禅师和悟空这一番能量交互，正是"身中日月坎离交"之意，可惜机缘尚未成熟，坎离未能绸缪。

知道了此处讲的是坎离不能互交，我们便可以恍然大悟，为何西游记作者将《心经》写作《多心经》。《心经》全称为《般若波罗蜜多心经》，经常简称为《心经》。此乃通俗常识，西游记作者博学多才，自然不可能不知道。之所以写成《多心经》，便是讲此处坎卦的能量和离卦的能量不能协同。所谓夫妻同心，其利断金。而此处坎离能量差次，态度不一，因此是"多心"。而到了后来，悟空和唐僧心心相印之时，文中则称其为《心经》，足证此处作者称其为《多心经》是有意为之。

六 水火不两立 调和乃为尚：流沙河篇

三众齐来看时，见上有三个篆字，乃流沙河，腹上有小小的四行真字云："八百流沙界，三千弱水深。鹅毛飘不起，芦花定底沉。"

流沙河是否实有其地？为何又称弱水？该名字在内丹修炼中指代什么？

这里的流沙河又称弱水。西游记作者为何取这两个名字呢？这同样是其皮里阳秋，机带双敲的经典写法。首先，流沙河、弱水这些名称在古代典籍中均有对应，尤其是见于玄奘法师出使西域的记载，这就在历史框架中有据可依。其次，这里同样隐含着内丹派的名词概念，暗暗影射着沙僧的身份。

我们先来讨论弱水一词：

第一，就古文献而言，《尚书·禹贡》："弱水既西。"故《史记集解》引郑玄注云："众水皆东，此独西流也。"弱水发源于甘肃，西北流至张掖，也称张掖河，流过巴丹吉林沙漠西部，即所谓"入于流沙"，最后入于居延海。《山海经》："海内昆仑之墟，弱水出西南隅。"《玄中记》云："天下之弱者，有昆仑之弱水，鸿毛不能载也。"到了柳宗元，则认为"西海之山有水，散涣无力，不能负芥，及底而后止，故名'弱水'。"西游记文中说"鹅毛飘不起，芦花定底沉"，用的便是弱水"散涣无力，不能负芥"这一特征。

第二，就内丹修炼的框架而言，首先在车迟国三清观中，沙僧变作灵宝道君，说明灵宝道君是沙僧的一个影身。灵宝道君就是灵宝天尊，为道教三座尊神之一。大道的衍化最开始历经洪元、混元、太初三个时期，其中灵宝天尊象征着混沌始清、阴阳初分的混元时期。内丹派的思路是从后天修回到先天，沙僧负责的便是将分隔的阴阳混合为一而还元，因此对应的是混元时期。而《史记·大禹本纪》中言："夏禹登位，乃登名山巡守，度弱水，登钟山，遂得帝喾所封灵宝真文。"前文笔者已经论述过，

"禹"字有猴子之意，大禹为孙悟空的一个影身。大禹渡过弱水，便得到灵宝真文，对应在西游记的情节上便是孙悟空来到流沙河，得到了影射灵宝道君的沙和尚。

其次，《山海经》讲昆仑弱水出西南隅。昆仑乃是天柱，西南为坤位为地，坤为土又为虚空，正是沙僧所代表的真土。坤为雌伏为柔弱，虚空不能负载物体，也具备"弱"这个特性。

最后，弱水在人体的何处呢？道书《太上老君中经》云："两肾间名曰大海，一名弱水。中有神龟呼吸，元气流行，作为风雨，通气四支，无不至者。"两肾间为命门，是人身太极之要窍，水性和火性能量在这里相媾，符合沙僧调和阴阳这个角色设定。

再来讨论流沙河一词：

就古文献而言，西域有流沙河，也确实有典故可依。玄奘上表唐太宗时曾自述"践流沙之漫漫"。《万历野获编》讲述西域见闻称："出大川度流沙河，有山青红如火焰。"《大唐大慈恩寺三藏法师传》也提到沙河这个地名："即莫贺延碛长八百余里，古曰沙河。"

从性灵修炼的角度来看，流沙二字在佛教框架和内丹修炼框架中各有其分别不同的含义。首先，佛教中有"去矿留金"的说法。例如《杂杂阿含经》便用淘洗金沙的过程来比喻性灵修炼："如铸金者，积聚沙土，置于槽中，然后以水灌之。粗上烦恼，刚石坚块随水而去，犹有粗沙缠结。复以水灌，粗沙随水流出，然后生金。犹为细沙黑土之所缠结，复以水灌，细沙黑土随水流出，然后真金纯净无杂。犹有似金微垢，然后金师置于炉中，增火鼓鞲，令其融液，垢秽悉除。然其生金犹故，不轻不软，光明不发，屈伸则断。彼炼金师、炼金弟子复置炉中，增火鼓鞲，转侧陶炼，然后生金轻软光泽，屈伸不断。随意所作钗铛镮钏，诸庄严具。"流沙这个名字，在佛教框架中，便是采取淘沙见金的概念，来比喻藉假修真，于色身中提出元明本性。通过涤荡濯洗，烦恼垢秽等非我假我得以净尽，本性具足之光明法身得以重现。

其次，就内丹派的框架而言，流沙河的"沙"字可以认为是丹砂之砂的谐音。《一贯天机直讲》言："凡人身内之穴，无不红，故喻身内者，不曰"汞"，即曰"砂"也。"内丹派的大小周天都称人身为朱砂鼎，便是因为其红色的原因。土，其实就是虚空，其在人体周流诸窍（流砂），东西往来，撮合坎离能量，因此"流砂"便是真土的隐喻。

三藏见他行礼，真象个和尚家风，故又叫他做沙和尚。

沙僧为何叫做沙和尚？

这里仍然是外佛教里丹道的写法。

表面上，在佛教框架中，"和尚"为有道高僧，沙僧既然往西天取经，便是僧人，称其为"和尚"，乃是溢美之辞，在佛教框架中颇为通顺。但在丹道框架中，沙僧作为土元素，调和水火坎离，以调和为尚为目的，因此称之为"和尚"。谨解释如下：

西游记原文中屡屡将沙僧称为"黄婆"，像子母河篇"黄婆运水解邪胎"，小雷音篇"黄婆盲目同参礼"，等等。笔者在首章已经详细阐明，内丹修炼中，非常重要的一步是取肾水中的阳炁和心火中的阴液相交，对应在八卦上便是抽取坎卦（☵）的中间阳爻，来填补离卦（☲）的虚损，这样坎卦和离卦合为三个阳爻的纯乾卦，是为从后天分裂的能量回复到先天完善的能量。道书《性命圭旨》言："圣人以意为黄婆，引坎内黄男，配离中玄女。夫妻一媾，即变纯乾，谓之取坎填离，复我先天本体。故悟真篇云：取将坎内中心实，点化离宫腹内阴，正此义也。"正是这个意思。

肾水和心火本不相交，需要通过真意来从中牵引，真意属土而多情，其色黄而好动，所以比喻性地称它为"黄婆"。土，其实就是虚空，其在人体周流诸窍（流砂），东西往来，撮合坎离能量，如媒妁一般。张三丰道长的歌诀"东家女，西舍郎，配合夫妻入洞房。黄婆劝饮醍醐酒，每日醺蒸醉一场"讲的就是黄婆调和坎离的媒介作用。

此篇沙僧和八戒争战之时，文中写"只因木母克刀圭，致令两下相战触"，明说了沙僧就是内丹修炼中的"刀圭"。"圭"字为两个土字叠加而成，指代土元素。在五行关系中，木克土，所以说木母克刀圭。"刀圭"又是什么意思呢？人体的中宫属土，真水（元精）聚此为己土，真火（元炁）聚此为戊土，阴阳、戊己二土合而成圭，产生先天真一之炁，此炁可以炼化阴

91

精，使之成药。也就是说，"刀圭"和"黄婆"一词意思一致，同指代土元素。

十分凶丑：一头红焰发蓬松，两只圆睛亮似灯。不黑不青蓝靛脸，如雷如鼓老龙声。身披一领鹅黄氅，腰束双攒露白藤。

为何沙和尚长得如此模样？

心为离卦，离卦为火又为眼目为光明，对应的是眼目光明，以及心火如朱砂之红。所以有"一头红焰发蓬松"，"两只圆睛亮似灯"。

肾为坎卦，坎卦为幽暗，蓝靛为蓝黑色，肾水如铅之黑，"不黑不青蓝靛脸"讲的是坎卦。也因此后文都说沙和尚"晦气脸"，像灶君。

沙悟净穿一件黄锦直裰，黄为土色，锦为脾土翳膜之华彩，《黄庭经》言"黄庭内人服锦衣"，指的就是这个。符合其本身的土元素的身份。

而坎离相交相合则为乾卦，乾卦有龙的意象，金丹运转之时声如雷鸣，因此"如雷如鼓老龙声"讲得是坎离互交而返回乾卦。

总体来讲，此处沙和尚的相貌打扮既有坎卦的特征，又有离卦的特征，又有土元素自身的特征，同时还有坎离互交而返还乾卦的特征，这和他作为真土来调和坎离这一角色设定是吻合的。

那禅师传了经文，踏云光，要上乌巢而去，被三藏又扯住奉告，定要问个西去的路程端的。
（四圣试禅心篇）呆子道："娘，慢些儿走，我这里边路生，你带我带儿。"
菩萨方与他摩顶受戒，指沙为姓，就姓了沙，起个法名，叫做个沙悟净。

为何沙僧又叫沙悟净？为何唐僧收了悟空和八戒之后才来到流沙河？

当然表面上"悟净"这个词用的是佛教西天净土的典故，无甚稀奇。但内里从丹道的角度，"悟净"便是"悟径"，也就是了悟到修真之径、河车路径。谨解释如下：

西游记书中言"经乃修行之总径"，如来也说佛经有"一万五千一百四十四卷，乃是修真之径，正善之门。"明明说出，"经"就是"径"。《太上老君虚无自然本起经》言："夫道者，谓道路也，经者，谓径路也，行者，谓行步也，德者，谓为善之功德也，法者，谓有成道经可修读而得道也，谓有成道路之径可随而行之。"又言"举足因成人径，行步以前当得大道"，此句既暗含了"行者"一词，又暗含了"径通大道"之意。

内丹派讲究的是"三家相见结婴儿"，精水、神火以及意土三者具备，便可以开炉炼丹了。笔者此前已经详细论述过，悟空为元精为火，对应的是离卦，八戒为元炁为药，对应的是坎卦，有意土斡旋，坎离方能相媾，小周天才具备运行的条件。因此，收了悟空和八戒之后，接着便是黄风岭篇降伏意土中的识神，识神去而真神现，真神便是沙僧所代表的真土，这就来到了流沙河。

流沙河一篇，前有唐僧向乌巢禅师问西去道路，后有观音等四圣向八戒指路（详见笔者在该篇的论述），向八戒所指之路，便是河车运行的道路，也正是坎离交媾的道路。坎离本不相媾，有了沙僧作为真土黄婆在中间的牵引指点，才生出了交媾的途径。沙僧作为土元素，起到的是指点道路的作用，而此道路，便是通向大道的"径"。（骊山老母三个女儿象征着坎离龙虎，其向八戒指点进入洞房的道路，正是黄婆所发挥的作用，因此骊山老母是沙僧在西游记书中的另一个影身。）孙悟空铁棒无法碰触到乌巢，四圣试禅心时，猪八戒抓不到配偶，撞不到天婚，都是坎离不能互交的意象，需要"沙悟径"也就是黄婆从中调和，指点道路。流沙河收伏沙僧以后，三家相见，修行者悟到了河车运行的路径，因此"悟径"以后，便有四圣试禅心篇所指代的小周天的河车初动，而到了河车运转纯熟，五庄观的人参果便开花结实了。唐僧所行的每一步均有相应的内丹修行状态来对应，是谓顺理而成章。

南天门里我为尊，灵霄殿前吾称上。失手打破玉玻璃，天神个个魂飞丧。

我是灵霄殿下侍銮舆的卷帘大将。只因在蟠桃会上，失手打碎了玻璃盏，玉帝把我打了八百，贬下界来。

玻璃盏为何如此特别？打破玻璃盏是何象征？

首先，从佛教典籍来看，玻璃即琉璃，为佛家七宝，佛家常以琉璃来比喻性光法身。《药师经》中有"愿我来世，得菩提时，身如琉璃，内外明彻，净无瑕秽"之语，《莲华经》中也有"身色如金山，端严甚微妙，如净琉璃中，内现真金像"。《楞严经》中阿难用双眼上罩琉璃碗的意象，来比喻心识伏在身根之处。琉璃盏指代人之性光娇嫩，脆危易碎，在佛教的框架中说得过去。

当然，西游记作为丹道之书，玻璃盏一词并不仅限于此明面上的意义。西游记中描述天宫："正中间，琉璃盘内，放许多重重叠叠太乙丹。"黑风山篇又言："一个道人，手拿着一个玻璃盘儿，盘内安着两粒仙丹。"琉璃盘也好，玻璃盘也好，都是盛放丹药之用。而我们也知道，丹药一词，在西游记这本丹道之书中的寓意非凡。同时黄风岭的黄毛貂鼠（象征着脾土的识神），"本是灵山脚下的得道老鼠，因为偷了琉璃盏内的清油，灯火昏暗"。这里的琉璃盏则是盛放点燃灯火的清油。离卦（☲）中间为阴爻，有空虚盛物的意象，因此为装物的器皿。琉璃盏、玻璃盘都是离卦。坎卦为精华，丹药为精华，清油为水质精华，因此二者都对应着坎卦☵。琉璃（玻璃）盘（盏）中盛放丹药、清油，都是离卦中含有坎卦。二者混为一体，便是乾卦。玻璃盏打破之时，里面的坎卦精华当然就流失，坎离不再一体，而是化为二物。

那么玻璃盏的破碎象征着什么呢？人的先天本为纯阳之体，象征为乾卦的三个阳爻（☰），如完璞，如全真。受到后天的物欲杂染，乾卦中间的阳爻便飘出而成为坎卦，而原先纯阳的离卦则中间变为空虚。这一纯粹能量的分裂，为人从先天到后天的过程，这是一个意义深邃的时刻，至此，人失去了伊甸园，开始分别善恶，好比亚当夏娃的从天堂堕落，又好比古希腊神话的从神到人的转变，又好比现代心理学中所讲的意识二元化（将事物区分为好坏、善恶等对立两极），从先天无分别的一元意识，来到主客分离的二元意识。卷帘大将所护持的琉璃盏失手破碎，讲的正是这一刹那。打破玻璃盏，象征着人的精魂受到后天染污

94

而飘荡，先天乾卦的能量分裂而为后天坎离。因此原文中"天神个个魂飞丧"并非夸张之辞，像俗语说的"魂都吓掉了"之类，而是实指，所谓"心一动而落后天，遂分为精、气、神矣。"

那为何偏偏是沙僧而不是别人打破玻璃盏呢？沙僧作为黄婆真土，其本职工作是护持坎离两股能量，使之合二为一。其"失手"，便是使得坎离这两股能量不再浑然一体，而是分开隔阂。玻璃盏中存有先天全真之性，打破玻璃之后，先天之性作为精魂而飞丧，因此才有了后来的捉坎填离等等一大篇故事。

内丹派乃至西游记作者非常推崇"盗"，认为"道"就是"盗"，盗天地之造化，全吾身之天真。孙悟空自称"偷天的大贼"，寇员外死而复生都是此意。张三丰道长言："若能知此清净为体，以定为基，天心为主，元神为用，三盗相宜，还返天真，复命归根，何患不至圣人地位哉！"后人注释此句云"此盗字，当从三皇拆字诀解。盗也者，物次于皿之谓，藏而守之之义。""盗"字用拆字法，为次加皿。"次"为处于某处，"皿"为器皿，物品处于某处，为深密贮藏之意。（因此，偷盗一词最初是偏正短语，意思是偷窃贮藏深密的物品。后来才引申为偷即是盗。）内丹修炼者盗取的是天地深密贮藏之物，也正是此玻璃盏所盛放的内容。打碎玻璃盏，正是大忌。

另外沙僧作为坤土，具有坤卦能量主闭藏的功能，负责将精华能量收藏固封（也因此西游记行文中屡屡安排沙僧看守行李）。打破玻璃盏，确实是失职，不符合其本应具备的闭藏功能。

我这宝杖原来名誉大，本是月里梭罗派。吴刚伐下一枝来，鲁班制造工夫盖。里边一条金趁心，外边万道珠丝玠。

梭罗木是什么树？为何沙僧宝杖为内里一条金、外边珠丝玠？

梭罗木表面上取自佛教典故。梭罗树为佛教三大宝树之一，释迦牟尼佛祖在梭罗树下涅槃。涅槃之时佛言常、乐、我、净。净土往生，影射着沙悟净这个名字。因此梭罗木作为沙悟净之法器，这在佛教的框架中颇为通顺。

但实际暗指的仍是内丹修炼的内容。笔者谨论述如下：

首先，我们都知道蟾宫折桂的典故，月宫里栽的只有一颗桂树，吴刚砍的也是那颗桂树。而此处则说是月里梭罗木被吴刚砍下一枝。可见梭罗木就是桂树。桂树之桂字，便暗含了"圭"字。前文已经陈述过，"圭"字有两个土相叠而成，影射着沙僧为真土，为刀圭。

　　那为何作者不直说桂树，而偏好梭罗这个名字呢？"梭"为织布之梭，其形状中间鼓起两头尖，中间一长横，两边对称分布，对应着坎卦。"罗"为罗织、罗网，编制之物，对应的是离卦。而梭子为往来穿梭，联络交织之意，"罗"也是以丝结网，编织交互之意。总的来说，"梭罗"这个词既指代了坎离二卦，又指代了坎离二卦的能量交互，而确保坎离二卦顺利交互，正是沙僧的本职工作，因此"梭罗"一词用在沙僧身上，非常精当、恰切。此名字确实是为西游记作者天造地设一般的极佳素材。

　　降妖武器本是法器，是器物主人个性的体现。孙悟空为离卦的象征，因此如意棒的形态也对应着一个离卦（☲）。西游记文中称其如意棒为"身黑箍黄"，两道金箍对应着离卦的两个阳爻，而玄铁棒则对应着离卦的阴爻。同样地，猪八戒为坎卦，其九齿钉钯便有坎卦的特性，其整体由"神冰铁"所制，对应着坎卦的外部两个阴爻；而又称为上宝沁金钯，说明其中心也是金制，对应着坎卦的阳爻。因此，九齿钯对应的是坎卦（☵）。

　　至于沙僧，其本职工作是引导坎离二卦的能量进行交互，因此其法器便反映了这一点，既有坎卦的特性，又对应着离卦的特性。《周易参同契》云："太阳流珠，常欲去人。卒得金华，转而相因"，讲的就是坎离交互。太阳为离卦，离卦为外阳内阴，其阴爻就是内丹派所说的汞、水银。识神容易向外驰逐，水银珠也就是心阴则容易耗干。而肾中阳气也就是坎卦中的阳爻，便是金华，金华上升则有同类之物，可以感得心阴水银来和合。那么其画面就是一条金上有许多水银珠子归附，正是沙僧宝杖的形象。"里边一条金趁心"指的是坎中阳炁，"外边万道珠"为离中阴汞。而"玠"字也极妙。《尔雅·释器》："珪大尺二寸谓之玠。"《集韵》："（玠）通作介。《诗·大雅》：'锡尔介圭，以作尔宝。'""玠"为较大的圭，"圭"字为二土合写组成，因此道家常用圭字来指代土元素，而古时"玠"字又写作媒介之介，这就重新点明坎离相交之时沙僧作为圭土的媒介作用。西游记作者用字精当巧妙，可见一斑。

此处再多说一句"罗"字。"罗"字为罗致、罗织之意，具体到沙僧的特点，便是罗致坎离二卦使之交感。因此，沙僧最后被封为"金身罗汉"，也是外披佛衣内讲丹道的写法。当然，佛教中本有罗汉这个说法，为四果阿罗汉的简称，指代修行的果位，达到无漏状态。而在丹道中，"罗汉"便是罗致坎离二股能量的人。坎为铅金虎，离为汞木龙，因此"罗汉"便可以降龙伏虎。也因此，在青牛怪一篇，降龙伏虎二罗汉便是沙僧的另一个影身，其使用的道具是"金刚砂"，此砂便是流沙河之沙（当然也是车迟国故事中的金沙滩之沙）。

那悟净不敢怠慢，即将颈项下挂的骷髅取下，用索子结作九宫，把菩萨葫芦安在当中，请师父下岸。那长老遂登法船，坐于上面，果然稳似轻舟。左有八戒扶持，右有悟净捧托，孙行者在后面牵了龙马半云半雾相跟，头直上又有木叉拥护，那师父才飘然稳渡流沙河界，浪静风平过弱河。真个也如飞似箭，不多时，身登彼岸，得脱洪波，又不拖泥带水，幸喜脚干手燥，清净无为，师徒们脚踏实地。

观音的红葫芦代表着什么？

葫芦象征着人的身体。去掉四肢不算，人的头为一个球形物，胸腹为一个圆柱球状物，叠加起来正好是一个葫芦的样子。孙悟空大闹天宫时吃的丹药，以及乌鸡国求的还魂丹，都是用葫芦所盛。而平顶山一篇，老君也说紫金红葫芦是其盛丹的。因此葫芦在西游记一书中的设定为盛放丹药的器具，对应着"内丹"二字，人体之内便有丹药，无需外求炉火抟砂烧汞。另外葫芦中空为离，骷髅为精魂为坎，葫芦和骷髅也重新点明了坎离互交，精魂重新回到人体之中，坎离合一，正是返回先天乾卦。

法船渡过流沙河是何隐喻？

就佛教框架而言，法船渡海象征的是生死为苦海，佛法为舟楫；而后骷髅化为阴风不见，则影射着类似《金刚经》中"知我说法，如筏喻者，法尚应舍，何况非法"之类的语句。但就丹道框架而言，显然别有玄机。谨论述如下：

首先，内丹修炼时大小周天的运行，需要做七返九还的功夫，称之为七返还丹和九转还丹。土元素对应着数字五，内丹修炼采取心的正阳之气（数二），置于土中，原本的二加上土的五变成数字七，称为七返；内丹修炼采取肺肾之金置于土中，肾中金运行到肺金对应着数字四，加上土元素自身数字五变成数字九，是为九还。土元素自身本对应数字五，交媾之后进而成十，也就是结丹。七返九还所有的变化，都离不开土元素的参与，沙僧正是土元素的象征，因此把这一情节放在稳度流沙河这篇中。

九个骷髅头化为九股阴风，寂然不见，指的是九还。《一贯天机直讲》："不过还虚时之九还，与真正大还，稍有不同耳。大还为乾坤相交，九还为金木并。"肺金的数字为九，九个骷髅头不沉于水，正是流砂河所流之金砂，而骷髅化为阴风不见，象征着真气生而心无阴，变为纯乾阳能。因此文中强调"脚干手燥"，和通天河篇师徒四人"干手干脚"地上岸意思相同，古文中"乾"字本写作"干"字，"脚干手燥"暗指金砂锻炼之后，还于乾金。

而七返为采取心的正阳之气，孙悟空牵着龙马在后半云半雾地相随，孙悟空象征着心，数字七，龙马为乾为正阳，指的正是七返。

另外，王重阳真人的《金锁玉关诀》中也用九宫来比喻九窍："九宫是人有九窍也。夫九窍宫者。东有风雷宫、双林宫。南有紫微宫、牟尼宫。西有圣母宫、惠罗宫。北有梵宫、水晶宫。中央号安宫。此名九宫，犹地列九州岛也。"有人说九股骷髅化为阴风，象征着九窍皆阳，没有阴性能量的残存。倒也说的通。

其次，此画面也符合小周天的安立炉鼎之意。小周天的炉鼎从背部督脉上升到的头部，再从任脉下降到人的腹部，也就是以乾坤为鼎器，乾为天为人的头部，此处上空木叉拥护，木叉为托塔天王的儿子，来自天庭，因此象征鼎的乾位；坤为地为幽魂，用九个骷髅头来象征鼎的坤位。中间坎（猪八戒）离（孙悟空）为药物，沙僧为真土，正是小周天炉鼎安立的画面。

笔者之前已经论述过，猪八戒具备水木二性，孙悟空有金火二性，沙僧为土，同时也是攒簇五行。而肺金、肝木、肾水、心火四象会聚于中宫脾土，便是和合四象。

攒簇五行，四象和合，炉鼎安立，七返九还，就是法船稳度流砂河这一画面在内丹派理论框架中的寓意。

七 河车径初现 周天有小成：四圣试禅心篇

此篇及下篇讨论四圣试禅心以及五庄观镇元大仙的故事。对应着百本西游记的二十三、二十四、二十五、二十六回。

四圣试禅心和镇元仙的故事是何寓意？为何故事会发生唐僧收伏三个徒弟后？

无根树，花正黄，产在中央戊己乡。
东家女，西舍郎，配合夫妻入洞房。
黄婆劝饮醍醐洒，每日醮蒸醉一场。
这仙方，返魂浆，起死回生是药王。

张三丰真人的这首歌诀讲的是内丹修炼中的坎离（又称为心肾、龙虎、水火、夫妻等）交媾产黄芽，而这便是西游记的此两个故事在内丹修炼过程中的寓意所本。此两篇故事讲的是内丹修炼中的小周天刚刚启动，河车方转，黄芽初生时的情景。唐僧收伏三个徒弟，喻指将精气神收归一体，之后才有悟空和八戒象征的精虎和气龙进行交媾（"配合夫妻入洞房"），小周天的河车刚刚开始转了起来。四圣试禅心之时，"气至而神未全"，不是真动，所以只有猪八戒一人进了洞房，最后被高吊在树上。直到唐僧四众"在路餐风宿水，行罢多时，忽见有高山挡路"，此时才是河车真正运转，所产一点灵炁，微小而珍贵如芽，道家称之为"黄芽"，在书中便是人参果，而人参果树便是张三丰真人常常说的"无根树"。黄芽初生，慧剑不谨，修行之人采药心急，损伤了炉鼎，对应的便是人参果树被推倒，"叶去树枯失青青"。孙悟空遍游周天，从西而南，在南海处寻得了先天坤之原液，医好了果树。其中细节，笔者将在下文一一剖析。

唐僧收伏三个徒弟，有了猪八戒象征的真水和孙悟空象征的真火，又有了沙僧象征的戊土（黄婆），才算具备了安立周天炉鼎的条件，小周天正式启动。四圣试禅心和镇元仙的故事，讲的都是小周天启动后的情景，因此唐僧收伏了三个徒弟以后，紧接着便有此两篇故事。

镇元仙的故事可以和寇员外的故事相参看。同是偷天之贼，同是一阳来复，起死回生。区别在于前者是小周天，产的是小药黄芽，后者是大周天，产的是金丹大药。

妇人道："此间乃西牛贺洲之地。小妇人娘家姓贾，夫家姓莫。"

那妇人道："舍下有水田三百余顷，旱田三百余顷，山场果木三百余顷；黄水牛有一千余只，况骡马成群，猪羊无数。东南西北，庄堡草场，共有六七十处。家下有八九年用不着的米谷，十来年穿不着的绫罗；一生有使不着的金银，胜强似那锦帐藏春，说甚么金钗两行。你师徒们若肯回心转意，招赘在寒家，自自在在，享用荣华，却不强如往西劳碌？"

为何老妇人姓贾？为何家产无数？

注意收伏猪八戒在乌斯藏也就是西藏，仍属于南赡部洲。此间已经正式到了西牛贺洲。西游记第八回如来讲"西牛贺洲"："不贪不杀，养气潜灵，虽无上真，人人固寿"。唐僧来到西牛贺洲，暗示了他的精神境界的提升，说明小周天的命功也有相应的性功作为根基。西为兑金，也算摸着一点儿金丹的边儿了。

为何姓贾和姓莫？"贾"谐音为假，"莫"就是没有，查无此人之意。和子虚先生乌有公子一样，为小说家行文戏耍的惯用手法。

为何要夸耀田宅无数？从表面看，这是十魔中的富贵魔，强调道心无尘，不能被富贵钱财所吸引。富贵魔一现，心能识别辨认，方不会着魔。但内里其实在描述修行所得道果的无限丰盛和珍贵，也是"中有一宝，秘在形山"之意，众人认得此宝，便有无量钱财，不求自得，所谓"法财广大"。佛经中每每援引富贵长者的例子（如《法华经》），于此异曲同工。但凡西游记一书中夸耀物质丰裕富庶，无论金平府也好，寇员外也好，还是这里也好，都是在暗指修道所得的境界，不可认实为俗世的金银钱财。

"我是丁亥年三月初三日酉时生。故夫比我年大三岁，我今年四十五岁。大女儿名真真，今年二十岁；次女名爱爱，今年十八岁；三小女名怜怜，今年十六岁，俱不曾许配人家。

为何老妇人生有三个女儿？她们为何是如此年龄？

这些年份日期并非闲文，诸君切莫容易看过。三月初三是传说中王母娘娘的诞辰。这里的老妇人后文交代为骊山老母所化。骊山老母也就是创世女神女娲，因此借用三月初三为其诞辰，这并不稀奇。而更重要的是，丁亥年是猪年，其二十五岁生了真真，那真真就是戊子鼠年出生。而爱爱为其二十七岁生，庚寅虎年。怜怜为其二十九岁生，为壬巳龙年。

戊子为土；天干之庚属阳之金，地支之寅属阳之木，庚寅说的是金木交并；壬水为阳水，而巳火为阴火，壬巳讲的是以阴火煮炼阳水，正是以汞煎银。这三个女儿的生辰，暗示着小周天所需要的全部元素和主要过程，也就是在土元素下金木相并，水火相交。至此小周天发动条件已经具备，而骊山老母便通过这些生辰隐语，向唐僧四众指路，教导其小周天应该如何运行。

而从这三个女儿的名字看，怜怜和爱爱都是心的代名词，真真指的是真心，猪八戒一个都捞不着，说明不是真心，也就是"气至而神未全"。后来他说："娘啊，既是他们不肯招我啊，你招了我罢"，这是有意味的。老妇人为丁亥年出生，天干为丁火，地支为亥水，有水火交融之意。而内丹派又称土元素为丁公，丁亥这个干支本身就是水火土三家相会。而亥猪为坎水，为元精化育，和猪八戒所象征的坎精一脉相承，正好匹配。可是此倡议究竟没有成功。

却说那八戒跟着丈母，行入里面，一层层也不知多少房舍，磕磕撞撞，尽都是门槛绊脚。呆子道："娘，慢些儿走，我这里边路生，你带我带儿。"那妇人道："这都是仓房、库房、碾房

各房，还不曾到那厨房边哩。"八戒道："好大人家！"磕磕撞撞，转湾抹角，又走了半会，才是内堂房屋。

房舍是何寓意？为何有层层门槛绊脚？

房子喻指人体，并不稀奇。无论是中国的解梦学，还是西方心理分析流派如荣格之类，都将梦中的房子认为是人体的象征。佛教中著名的三界火宅的比喻，火宅也指代的是人体。

小周天刚开始运行之时，道书《玄机直讲》有如此描述："气到此时，如花方蕊、如胎方苞，自然真气熏蒸营卫，由尾闾穿夹脊，升上泥丸，下鹊桥，过重楼、至绛宫而落于丹田，是为河车初动（炁通）。"说的正是猪八戒此时经历的情景。猪八戒象征着气，小周天开始运行之时，气在人体内运动，正是猪八戒在此房舍中开始绕行，有重重门径，处处宫室。张超中先生的《黄庭经今译》："七门，指人身所具修道炼养的七个门径。一曰天门，在泥丸；二曰地门，在尾闾；三曰中门，在夹脊；四曰前门，在明堂；五曰后门，在玉枕；六曰楼门，在重楼；七曰房门，在绛宫。此七个门径，正在河车径路之上，乃是内炼功夫的关键所在。"真炁在人体运行，有重重关隘，所以猪八戒有层层门槛绊脚。也因此他说："我这里边路生，你带我带儿"。

只听得环珮响亮，兰麝馨香，似有仙子来往，那呆子真个伸手去捞人。两边乱扑，左也撞不着，右也撞不着。来来往往，不知有多少女子行动，只是莫想捞着一个。坐在地下，喘气嘘嘘的道："娘啊，你女儿这等乖滑得紧，捞不着一个，奈何！奈何！"

为何猪八戒无法成功地撞到天婚？

简而言之，是因为孙悟空没有跟他一起进洞房。且听笔者解释：

同样还是《玄机直讲》："但炁至而神未全，非真动也，不可理他，我只微微凝照，守于中宫，自有无尽生机，所谓养鄞鄂者也。"这里是河车初现，小周天刚开始运转。"炁至而神未全"，气的功夫到了，所以开始感觉到身体内部的气动，但是神还没有准备好，心不在焉，所以不会有龙虎交媾，不会产药。张三丰真人指点说："不可理他。"具体到故事情节上，便是象征心神的孙悟空留在房舍之外，而象征炁的猪八戒进入房舍之中，已经急急忙忙地开始行动，准备好撞天婚，可是两边乱扑，总也捞不到人。

那呆子见他来抢白，捂着羞，咬着牙，忍着疼，不敢叫喊。沙僧见了老大不忍，放下行李，上前解了绳索救下。

为何沙僧常常调和孙猪二人的矛盾？

西游记一书中，猪八戒象征水元素和木元素，孙悟空象征火元素和金元素，金克木，水克火，相互刑克，因此猪八戒和孙悟空常常闹别扭。猪八戒常常叫着"散伙"（"散火"的谐音），便是散了炼丹之火（以孙悟空为象征）。沙僧喻指真土，土元素可以调和水火，使得龙虎交媾顺利进行。反映在这里便是悟空嘲弄八戒，二人话不投机，而沙僧出面救下了八戒。

八 神树沐玉液 道果生黄芽：万寿山篇

行者遂领师父上了大路。在路餐风宿水，行罢多时，忽见有高山挡路。

在路餐风宿水，到底行了几许时候？

此句"上了大路"讲的是修行者将心归于正定，不再理会周身气动。"餐风宿水"讲的是静坐中身体内气脉流动、能量融合。静定时日多了，自然便有小周天运行，所产药苗，便是万寿山故事中的主角"黄芽"。这里作者只说，"行罢多时"。从《玄机直讲》来看："行之一月、二月，我神益静。静久则气益生，此为神生气、气生神之功也。或百日，或百余日，精神益长，真气渐充，温温火候，血水有余，自然坎离交媾，乾坤会合，神融气畅，一霎时间，真气混合，自有一阵回风上冲百脉，是为河车真动。中间若有一点灵光，觉在丹田，是为水底玄珠，土内黄芽。"大致过了百日，小周天运行便会产生，而黄芽便出土了。因此唐僧四众，走着走着，忽然看见了万寿山。

行者笑道："早哩！早哩！正好不得到哩！"沙僧道："师兄，我们到雷音有多少远？"行者道："十万八千里。十停中还不曾走了一停哩。"

唐僧道："悟空，你说得几时方可到？"行者道："你自小时走到老，老了再小，老小千番也还难；只要你见性志诚，念念回首处，即是灵山。"

为何孙行者说路程尚早？为何又说念念回首，便是灵山？

此处仍是外佛里丹道的写法，一击双响。

表面上看，是采用佛教的理论框架。六祖慧能在《坛经》里说西天相距十万八千里，对应着身中的十种恶的能量和八种邪气。凡人和佛的差别，就是这些能量没有被清除。锻炼心性，清除这些能量，相当于走了十万八千里路，便能从凡世来到佛地。而善心发起的那一刹那，这些能量在那一刻便成虚幻，发心者便是纯粹的觉者，因此禅宗说"当下即是"，"一念灵山"，"立地成佛"等等。虽说如此，悟空上根利器，已经证悟，灵山当下即是。但唐僧"在那口舌场中，是非海里，弄得眼肉胎凡"，此时并不具备当下证悟的能力，因此也抓不住悟空此语的禅机，还是"万水千山行得得"地走吧。

从内丹修炼的角度来看，内丹修炼的步骤，是先多次运转小河车，收集所产之药，补足后天的虚损，药积成山之后，大周天也就是大河车方才运转，开炉炼药，炼药之时又是歧路万千，丹亡鼎毁的现象屡见不鲜，需要重新再来。《钟吕传道集》："五行循环，周而复始，默契颠倒之术，以龙虎相交而变黄芽者，小河车也。肘后飞金晶，还晶入泥丸，抽铅添汞而成大药者，大河车也。以龙虎交而变黄芽，铅汞交而成大药。"算是简单的概括。此处描述的是小河车开始转动，刚刚产了第一粒药，离内丹修成确实尚早。所以行者说"十停中还不曾走了一停哩"，正是实情。

一念回首，便是灵山。一切运动皆是能量。微细能量从先天一窍而出，变化而为念头情绪。若能从念头起时观照，抓着微细能量逆流而上、回本溯源，便能看到念头的本来面目，立时便能返回玄窍先天。这便是道家说的"回光返照"，"念头动处为玄牝"，也就是佛家说的"观心法门"。但是，当下证悟需要极强

105

的观照敏感度，对于绝大部分人而言，都需要长年累月地坚持，方能训练出观照微细能量的敏感度。但是在每个当下，每次念头情绪升起时，都如此观照，念念如此，便是修道所谓的做功夫。

　　却说这座山名唤万寿山，山中有一座观，名唤五庄观，观里有一尊仙，道号镇元子，混名与世同君。那观里出一般异宝，乃是混沌初分，鸿蒙始判，天地未开之际，产成这颗灵根。盖天下四大部洲，惟西牛贺洲五庄观出此，唤名草还丹，又名人参果。三千年一开花，三千年一结果，再三千年才得熟，短头一万年方得吃。似这万年，只结得三十个果子。果子的模样，就如三朝未满的小孩相似，四肢俱全，五官咸备。人若有缘，得那果子闻了一闻，就活三百六十岁；吃一个，就活四万七千年。

人参果树的典故脱胎何处？

　　人参果通常读作人参（shen）果。传说中人参千年便为小儿形状。如《枣林杂俎》中便记载一株长得像小孩子形状的人参："万历中，辽东李都督如松尝馈某侍郎一本，重十六斤，形似小儿。"另外《拾遗记》："穷桑者，西海之滨，有孤桑之树，直上千寻，叶红椹紫，万岁一实，食之后天而老。"《唐书》曰："大食国，本在波斯之西。其王常遣人乘船将衣粮入海，经八年而未极西岸。海中见一方石，石上有树，干赤叶青，树上总生小儿，长六七寸，见人皆笑，动其手脚，头着树枝。其使摘取一枝，小儿便死，收在大食王宫。"《枣林杂俎》中也有记载"归化县罗汉寺有树名罗汉，结子如婴儿。"到底不如大食国描写详尽。看起来，西游记将千年人参加小儿、《拾遗记》中的一万年结一次果的穷桑和大食国人发现的结有小儿形状果子的树这几个意象杂糅在一起，便成了人参果树这一意象。

人参果代表了什么？和王母蟠桃有何区别联系？为何人参果长得像三朝未满的孩儿？为何只结了三十个？为何称之为"草还丹"？为何"草还丹"能延寿？为何镇元大仙"貌如童子"？

但人参果还有另外的意思。首先，人参谐音为人身，人参果便是人身所结的果实，正是内丹。其次，人参果也可以读作人参（can）果。顾名思义，修道之人进行参修之后得到的结果，阶段性的状态，便是佛教所说的"道果"。内丹正是道果，二者本不矛盾。人参果便象征着修道者运行小周天的初步成果，所结微小之内丹。

唐僧收伏三个徒弟，使得精气神聚合为一体。坎（猪八戒）离（孙悟空）二气在沙僧这个黄婆的作用之下进行交媾会合，小河车（道教的小周天）开始运转，便能产出黄芽。那么黄芽又是什么？本篇篇首引用的张三丰真人的歌诀："无根树，花正黄，产在中央戊己乡。"这里说的就是黄芽。人参果树便是无根树，人参果，就是黄芽。道士李涵虚注解此歌诀说的非常明白："黄，正色也，佛家之正觉、儒道之正气也。其在释典，则曰黄花；其在仙经，则曰黄芽。但黄芽有二种，一个是初三新药，一个是十五大药。《悟真》云：'黄芽生处坎离交'，此即初三新药也。黄芽生处，即当交媾坎离，以种第二个黄芽。《悟真》曰：'种得黄芽渐长成'，此即第二个黄芽，十五日之大药也。黄芽长成，实因坎离交媾。夫坎离之交媾者，交媾于中央戊己乡也。中央乃精气成团之处，戊己乡乃动静调合之所，调合成团，片晌间从中产出黄芽，故曰'产在中央戊己乡'。"

黄芽为运转小周天时初生之炁，能量团萌动如芽，微小而珍贵，有金色光芒，因此称之为黄芽。"芽"字强调其始生，清纯无杂，纯属先天，没有后天的染污。此处为上文说的"小黄芽"、"初三新药"，因此用生下来不满三天的婴儿来作为意象，强调"初三"二字，所以人参果长得像未满三朝的婴儿。而镇元仙"体如童子貌，面似美人颜"也是强调"芽"的清净无染。

张三丰真人的这首歌诀中的"东家女，西舍郎，配合夫妻入洞房。黄婆劝饮醍醐酒，每日醺蒸醉一场。"西舍郎就是孙悟空所代表的金公，心肺之液；东家女便是猪八戒所象征的木母，肝肾之气。修道定静功夫做久了，便能金木相并，心肾相交，便是"配合夫妻入洞房"，也就是上文李涵虚道长说的"坎离交媾"。既入洞房，又要有黄婆守之，黄婆即沙僧。孙悟空和猪八戒关系若是不谐，则精神意气难入中和之境而丹不成，所以需要有黄婆伏侍，作为土元素调和水土。"这仙方，返魂浆，起死回生是药王。"讲得是小周天二气交媾所产玉液，可以滋润人身，返回青春，对应的则是使得人参果树回生的桥段情节。也因此，后文观音菩萨要求用玉器皿来盛放其作法时树根处的清水，暗点"玉液"这个概念。

四圣试禅心之时悟空和八戒各有所求，心性分离，因此无法会合产药。而从此回来看，八戒想吃人参果，悟空也有此意，两人情投意合；偷果回来，分给沙僧一个。*行者道："不消讲，兄弟们一家一个。"他三人将三个果各各受用。*三家会合，和谐无比。正是"洞房生瑞气，合欢产初男"的情景。所以人参果得以到口。

为何称其为"草还丹"呢？"草还丹"类似于还丹，但不是真正的金丹。因为此处是运转小河车而生的药，也就是上文的"初三的新药"，不是"十五日的大药"。寇员外那篇故事，才是真正的服食大药，起死回生。此处不过是将虚损补满，返老还童，重新立下了道基，为锻炼大药准备草稿。草字为草头加早，本取植物初生之意，草稿、草创、起草都是这个意思。《集韵》："草：初生貌。"正好符合"黄芽"之"芽"的意象。

而"草还丹"作为修道的一个阶段性成果，为将身体中因尘劳而损耗的坎精离液补满，便已经有延年祛病的功效。这之后的小周天的屡屡运转，便可以补足损耗的元阳真炁，返还至修道者年轻时的精气神具足的状态。因此此处称为万寿山，也因此故事最后说唐僧"有缘吃得草还丹，长寿苦捱妖怪难"。

我们再转回去看看西游记对王母蟠桃的描写："前面一千二百株，花微果小，三千年一熟，人吃了成仙了道，体健身轻。中间一千二百株，层花甘实，六千年一熟，人吃了霞举飞升，长生不老。后面一千二百株，紫纹缃核，九千年一熟，人吃了与天地齐寿，日月同庚。"王母蟠桃中的下品桃，也是三千年一熟，人吃了体健身轻，和这里的"草还丹"特征相同。两者是一非二，对应的便是运转小河车所得到的道果。至此，唐僧也偷了一颗王母桃。

那为何人参果结了三十个呢？《钟吕传道集》言："五行生成之数，五十有五，天一地二，天三地四，天五地六、天七地八、天九地十。一、三、五、七、九阳也，共二十五。二、四、六、八、十阴也，共三十。"也就是说，一到十这十个数，对应着天地，奇数为天元，偶数为地元，二、四、六、八、十这五个偶数加起来一共三十，对应着地元。人参果树为地元所结之果，因此有三十个。这和镇元仙作为地仙之祖的身份也是符合的。

这万寿山乃先天福地，五庄观乃贺洲洞天，人参果又是天开地辟之灵根。

拜毕，回头道："仙童，你五庄观真是西方仙界，何不供养三清、四帝、罗天诸宰，只将'天地'二字侍奉香火？"童子笑道："不瞒老师说。这两个字，上头的，礼上还当；下边的，还受不得我们的香火。是家师父诌佞出来的。"

109

万寿山坐落在哪里？五庄观为何叫做五庄观？镇元大仙为何叫做镇元子？供奉天和地是何寓意？

要想知道万寿山坐落何方，我们需要弄明白黄芽到底产在哪里。王重阳真人《金锁玉关诀》："诀曰：咽津为阴，随后行气乃为阳。须索阴阳水火，停分二清。津分三两，咽常留二停，恐树枯竭。""又咽神水到脾。脾为土。土得水者。能生黄芽。"也就是说，黄芽产生于脾土，而万寿山就是脾脏的隐喻。

张三丰真人言："凡丹旨中有'先天'字、'真'字、'元'字，皆是阴阳鼎中生出来的，皆是杳冥昏默后产出来的，就如混沌初开诸圣真一般，以后看丹经可类推矣。"因此"镇元仙"之"元"字便指代其为先天能量。《周易参同契》言："肝青为父，肺白为母，肾黑为子，心赤为女，脾黄为祖，子五行始。三物一家，都归戊己。"脾为五脏之祖。五脏蕴含五行，五行攒簇融合，才有脾神的先天元神现相。因此，五庄观便是五脏观，而镇元子便是脾的先天元神。修道者灭识神，扶元神。前面黄风岭的黄毛貂鼠怪为脾的后天识神，到了此处，清净无为，便有先天元神现相。

镇元大仙绰号"与世同君"，应取自和光同尘一语，对应的是一个"尘"字。尘就是土，脾土之土，因此以之取名。而"镇元"二字，也别有用意。"镇"字为金字旁加个真字，为真金，"元"为初始为生为先天能量，"镇元"就是真金所最初产生的地方，也是"黄芽"的隐喻。而土生金，土也正是金所产生的地方，因此脾神称为"镇元"，非常恰当。道书《大成捷要》中的《五气朝元天机》篇写到："脾经阴气将尽，世有可欲之事，则脾不动，脾经真气吐露，化为黄色云霞，朝于昆仑之顶。"昆仑之顶就是人的头顶，也就是天庭。不因世俗而动欲爱贪念之时，脾经的能量就如同云蒸霞蔚，上升于头顶。因此唐僧路经万寿山之时，镇元大仙上天庭去讲经。而等到悟空生了贪爱之心，偷取了人参果之时，镇元大仙便又返回脾脏。

那么天地二字又是何意？人身自有天地日月。天为头顶泥丸，地为肚脐命蒂，日为心眼明亮，月为肾耳盈聪。脾为五脏之祖，为中央黄帝。《大丹直指》："金丹之秘，在于一性一命而已。性者，天也，常潜于顶。命者，地也，常潜于脐。顶者，性根也。脐者，命蒂也。一根一蒂，天地之元也，祖也，脐下黄庭也。""镇元"镇的便是天地之地元脐下黄庭。土乃五行之母，脾为五脏之祖。一切属地之灵总归地元统管，也因此蓬莱三老说"那镇元子乃地仙之祖"。也因此童子说，"天"字在上，还受得起香火；"地"字在下，给它供奉香火，已经属于谗佞了。

那长老见了，战战兢兢，远离三尺道："善哉！善哉！今岁倒也年丰时稔，怎么这观里作荒吃人？这个是三朝未满的孩童，如何与我解渴？"清风暗道："这和尚在那口舌场中，是非海里，弄得眼肉胎凡，不识我仙家异宝。"明月上前道："老师，此物叫做人参果，吃一个儿不妨。"

唐僧拒吃人参果的桥段脱胎于何处？

《太平广记》里有一个类似的故事：

豫章逆旅梅氏，颇济惠行旅。僧道投止，皆不求直。恒有一道士，衣服褴缕，来止其家，梅厚待之。一日谓梅曰："吾明日当设斋，从君求新瓷碗二十事，及七箸，君亦宜来会，可于天宝洞前访陈师也。"梅许之。道士持碗渡江而去。梅翌日诣洞前，问其村人，莫知其处。久之将回，偶得一小径，甚明净，试寻之，果见一院。有青童应门，问之，乃陈之居也。入见道士，衣冠华楚。延与之坐，命具食。顷之食至，乃熟蒸一婴儿。梅惧不食。良久又进食，乃蒸一犬子。梅亦不食。道士叹息，命取昨所得碗赠客。视之，乃金碗也。谓梅曰："子善人也，然不得仙。千岁人参枸杞，皆不肯食，乃分也。"谢而遣之。

111

明代笔记小说《夷坚志》中也有类似的情节，讲的是青城道士设馔：

俄烝一物如小儿状，置于前。众莫敢下箸。独寿卿擘食少许。翁曰："吾储此味六十年，规以待老。今遇重客不敢爱，而皆不顾。何也？"取而尽食之。曰："此松根下人参也。"

这两个故事中人参均为蒸熟的婴儿的样貌，放在盘中给端上桌，宾客由于害怕而拒绝食用，和唐僧拒绝吃人参果的情节非常相似。相比之下，《绿野仙踪》里的冷于冰吃腐烂癞蛤蟆的勇气就颇为可嘉。

出了道房，径入后边去，推开两扇门，抬头观看，一呀！却是一座花园！

那行者观看不尽，又见一层门，推开看处，却是一座菜园。

行者笑道："他也是个自种自吃的道士。"走过菜园，又见一层门。推开看处，呀！只见那正中间有根大树，真个是青枝馥郁，绿叶阴森，那叶儿却似芭蕉模样，直上去有千尺余高，根下有七八丈围圆。那行者倚在树下往上一看，只见向南的枝上，露出一个人参，真个象孩儿一般。原来尾间上是个扢蒂，看他丁在枝头，手脚乱动，点头幌脑，风过处似乎有声。

为何孙悟空先看到花园，再是菜园，最后才是人参果树？

《黄庭经》有言"黄庭内人服锦衣"，"黄庭内人"便是脾神，"服锦衣"为其翳膜之华彩。梁丘子言："锦衣，具五色也。即谓五脏之真气也。"西游记所说的花园，便是脾脏的气场色彩，五色光华流溢，鲜艳夺目。因此称赞它为"人间第一仙景，西方魁首花丛"。

菜园便是脾脏产药之地。脾脏会产生不同大小的能量团，从人体内景来看，状如灵芝菜苗，就好似菜地一般。这里的菜园，便是此意。脾脏所产的能量团不仅供自己使用，还会输送到别的脏器。孙悟空说其"自种自吃"，倒是小觑了人家。

脾脏有不同能量光圈。《黄庭经》描述为"七蕤玉籥闭两扉，重掩金关密枢机"。人参果树为黄芽，产在光圈的最里面。因此孙悟空打开层层关锁，走过花园菜园，才看到了那颗向往已久的树。

人参果树为何尺寸如此奇特？为何叶子却似芭蕉模样？

我们来看看此树的规模大小："直上去有千尺余高，根下有七八丈围圆"。一丈为十尺，"围"是合抱，指周长。此树根下周长大约有七八十尺，也就是树根遍布的直径范围为二十多尺，树干却千尺有余。对于一株千尺高的树来讲，二十多尺的根系算是很微小的了，几乎可以等于没有。杜甫《古柏行》有"霜皮溜雨四十围，黛色参天二千尺"的语句，沈括便在《梦溪笔谈》中讥笑说："无乃太细长乎？"这个典故并不生僻，西游记作者自然不可能不知道。也就是说，人参果树如此细长，是专门设定如此的。其根系微小，正是对应着前面所引用的张三丰歌诀中的"无根树"。

道士刘悟元注解此歌诀言："人之身如树也，人之真灵如树之花也。凡树有根，故能生发而开花。惟人身无根，生死不常，全凭一点真灵之气运动，真灵旺则身存而生，真灵败则身亡而死。人之存亡生死，听其真灵之旺败耳。是真灵者，虽为人树之花，而实为人树之根。玉阳以此真灵谓"黄芽"，伯阳以此真灵谓"金花"，纯阳以此真灵谓"灵根"，紫阳以此真灵谓"真金"，尧夫以此真灵谓"天根"，仙翁以此真灵谓"金精"，诸家丹经又以此真灵谓"先天一炁"，其名多端，总形容此一物也。""无根树，以人身气言。人身百脉，皆生于气，气生于虚无之境，故曰"无根"。丹家于虚无境内，养出根荄，先天后天，皆自无中生有，是无根乃有根之原也。"

人身无根，产有真灵。真灵便是黄芽，也就是这里的人参果，那么人参果树就是"无根树"。

芭蕉似木而非木，中间空心，没有树干。因此佛教常用芭蕉的空心来喻指空性。《维摩诘经》："是身如芭蕉，中无有坚。"和这里的人身无根无常的"无根树"的概念也是颇为符合，所以人参果的叶子"却似芭蕉模样"。

行者道："怎么与五行相畏？"土地道："这果子遇金而落，遇木而枯，遇水而化，遇火而焦，遇土而入。敲时必用金器，方得下来。打下来，却将盘儿用丝帕衬垫方可；若受些木器，就枯了，就吃也不得延寿。吃他须用磁器，清水化开食用，遇火即焦而无用。

人参果为何与五行相畏？

既然人参果为黄芽，为攒簇五行，五行合一而生，为何还会与五行相畏呢？

须知攒簇五行为五行融和，只见中和，阴阳混一，不见五行。而五行一现，或是偏金或是偏木等等，便是五行分散偏枯，则阴阳驳杂，就"枯了，不中吃"。因此先天五行畏惧后天五行。刘一明道长在《五行分位》篇中说的好："五行一分，识神渐起，根尘渐发，真者退位，假者当权，孩儿面目亦失矣。"

从心性修持的角度而言，喜怒哀乐欲都是人的情绪从中和走向偏颇，五行偏枯，修道者离开了清明中和的状态，不利于道果的养成。

行者放开衣兜道："兄弟，你看这个是甚的东西？"沙僧见了道："是人参果。"行者道："好啊！你倒认得，你曾在那里吃过的？"沙僧道："小弟虽不曾吃，但旧时做卷帘大将，扶侍鸾舆赴蟠桃宴，尝见海外诸仙将此果与王母上寿。见便曾见，却未曾吃。哥哥，可与我些儿尝尝？"行者道："不消讲，兄弟们一家一个。"他三人将三个果各各受用。

为何沙僧见过人参果？

沙僧在书中的定位是黄婆，为戊土。人体中脾和胃都是土相。《四圣心源》中提到："中者，土也。土分戊己，中气左旋，则为己土；中气右转，则为戊土。戊土为胃，己土为脾。"沙僧为戊土，镇元仙为己土。同属土相，二土为圭，产药之时需要相互配合，但产药的地方仍在脾土，所以沙僧见过人参果，但没有吃过。

他的真身出一个神，纵云头跳将起去，径到人参园里，挈金箍棒往树上乒乓一下，又使个推山移岭的神力，把树一推推倒。他道："好！好！好！大家散火！"

悟空把树推倒象征了什么？

丹道之书讲究："养药苗常令炉全，取黄芽不教鼎损。"黄芽生成之后，需要通过意念和呼吸采取。悟空为心，遇到违缘之情景心神外驰，升起欲爱嗔恨之心，便守不住初生之丹苗。悟空"挈金箍棒往树上乒乓一下"，树倒丹漏。"大家散火"喻指炉鼎损伤，无法再炼。而且忿恚属火，气亦火种，忿恚一生，气随之走，也无法再向炉鼎中添柴加火，因此只能"散火"。而后文观音玉净瓶中的甘露，恰是对治嗔恨之火的法门。向鼎内添加真火，才有甘露源源不断降下。甘露生，便喻示着嗔恨之火的熄灭。

（大仙）使一个袖里乾坤的手段，在云端里把袍袖迎风轻轻的一展，刷地前来，把四僧连马一袖子笼住。八戒道："不好了！我们都装在拉縺里了！"行者道："呆子，不是拉縺，我们被他笼在衣袖中哩。"

为何镇元大仙会使袖里乾坤的手段？

《周易》坤卦之六四爻的爻辞为"括囊。无咎无誉。"解释周易的前人一般认为"囊"是包盛物品之中空囊袋，而"括"字有扎束、封闭之意，因此"括囊"被认为将盛放物品的囊袋之口扎束起来。当然，笔者在拙著《周易详解》（ISBN：9798991345200）中已经详细考证了此两字，应作别解。但在西游记成书的年代，此解仍应是主流思想，对应着坤卦大而能容，如极大的囊袋一般。

镇元大仙象征着土元素，土元素具备坤土的能够包容万物，而又能闭藏的特性。"袖里乾坤"这个神通，正是土元素坤德的体现。

急回头四顾，只见那台下东边是一座日规台，西边是一个石狮子。行者将身一纵，滚到西边，咬破舌尖，把石狮子喷了一口，叫声"变！"变作他本身模样，也这般捆作一团，他却出了元神，起在云端里，低头看着道士。

说不了，油漏得罄尽，锅底打破，原来是一个石狮子放在里面。

那大仙惊骂道："你这猢猴！怎么弄手段捣了我的灶？"行者笑道："你遇着我就该倒灶，干我甚事？

为何孙悟空要变成石狮子？倒灶又是何意？

此处仍是双关写法，表面披着佛教外衣，内里暗指内丹修炼。

从佛教框架来看，悟空化为石狮子这个想法很可能从《华严经》的金狮子一章而来。"谓金无自性，随工巧匠缘，遂有狮子相起。"孙悟空为金，身边正好有个石狮子，所以就用狮子做成自己的相，这叫金无自性，随缘生相。狮子是幻相，不是真有；金是本体，不是虚无。本来火销金，但真金不怕火炼，所以锅破油漏。锅破油漏，喻示着打破幻相，不再执著。因此，镇元仙的愤怒也就消失了。镇元仙的愤怒，其实是孙悟空愤怒的衍生、投射。镇元仙的愤怒不见了，暗示着孙悟空的愤怒之心也已经被降伏。原来破坏炉鼎的不和谐能量被重新化解。

从内丹修炼的角度来看，这一段文字讲得仍是坎离交媾，也就是上文引用的"黄芽生处，即当交媾坎离，以种第二个黄芽。"首先，孙悟空象征着离卦，滚油锅为带来伤害的液体为坎卦，孙悟空入于油锅，为坎离互交，以汞（心火）煎铅（肾水）。其次，离卦中间空虚，为外面两个阳爻中间一个阴爻，阴爻为离中阴火为心中阴液为汞。石狮子浑然一体，中间并不空虚，因此为离卦中的阴爻被剜去，是为"汞干"。滚油锅为带来伤害的液体为坎卦，锅被砸破，油漏得罄尽，是为"铅尽"。文中说"西边是一个石狮子"，石狮子在西边，象征着金。油锅漏而狮子现，正是在比喻内丹修炼中的抽坎填离，铅尽汞干而真金出现的过程。

孙悟空说"你遇见我就该倒灶"，这句话倒是一点儿也不错。"倒灶"从字面上指的是锅灶倒塌，暗指脾土产生药苗本就应该被慧剑所采。脾脏元神听了此句，也就不再"小家子样"地执著于一己之私，愿意言归于好了。

为何镇元大仙奈何不了孙悟空？为何后来又八拜为交，结为兄弟？

五行之中，土生金。土元素对金元素是相生的关系。因此金土争战，土锁不住金，捆不住金，打不了金，镇元仙也就奈何不了孙悟空。

孙悟空为心，同时兼具金火两性；镇元仙为脾为土。心给脾传气运输能量，这是中医讲的火生土。土生金，土对金具有促进、助长、资生的作用。而且金克木，木克土。金和土的对头是敌人，所谓敌人的敌人便是朋友。因此土和金为天然的朋友，为比合的关系。金土从争战转为相亲相爱，也喻示着修道者的境界的提升。

好猴王，急纵觔斗云，别了五庄观，径上东洋大海。在半空中，快如掣电，疾如流星，早到蓬莱仙境。

却表行者纵祥云离了蓬莱，又早到方丈仙山。帝君仍欲留奉玉液一杯，行者道："急救事紧，不敢久滞。"遂驾云复至瀛洲海岛。

九老又留他饮琼浆，食碧藕。行者定不肯坐，止立饮了他一杯浆，吃了一块藕，急急离了瀛洲，径转东洋大海。早望见落伽山不远，遂落下云头，直到普陀岩上，见观音菩萨在紫竹林中与诸天大神、木叉、龙女，讲经说法。

孙悟空遍游周天寻丹问药是何寓意？

三岛表面上看固然是人人皆知的道教典故，讲述海上有蓬莱、方丈、瀛洲三座神仙所住的海岛。但内丹派的三岛却有特殊的意义。《钟吕传道集》："顶曰上岛，心曰中岛，肾曰下岛。"《修真太极混元图》言："三岛如人肘后三关。"孙悟空遍游三岛，正是真气上行一撞三关的比喻，因此下文路过西南坤位才有药物产生，到了南海菩萨处才有医树之方。

到了瀛洲仙岛，虽然无方，却饮了琼浆，食了碧藕。《十洲记》曰："瀛洲有玉膏如酒，名曰玉酒，饮数升辄醉，令人长生。"这琼浆玉酒正是小周天运行所得的玉液，也就是张三丰歌诀中的"返魂浆"。（"黄婆劝饮醍醐酒，每日醺蒸醉一场。这仙方，返魂浆，起死回生是药王。"）这喻示着修行者静定之中，龙虎复又交媾，所得玉液补足人身虚损。孙悟空遍游海上仙山之时，人身运转小周天，饮得琼浆玉液，人参果树其实已经在慢慢起死回生。

菩萨道："你怎么不早来见我，却往岛上去寻找？"

行者闻得此言，心中暗喜道："造化了！造化了！菩萨一定有方也！"他又上前恳求。菩萨道："我这净瓶底的'甘露水'，善治得仙树灵苗。"

几生欲海澄清浪，一片心田绝点尘。甘露久经真妙法，管教宝树永长春。

为何孙悟空先去东洋大海没有结果，直到南海才寻到医树之方？

东方是生气之方，是促使万物生长能量涌现的方位。因此孙悟空先去的是东洋大海。但有了方位，便是后天，后天的各种法门，都救不了先天的虚损。所谓"只有一个原本，更无微利添囊"。

而从南海到西去之路，途经西南，西南是坤位。"坤为腹，而生五藏之液，故五藏之液能养其身。"观音之甘露象征的便是为先天坤之原液，此液可以运化为五脏之液，土得水者能生黄芽，因此可以活树。

人参果树复生，正是内丹修持可以给修道者添油续命之意。《性命要旨》："光明如来佛曰：'老僧会接无根树，能续无油海底灯。'"此处是小周天初见成效续接无根树，金平府那篇则是大周天将近完满，添油海底灯。

传说中吕洞宾道长曾用一丸丹药使得枯树重生，和此处观音活树的情节也颇为相似。《枣林杂俎》："华亭县口北禅寺，宋时回先生过之，手植樟于云堂。去后数年樟瘁，回复造焉。问樟公何在，取瓢中药丸一瘗根下，樟复荣，叶俱显瓢痕，始悟吕仙也。"

运转小周天时黄芽初现，修道者采摘不慎而炉损鼎毁。修道者反省自心，惩忿绝欲，保持静定，继续运转小周天，饮琼浆餐玉液，终于等来了甘露灌溉，无根树复生，黄芽重现，便是此篇故事的梗概。

锄强扶孤弱 行火宜惺惺：平顶山、乌鸡国、枯松涧

此篇讨论平顶山金角银角大王的故事，乌鸡国的故事和红孩儿的故事，对应着百回西游记的第三十二至四十二回。

此三篇故事彼此有何联系？

这三篇故事讲的都是运转小周天时对心的治理。平顶山篇为在心脏处遇到阻碍性能量，金角银角二大王象征着错位的能量，也就是识神。心处的识神被降伏后，元神便现身归位，也就是禅宗说的"王登宝殿"，乌鸡国的国王死而复生便是此意。心中之火为君火，为三昧真火，元神归位后便可以起君火炼丹，也就是三昧真火，因此有红孩儿。

从顺序上讲，先清理心中颠倒的能量，才能有元神现身。元神现身安位之后，才能点燃小周天之火进行炼药。因此平顶山篇必须在前，其后才有乌鸡国篇，最后才有红孩儿篇。三篇顺序不能倒错。

九 水中难捞月 火上易弄冰：金角银角大王篇

降伏金银二角的故事是何寓意？

此篇故事讲得是棋逢对手，将遇良才。孙悟空代表了心之元神，心之元神驾驭着先天真息而在体内运行，是为"行者"。金、银二角代表了寄居于心脏部位的识神，心之识神凭借着后天呼吸而在体内运行，夺取并蚕食先天能量（吃"唐僧肉"），和元神为对立的能量，因此是其对手。心之元神灭除识神，用先天真

息取代后天呼吸，用真息之火锻炼剥蚀坎卦中的阴爻（灭除银角，"汞干"），提取其中的金精（降伏金角，"铅尽"），使得阴性能量全部消除（打死压龙洞的九尾狐老奶奶为"九还"），最后乾金现身（杀死阿七大王为"七返"）。铅尽汞干，七返九还，终于炼魔成金，便是此篇故事的大意梗概。

却说那山叫做平顶山，那洞叫做莲花洞。洞里两妖：一唤金角大王，一唤银角大王。

平顶山在何方？洞为何名为莲花？

平顶山，指的就是心脏。心脏部分上平下尖，因此称之为平顶山。《黄庭经》言："心部之宫莲含华，下有童子丹元家。"心脏部位的能量脉络看起来像是一朵垂头的莲花。甲骨文里的心字♡便是此象形。当心脏部位能量充满之时，有些修道者能看到此莲花苞会逆转而向上吐出光华。因此佛经中常常以莲花开放来比喻慧光发现。将心神居住之所称为莲花洞，非常恰切。

洞中妖魔为何名为金角大王和银角大王？

为了将此篇故事解释清楚，笔者必须得在此先论述一些周易的相关基础知识。

笔者在拙著《周易详解》（ISBN：9798991345200）对姤卦的解释中已经详细论述了，"角"字的意思为位置倒错，和主方相对立的势均力敌的反面能量。西游记此篇故事处处围绕着能量的错位和两极对立而展开。周易之中，用倒卦和对卦来形容能量的错位和两极对立。将一卦反方向解读，便成了倒卦。倒卦代表着立场的转换，能量的错位。例如震卦（☳）有向前向上积极运行的意象，其倒卦艮卦（☶）便是向相反方向运行（"来复"），同时也象征着阻碍前行的能量。在西游记一书中，孙行者为心神御先天真息而行为"行"，对应的是震卦；而金银二角为后天呼吸和后天真息相反方向运行，对应的是倒过来的震卦，也就是艮卦。艮卦在周易中有野兽之角的意象，而"角"字同时又有势均力敌的对手之意，金银二角为心部的识神，正是孙悟空作为心之元神的对手，因此称其为"角"。因此此篇故事出现了很多艮卦的元素，例如金银二角的母亲和舅舅为狐狸精，而银角采用三山压顶的方式来压制孙悟空（艮卦有山和狐狸的意象）。

读者也许会问，心的经典意象不是离卦吗？为什么这里反而是艮卦呢？我们注意到，这里是两个妖魔作为唐僧前行路上的障碍（艮卦为阻碍），也就是每个妖魔都是一半的艮卦（半艮），两个半艮合起来，正好是一个离卦（ ☲ ）。孙悟空在西游记一书中，作为心神对应的是离卦，而其名字为"行者"对应的是震卦。两个半震合起来，正好也是一个离卦（ ☲ ）。行者和妖怪，分别代表着相反的呼吸方向也就是能量运行方式。震卦代表的是能量积极的运行方式，悟空所代表的先天呼吸为正面积极的能量方式，因此为正面的震卦（因为呼吸有呼和吸两种形式，所以有正向和反向两个方向不同的半震），而后天呼吸则为消极的泄漏能量的运行，损耗生命能量，因此为反面的艮卦（因为呼吸有呼和吸两种形式，所以有正向和反向两个方向不同的半艮）。

《一贯天机直讲》云："先天是真息开阖，与后天凡息出入为反比例。外日月一往一来，内日月一颠一倒。内日月即心也，身也，身即命门；外日月即呼吸也。真息本在脐下，一开一阖，一开而阳气上升，呼接天根也；一吸而阴气下降，吸接地根也。开阖即升降也，口鼻之呼吸，正与此相反：呼气而窍开，吸气而窍闭，一来（吸）而开，一往（呼）而闭，而神之出入亦随之矣。心息相依，依亦不同，元神与真息相依，识神与凡息相依。喜怒发于内，而见于外，怒则气往外出，喜则气向内入，此识神凡息相依之证也。"也就是说，先天元神凭于真息也就是脐下呼吸，和后天识神之凡息也就是口鼻呼吸正好相反。

那么这两个半艮从何而来呢？诸君须知，离卦固然可以拆分为两个半艮，同时坎卦 ☵ 也可以拆分为两个半艮。（将一卦的阴爻和阳爻全部颠倒，便成了对卦，对卦代表着阴阳两极的二元对立，以及能量的转化方向。）离卦的对卦是坎卦，坎卦为精魂为识神为恶怪为伤害，因此坎卦对应的是妖魔。（离卦作为坎卦的对立面，常常可以制服坎卦，因此象征离卦的孙悟空在三个徒弟中为降妖除魔最得力之人。）而金角和银角分别为坎卦所拆分的两个半艮，金角对应着坎卦的阳爻在上，银角对应着坎卦的阴爻在上。因此金角对应着坎卦的阳铅，银角对应着坎卦的水银。金角银角加起来也可以变为一个完整的坎卦，因此他们源本为坎卦能量，现在反而流串居于离位，是错位的能量。对应在人体中，便是肾不纳气，气本该伏藏，反而上行作乱。

总而言之，心的能量对应的是离卦能量。离卦（☲）可以正向拆分为下面的半震卦（⚍）上叠反向的半震卦（⚎），对应着悟空的积极前行；也可以拆分为上面为半艮卦（⚏），下叠反向的半艮卦（⚍），对应着妖魔的阻碍作用。因此在此篇故事中，"行者"为心之元神为离卦，为真息的积极运行为震卦，而金银二角为心之识神为坎卦，为口鼻呼吸的消极运行为艮卦。处处和孙悟空对立倒错。金角为坎中之阳精，银角为坎中之阴液。从此视角来看此篇故事，便能豁然开朗。

坎卦由两个阴爻一个阳爻组合而成（☵），其中在外的阴性能量为二魔为阴液（内丹派称之为"水银"、"汞"），内里的阳性能量为大魔为阳火为金（内丹派称之为"金精"、"铅"），因此大魔称之为"金角"，而二魔称之为"银角"。而孙悟空先制服二魔为先将坎卦外围的阴性能量剥蚀殆尽，水银干涸，也就是"汞干"；随后制服大魔为抽取坎卦内里的金精，也就是"铅尽"。铅尽汞干，便有真金现身。狐狸精阿七大王便是真金。（此处的逻辑和前面黑风山故事逻辑相同，金池长老死于大火（"汞干"）之后才有黑熊精（"黑铅"）现身。）

我们来看金银二大王的装扮。金角大王是："头上盔缨光焰焰，腰间带束彩霞鲜。身穿铠甲龙鳞砌，上罩红袍烈火燃"，整个打扮是火光霞彩，比喻的就是坎中的阳爻，也就是火和金（内丹派常将金、火、药等混用），也因此他在和孙悟空战斗之时能用芭蕉扇来扇出火焰；而银角大王则是"头戴凤盔欺腊雪，身披战甲幌镔铁。腰间带是蟒龙筋，粉皮靴鞹梅花摺"，整个打扮是银白透亮，为水银的形状，比喻的是坎中之阴液，也就是汞。

知晓了金银二角原本为坎卦能量的代表，那我们便明白了悟空说"泼魔苦苦用心拿我，诚所谓水中捞月；老孙若要擒你，就好似火上弄冰。"这句话的意思。坎卦在周易中的意象为水为妖魔幽灵为寒为冰为伤害，内丹派以月来比喻金炁，离卦为火为真息，这句话翻译成内丹行话便是，坎方之水想吸取如月亮般的真炁，就如同水中捞月，难；而修道之士想通过真息之炁来炼化阴精坎卦，如同火焰来融化冰块一般，易。《楞严经》中讲守性炼魔也有类似语句："汝如沸汤，彼如坚冰。暖气渐邻，不日消殒。"文辞有异曲同工之妙。

老君道："葫芦是我盛丹的，净瓶是我盛水的，宝剑是我炼魔的，扇子是我搧火的，绳子是我一根勒袍的带。"

这五件宝贝都各是何寓意？

妖魔为错乱的离卦，象征着心的识神；孙悟空为正向的离卦，象征着心的元神。因此这五项法器，全都是在从不同侧重点强调离卦的特性，和心的特性。

为何芭蕉扇之火烧的是悟空的毫毛？

取出芭蕉扇子，望东南丙丁火，正对离宫，嗯喇的一扇子，搧将下来，只见那就地上，火光焰焰。原来这股宝贝，平白地搧

出火来。大圣见此恶火，却也心惊胆颤，道声"不好了！我本身可处，毫毛不济，一落这火中，岂不真如燎毛之易？"

离卦有心和火的意象。同时离卦中间为阴爻，象征着中间空虚。芭蕉看似为木，但其实无心，因此佛经典籍中常常用它作为空性的代表，也对应着离卦中间空虚的特性。芭蕉扇为空，平地就能扇出火，就像我们莫名便能升起心火。

这里说的"东南丙丁火"是什么意思呢？《道枢》言："心者司南，其干丙丁，其德在火。"心火有丙火和丁火两种，丁火为阳火为光明之火，丙火为阴火为邪魔之火。丹道讲究去丙火，升丁火。此处为妖魔之丙火，阴火销蚀的是离卦外部的阳爻。孙猴子的本身加上毫毛为一个完整的离卦。那么毫毛便象征着离卦的外爻，因此此处大火烧的必须得是猴子的毫毛。

七星剑到底是南斗七星还是北斗七星？

心的数字为七，离为光明为星又为南，因此对应着南斗七星，因此七星剑看似指代的是南斗七星。但我们注意到此篇故事借用了一些《北斗经》的元素。孙悟空说妖怪："你既怕虎狼，怎么不念《北斗经》？"明朝人笔记小说《庚巳编·今言类编》中，提到《北斗经》"不唯愈病，且益寿。"最后结局部分金银二大王被老君在玉局宝座处收伏，玉句宝座的典故出自《北斗经》，说明两只妖魔方位本属北斗。考虑到此七星剑本属太上老君，因此笔者认为此处七星对应着《北斗经》中的北斗七元君，也就是北斗七星。

离卦方位为南，北则为坎卦的方位，暗示着妖怪的能量为错位的能量。北斗七星固然不错，但不应该出现在离卦方位，就成了妖魔的宝贝。而老君升"玉局宝座"，二妖魔"返本还原"，七星剑便成了其正大光明的法器。

玉净瓶和紫金葫芦指代什么？

离卦为正反两震相叠，震卦有运行、呼吸、器皿的意象。玉净瓶和紫金葫芦为呼吸运行的器皿，也就是人之身体。内丹派认为丹药自人体内部产生，因此西游记屡屡用盛丹之葫芦来比喻人体。

诸君须知，内丹修道之士讲究的是捉坎填离，补足离之虚损，返回乾金之体。但从被炼化的阴精（此篇妖怪）的角度，追求的则是吸离补坎，将离卦中的阴爻（心中的阴液、识神、不善之心）提出而置入坎中，返回坤阴之体。因此书中写妖怪希望欺骗唐僧，"赚的他心似我心"，正是要吸取离卦的阴爻，替去自己的阳爻。也因此，葫芦和玉净瓶装人，一时三刻化为脓水，坎卦为脏污为水，化为脓水，便是将生命能量化为坎卦也就是死亡性能量之意。

行者在底下掐着指头算了一算，道："我真名字叫做孙行者，起的鬼名字叫做者行孙。真名字可以装得，鬼名字好道装不得。"却就忍不住，应了他一声，飕的被他吸进葫芦去，贴上帖儿。原来那宝贝，那管甚么名字真假，但绰个应的气儿，就装了去也。

这里讲的是对名字的认同，讽刺的是好名之人。"我"为何有名字？用名字可以更方便地和"我"这个能量体沟通。但这个名字绝不是我。譬如父母生我下来，给我取个另外的名字，我还是我，和名字无关。世人争名求名，显姓扬名，都是将此名等同于我。殊不知只要有一丝好名自大之心，哪怕是假名、笔名、外号、小名，便被装入葫芦中矣。孙悟空被压在泰山之下，说"正是树大招风风撼树，人为名高名丧人"，看似突兀奇怪，其实仍是强调的这一点。

到了后来，孙悟空于压龙洞前挥泪一恸，进洞拜魔，隐喻着他看破了好名之累，不再为声名所累。银角大王再叫孙悟空，他

"不歇气地应了七八声",空寂清灵,心未曾动。不动心便不为魔所劫,便不会再被装入葫芦。

幌金绳为何能松能紧?

一只手把那绳抛起,刷喇的扣了魔头。原来那魔头有个《紧绳咒》,有个《松绳咒》。若扣住别人,就念《紧绳咒》,莫能得脱;若扣住自家人,就念《松绳咒》,不得伤身。他认得是自家的宝贝,即念《松绳咒》,把绳松动,便脱出来,反望行者抛将去,却早扣住了大圣。大圣正要使"瘦身法",想要脱身,却被那魔念动《紧绳咒》,紧紧扣住,怎能得脱?褪至颈项之下,原是一个金圈子套住。

离卦为光明辉耀为交缠编织,绳为两股交错,因此取名叫做"幌金绳",为散放金光的编织之物。"幌金绳"形容的是意识的聚焦,也就是心的状态。

我们都有愉悦放松的时刻,也都有心口紧缩,仿佛被铁丝网套住的时刻。这是因为我们觉察的意识可以放松可以收紧。当意识从较大的扩展的状态变为收缩的状态,我们在身体层面便感觉心口紧缩而无法舒展。譬如,若是我心中升起某种欲望,那么觉察的注意力会仅仅集中在我想要的东西上,带来的感受便是身体紧张,注意力变窄,眼光不明朗。这时候,身体便提醒我们,我们把注意力放到了虚妄的地方,也就是被幌金绳套住了。

注意力的聚焦本身不是问题,问题在于意识聚焦到了错误的地方,给予较小的真相而极大的权重。佛道都说"一粒芥子藏世界"。幌金绳若是老君来用,便能牵牛耕田,喻指带领意识来到正确的方向和状态,便可以委以重任。

为何唐僧四众会遇到金角大王和银角大王?

此处仍可以从心性修持以及身命修持两个层面来理解。

首先，从心性修持层面来讲，心中既有阴液，也有阳火，但同时也有不正之阴液，不正之火。住在洞中的妖魔，便对应的是位置不正的阳爻和阴爻，象征着错位的能量。也就是说，本该心静如水之时，却心火上炎，追逐不休；本该温暖如春之时，却阴冷狠毒。

　　我们细看此篇故事孙悟空的心性变化，便可以发现故事开始之时悟空听樵夫报信反而傲慢自大，是心性该阴柔顺服之时反而为阳刚；而悟空算计捉弄猪八戒，是心性本该温暖如春之时反而为阴刻算计。悟空的行为象征了修道者心念的运转。心性既然被错位的能量所占据，暗含着的寓意就是修道者已经被捉入心魔的洞中。这也正是银角大王说"赚得他心与我心相合"的用意。咱们每时每刻却也不妨扪心自问，此时心是和魔合，还是和佛合？

　　后来，压龙洞前美猴王堕泪，摈弃了人我之相，含垢忍辱，心性转为柔顺调伏，是为祛退了心中傲慢自大的阳魔；悟空"一心要救师父"，是为祛退了阴刻算计的阴魔。所谓境随心转。心念变了，唐僧四众的境遇也就变了，自然就从洞中脱身而出。

　　其次，从身命修持层面来讲，内丹派讲究通过先天真息也就是脐下呼吸来夺取天地中的生命能量以蓄积于己身，而顺着后天口鼻呼吸则会漏泄生命能量。先天呼吸为炼魔，后天口鼻呼吸为被魔炼，其中便需要心神的凝定谨慎。此处修道者已经成功运转小周天，但时时刻刻保持心神的宁定慎察，仍是不易之举。一不小心，便被妖魔装入玉净瓶，泰山压顶，或者用幌金绳捆起来了。而意识觉察到自己的放逸而回归静定，便是从诸项障碍中脱身而出的时刻。此处悟空和妖魔的争战，便讲得是小周天中呼吸模式的切换。

此篇故事对应的是周易中的哪个卦象？

此处明显是取的周易中的姤卦 ☰，上卦为乾卦，下卦为巽卦。

"姤"也就是"遇"，阴阳相遇。悟空为离为阳性能量，妖怪为坎为阴性能量。孙悟空为正向的呼吸（呼吸为风为巽卦），金银二角为反向的巽卦，"角"为势均力敌的对手，因此姤卦六爻卦辞为"姤其角"，为正向的巽卦和反向的巽卦相叠，象征了悟空和妖怪一为先天真息，一为后天呼吸，非常恰切。

笔者之前已经叙述过，孙悟空之所以称作"行者"，是心可以驾驭呼吸完成任务，如同使者一般。孙悟空为离卦，离卦为正反两个半震相叠（☲），震为足为行，正反为多，因此孙悟空善于行走（行走隐喻呼吸往来）。而行走，便会遇到阻碍。离卦同时也可以视作正反两个半艮相叠，艮为阻碍。金银两角大王，同样是离卦的象征，但属于妖精，便说明他们象征着离卦中阻碍前行的能量。姤卦中第六爻的爻辞为"遇其角"，意为遇到和自己实力相当的对手而受到阻碍，所谓棋逢对手将遇良才。此处孙悟空为象征心的离卦，而妖怪也是象征心的离卦，只不过此离卦为错位的能量，因此这两个妖魔对于孙悟空来说就是"角"。另外姤卦为上乾下巽。乾为天为成功为战胜对方为正道，巽卦为呼吸为风为息，此卦象有凭借呼吸而战胜对手的意味，和此篇故事主题相合。

另外文中的各处也和姤卦的其他各爻存在对应：

姤卦的初爻："系于金柅。见凶羸豕。""豕"就是猪。对应着悟空被幌金绳系在柱子上，被猪八戒陷害的情节。

二爻："包有鱼，不利宾。"看来西游记作者此处将"包"字理解为"匏"也就是葫芦，鱼为水中之物为坎卦。孙悟空被装入

130

葫芦之中，为"匏有鱼"。内丹修炼之初，识神居内而元神居外，悟空为外来为宾，初战遭受不利，因此说"不利宾"。

三爻："臀无肤，其行次且。"这里对应着悟空将红屁股变成黑屁股的情节，强调猴子屁股上是没有毛的，为"臀无肤"。

四爻："包无鱼，起凶。"对应着银角无法将孙悟空装入葫芦，而孙悟空却能将凶魔吸起装入葫芦。

五爻："含章，有陨自天。""章"就是障碍也就是艮卦。"有陨自天"为从天上掉下来的艮卦，在此篇对应着三座大山从天而降，落在孙悟空身上。

当然，因为笔者需要推敲西游记作者的写作思路，这些解释纯粹是按照西游记作者所处时代来推测他对周易姤卦的理解，并非笔者个人的理解。笔者已经在拙著《周易详解》中详细考证了姤卦每个字应作何解释，和上述解释并不相同，读者有兴趣的话不妨参阅。

姤卦为周易中的第四十四卦，从既济到此，已经过了二十个卦变。修行者悟得先天窍，会合精气神，运转小周天，三停中已经走了一停。唐僧说走了停半，乃是乐观之辞。

老魔大惊道："贤弟，不好了！惹动他一窝风了！幌金绳现拴着孙行者，葫芦里现装着者行孙，怎么又有个甚么行者孙？想是他几个兄弟都来了。"

先来的孙行者，次来的者行孙，后来的行者孙，返复三字，都是我师兄一人。

者行孙、孙行者和行者孙有何区别？为何孙悟空称行者孙方能降魔？

笔者的答案是者行孙和孙行者并无区别，但行者孙就不一样了。原因如下：

孙悟空对应的是离卦。离卦为两阳爻夹一阴爻，既可以是阳爻动而销阴，也可以是阴爻动而剥阳。离卦是对称之卦，从上往下看，是两个阳爻夹一个阴爻；从下往上看，也是如此。将离卦颠倒过来，仍是离卦。孙-行-者此名字三个字，分别对应着离卦的阳爻-阴爻-阳爻，也就是说，"孙"字为阳，"行"字为阴，"者"字仍为阳。而将孙行者倒过来，变为者-行-孙，这三个字按顺序仍是阳-阴-阳，仍是阳爻用事，为阳爻动而销阴。而孙行者和者行孙都被银角大王所擒，银角大王为邪阴用事为水银。因为水能克火，孙行者和者行孙都是以离卦的阳爻也就是火元素来对应象征水元素的银角大王，自然就缚手缚脚，被其克制了。

后来孙悟空将自己命名为行者孙，"行"字对应的是离卦中的阴爻，作为姓名的首字，说明孙猴子已经变换战术，以阴爻用事。就呼吸模式而言，离卦向上的半震象征着先天呼吸模式的呼气，反向半震象征着先天呼吸模式的吸气，中间的阴爻则是闭息，也就是不呼不吸的那一刻。不呼不吸的时刻，为旧有能量即将消亡，新生能量即将到来的一刻，为创生宇宙的能量，佛教安那般那修持法门以及诸多性灵学派都强调这一刻的重要性。很多瑜伽学者都致力于延长此时刻。这也是道教内丹修持强调闭息的原因。心息相依，心神不动才能闭息。离卦的阳爻为运动，阴爻为雌伏为不动，因此悟空取名为"行者孙"，隐喻着修道者采取闭息的方式来应对妖魔。"顺为凡，逆为仙，只在中间颠倒颠。"悟空改名倒姓，颠倒了几次，明白了调和阴阳之道，所以降伏了妖魔。而八戒说"返复三字，都是我师兄一人"。名目虽多，其实都是呼吸模式，而呼吸模式的运行依赖于心神调御。名为道之用，背后仍是一个道字，所谓万变不离其宗。

猛见路旁闪出一个瞽者，走上前扯住三藏马，道："和尚那里去？还我宝贝来！"

行者仔细观看，原来是太上李老君，慌得近前施礼道："老官儿，那里去？"那老祖急升玉局宝座，九霄空里伫立，叫："孙行者，还我宝贝。"

老君道："葫芦是我盛丹的，净瓶是我盛水的，宝剑是我炼魔的，扇子是我搧火的，绳子是我一根勒袍的带。那两个怪：一个是我看金炉的童子，一个是我看银炉的童子"

太上老君为何化为"瞽者"？为何高升玉局宝座？为何金银二角最后化作太上老君烧火的童子？

"玉局宝座"的典故出自道家典籍《北斗经》："（太上老君）至于蜀都。地神涌出，扶一玉局，而作高座。于是老君升玉局座，授与天师北斗本命经诀。""玉局宝座"一词暗示了太上老君属于北斗星，对应着坎卦。离卦为眼目为光明，而坎卦为幽暗为离卦的对立面，因此有眼睛失明的意象，也因此书中描写他化身为"瞽者"，也就是盲人，再次强调他具备坎卦的特征。

而书中前文孙悟空说银角大王："你既怕虎狼，怎么不念《北斗经》？"并非闲文，也是暗示其对应着北辰、北斗星、坎卦。孙悟空（象征着离卦、南斗、南辰）进入莲花洞里解救唐僧，正是道书所说"南辰移入北辰位"之意。

金银二角在此篇故事属于坎卦，其方位本原属于北斗，被老君在玉局宝座处收伏，说明被收伏则归本还原。艮卦在周易中，既有兽角的意象，也有阻碍前行的意象，也有手部挥动以及炉火以及臣仆下属的意象（因此对应着用手持扇子扇炉的童子非常恰当）。金银二"角"原本是错位的能量，造成了孙悟空前行路上的阻碍，象征着艮卦造成的阻碍作用，而化作太上老君的童子，则诠释了艮卦作为臣仆下属的意象。流离失所的能量现在转化为源头能量的臣仆，为其服务，艮卦还是同样一个艮卦，功能却从原来的障碍变成源头能量，所谓引火归元。此结局，可谓皆大欢喜。

而从内丹修炼的角度看，此结果象征着神入炁穴，是紧随而来的阴阳交媾（乌鸡国）和小周天之火（红孩儿）的前提步骤。最后结局部分太上老君"急升玉局宝座，九霄空里伫立"。老君"九霄空里伫立"，方位为北，"九霄"为高为危，"空里"为虚，因此此句指代的是北方虚危。《伍柳仙宗》言："晦朔中间，日月并入北方虚危之地。天入地中，月包日内。斯时日月停轮，复返混沌，自相交媾。久之渐渐凝聚，震之一阳，乃出而受符矣。"北方虚危指代的便是炁穴。金银二童子在此段已经被悟空炼化，象征为离宫心神，被老君收伏，为神入炁穴，也就是"日月并入北方虚危之地"。随之而来的便是日月停轮，自相交媾，正是乌鸡国篇故事的主旨所在。等到一阳复现，小周天之火重新点燃，此火既是此处金银二童子所扇老君八卦炉之火，也是下下篇故事红孩儿所吐之火。两个比喻，同为一体。

拖出轿来看处，原是个九尾狐狸。

你道他怎生模样？但见：雪鬓蓬松，星光晃亮。脸皮红润皱文多，牙齿稀疏神气壮。貌似菊残霜里色，形如松老雨余颜。头缠白练攒丝帕，耳坠黄金嵌宝环。

为何金银二角的母亲是只九尾狐？为何她这般模样？

首先，金银二角大王对应着艮卦，也对应着金银。狐狸也为艮，属于土元素，土生金（银也是金元素），因此九尾狐为金银二角大王之母。本篇故事多次强调艮卦对行者象征的震卦的阻碍作用。此处老奶奶所住的处所叫做"压龙洞"，也是此意（艮卦为沉重为压）。孙悟空为离卦，离卦之阴爻也就是心中之阴液被丹道之士称为"汞木龙"，而阴精的目的便是抽取此汞木龙而化为自身能量，因此她居住在压龙洞。

其次，九尾狐的传说源出《山海经》。《山海经·南山经》："又东三百里，曰青丘之山，其阳多玉，其阴多青䨼。有兽焉，其状如狐而九尾，其音如婴儿，能食人，食者不蛊。" 注意这里"音如婴儿"，也就是有婴儿之音。笔者已经陈述过，"音"字在西游记书中有特殊意义，特指内丹修炼进程中的火候苗头、征兆、音信等。此篇故事中唐僧说他取经之路"三停中已经走了停半"，已经有相当的火候。"婴儿"为性光凝结之内丹。九为阳数之极，说明能量储备已经完足。打死九尾狐，说明离结丹不远了。因此下回乌鸡国的故事便特地设置了一个太子的角色，初次出现了"婴儿"的形象。

九为阳数，尾为障碍为艮卦，艮卦又为来复为返还，九尾就是九返，因此九尾狐丧命喻示着内丹修炼中的"九还"。笔者在流沙河篇已经论述过，"九还"是从肺部兑金得到震木之气而产生乾金，因此老妇人的容貌既有肺金之白色，也有震木的特征，同时也有乾金的特征。"雪鬓蓬松"，"星光晃亮""貌似菊残霜里色""头缠白练攒丝帕"讲得都是肺之白色，而"形如松老雨余颜"讲得则是震木。"黄金嵌宝"则是即将出现的乾金的特征。

只见当头的是阿七大王。他生的玉面长髯，钢眉刀耳，头戴金炼盔，身穿锁子甲，手执方天戟。

为何此处情节特意安排了一个阿七大王？

内丹锻炼的程序是首先消除坎卦的阴性能量（"汞干"），然后抽取坎卦的阳性能量（"抽铅"），铅金凝和而为乾金。孙悟空此处已经消除了象征着汞、水银的二魔银角，然后即将降伏象征金铅的大魔，抽取铅精。因此阿七大王的出现，便是象征着乾金的出现。但其是作为未完全炼化的乾金出现的，仍是修行者的障碍（对应着艮卦），因此他的形貌特征便既有艮卦的特征，也有乾金的特征。

狐狸为艮卦。而艮卦同时也有羽毛飘拂的意象，因此有长髯。乾卦为老年男子为金玉为白色。阿七这里为老年男子，喻指乾卦。他穿金甲、戴金盔、玉面、挂孝（孝服色白），都是强调其象征着乾金。因此此处阿七的出现，便是还乾。阿七住在山后。狐狸精为老妇人为坤，方位为西南，那么阿七的方位便是西北，也就是乾金的方位。

又摇身一变，变作个啄木虫儿。那八戒丢倒头，正睡着了，被他照嘴唇上挖揸的一下。

为何孙悟空变为啄木鸟？

猪为亥木，因此八戒对应的是木。啄猪八戒之鸟，便为啄木鸟。这里是小说家的诙谐幽默。特意点出，聊资一笑。

看他挑着两座大山，飞星来赶师父！那魔头看见，就吓得浑身是汗，遍体生津道："他却会担山！"又整性情，把真言念动，将一座泰山遣在空中，劈头压住行者。那大圣力软筋麻，遭逢他这泰山下顶之法，只压得三尸神咋，七窍喷红。

泰山压顶喻指什么？为何需要三座山才能压倒孙猴子？

离卦为半震上叠半艮，震卦的能量上升前进而遇到艮卦的阻碍。孙悟空为离卦，但同时影射离卦中的震卦；妖怪也是离卦，但同时影射离卦中的艮卦。震卦为前行，因此孙悟空又称为"行者"。艮卦为阻碍，艮卦同时又为土为山。这篇故事讲的是错位的心理能量给修行者上进前行造成阻碍，因此这里用向行者头上压山来强调该阻碍能量。

此篇故事影射着周易姤卦的"遇其角"的爻辞，对应的伏卦为上艮下震。艮为山，方向向下，震数三，对应的是三座山压在震卦之上，因此需要三座大山才能阻止行者前行之势。

八戒道："你虽变了头脸，还不曾变得屁股。那屁股上两块红不是？我因此认得是你。"

行者随往后面，演到厨中，锅底上摸了一把，将两臀擦黑，行至前边。八戒看见又笑道："那个猴子去那里混了这一会，弄做个黑屁股来了。"

孙猴子屁股从红转黑是何寓意？

首先，本篇故事多次强调艮卦对行者象征的震卦的阻碍作用。艮卦在此篇故事中对应着各种意象，如老人、臣仆、山、狐狸等。银角大王变为老年道人，孙悟空变为老神仙、变为小妖、还有此处变为黑屁股，都是在影射艮卦。

屁股对应着周易中的巽卦。巽卦为股为臀，巽卦的屁股变黑，为中间的阳爻断裂，也就是从巽卦转化成了艮卦。红为阳，黑为阴，此处是在重新强调，悟空明白了转阳为阴的道理，反而给妖魔造成了障碍。

哪吒道："请降旨意，往北天门问真武借皂雕旗在南天门上一展，把那日月星辰闭了。对面不见人，捉白不见黑，哄那怪道，只说装了天，以助行者成功。"

哪吒太子展旗蔽日是何寓意？

坎为北方，为黑色，为夜。北天门、皂雕旗都是指代坎水，真武大帝指代坎水中的真阴。离卦为南方，为光明，为日，为眼目。此处借皂雕旗盖住南天门，为以黑暗之色盖住眼目的意象。此时孙悟空在心脏部位，闭目是在人的头部，因此需要哪吒太子来助功。

闭目为道家修持中的法门之一，称之为"垂帘"。离卦为目，道家认为，目为元神所蛰藏之处，目动则神驰，神驰则呼吸不谨，容易流失对呼吸的注意，从真息沦为泄露能量的后天凡息（此处用妖魔来象征）。此处闭目，内里不惑，呼吸稳定，便可制服妖魔。

用装天来戏弄妖怪的故事脱胎于何典故？

《张三丰先生全集》中曾记载张三丰道长戏弄术士，给予伪造符篆的显迹，此处故事架构和该故事颇为相似。中载："成化中，羽流扰扰，出入禁廷，祖师甚恶之。一日，遇方士赵、王二姓者，知其存心鬼蜮，将挟异术北行。因化为教主形状，以诡之曰："吾张天师也，飞符召神，我法甚效，君等愿学否？"赵、王不信，祖师乃向空指画，倏有天兵天将，往来云气中，二人始异之，跪求符篆。祖师伪为密嘱状，赐之数符，二人大笑而去。其时，李孜省以五雷法得幸，二人投之，因此进身。帝询其能，二人以天师传符对，并请帝致斋三日，演法一观。帝如其教。临期，大设法坛，支吾终日不验，帝怒其奸诈，立命侍卫毙之。"

孙大圣见了，不敢进去，只在二门外忭着脸，脱脱的哭起来，你道他哭怎的，莫成是怕他？就怕也便不哭，况先哄了他的宝贝，又打杀他的小妖，却为何而哭？他当时曾下九鼎油锅，就煤了七八日也不曾有一点泪儿，只为想起唐僧取经的苦恼，他就泪出痛肠，放眼便哭，心却想道："老孙既显手段，变做小妖，

来请这老怪，没有个直直的站了说话之理，一定见他磕头才是。我为人做了一场好汉，止拜了三个人：西天拜佛祖，南海拜观音，两界山师父救了我，我拜了他四拜。为他使碎六叶连肝肺，用尽三毛七孔心。一卷经能值几何？今日却教我去拜此怪。若不跪拜，必定走了风讯。苦啊！算来只为师父受困，故使我受辱于人！"到此际也没奈何，撞将进去，朝上跪下道："奶奶磕头。"

为何压龙洞前美猴王堕泪？

此段为笔者最爱。一部西游，数此段写的最好。"一卷经能值几何？今日却教我去拜此怪。"读之让人泪下。

佛教修行有六种途径，称之为六度，布施、持戒、忍辱、精进、禅定、智慧。有了自我的精神支持，布施不难，持戒不难。因为行为背后总有一个心念，是"**我**在布施"，"**我**在持戒"，这些行为促使了自我的生长，有此动力，便是能量。

而忍辱最难。既然是"辱"，便是直指一个人存在的核心自我，触动了他所抱持的基本信念。便是将一个人不愿意的世界强加于他。对"辱"的接受，便是愿意去除对自我的执念，就好像愿意把自己的手脚砍下来，把粘连的血肉一点点撕开。忍辱，就是去掉我相，对于人格的小我来说，本质就是死亡。所以《金刚经》翻来覆去讲忍辱，将其比作"节节肢解"，就有如此痛苦。佛经常说的身体、头、目、妻子、衣服都需要布施出去，讲的并不是布施，而正是忍辱。

此洞称之为"压龙洞"，"压"就是"辱"，使之不起。

连已经"悟空"的孙猴子，都有最后一点自我的残余。

他并不在乎那卷经。

但还是屈膝跪下，拜了妖魔。

十 日月坎离媾 婴儿故主生：乌鸡国篇

乌鸡国篇故事是何寓意？

此篇故事发生在金银二角大王之后，红孩儿之前。金银二角大王象征着心中错位的能量，也就是识神。内丹派修道者强调的是灭识神，扶元神。识神既然被灭除，随之而来的便是元神归位。乌鸡国的国王死而复生，便象征着此意。 此处乌鸡国的假国王，和金银二角大王指代一致，都是心之识神。乌鸡国的国王则为心之元神。

而在上篇笔者已经论述过，金银二童子同时也象征着为离宫心神，也就是心之阴性和阳性的能量，被老君收伏，为神入炁穴，也就是"日月并入北方虚危之地"。随之而来的便是日月停轮，坎离自相交媾，这也正是乌鸡国篇故事的另一个主旨所在。因此此篇故事处处讲坎离，处处讲阴阳合媾，处处讲水元素和火元素通过土元素的调和而进行能量交互。也因此笔者在此篇主要着力于解释西游记此篇故事中何者是坎卦的隐喻，何者是离卦的隐喻。

我家住在正西，离此只有四十里远近。那厢有座城池，便是朕当时创立家邦，改号乌鸡国。

乌鸡国为何叫做乌鸡国？国王为何死而复生？

离卦为火象，外面两个阳爻，中间一个阴爻，为光明向外部发散的意象，所以象征太阳。鸡感阳气而鸣，为阳能的象征，因此离卦也有鸡的意象。"乌"则与"乌巢禅师"之"乌"为同一逻辑，指代毕月乌。毕月乌为二十八星宿之一，对应的是月亮，也就是坎卦。另外乌的颜色为黑色，对应的也是坎卦。取名叫做乌鸡国，便是坎离二卦互交的意象。我们知道离卦对应的是南方，坎卦对应北方，坎离互交则坎中的阴爻补满离卦的阳爻，坎变为坤，而离变为乾。坤为西南而乾为西北，因此乌鸡国处在正西，兼有西南和西北。这和寇员外的家宅坐西朝东是同一个逻辑。

周易中乾卦既代表王国，也指代王国的君主，同时也有完整、健全、康健之意。乌鸡国的国王，康健在位之时，他自身是乾，其国家也是乾。他死了之后，变为精魂，魂在周易中对应的卦象为坎。也就是说，乾中间的阳爻飘出，被阴气所包裹，成了精魂。而该国家丧失了君主，国内空虚，则对应着中间空虚的离卦。乌鸡国从国王健在到国王死亡消失，正是人体从先天乾卦到后天坎离二卦的过程，人的性情被后天物欲杂染，使得心中元神漂泊，不得正位，而后天思维意识模式（识神、小我）则占据了元神原来的位置。而内丹派的逆修，便是寻回这一元神，从人的后天修回先天的过程。对应在乌鸡国的故事中，便是灭除狮子怪所代表的识神，而使得已经死去的国王死而复生，扶助其归位。

百姓饥荒若倒悬，锺南忽降全真怪。呼风唤雨显神通，然后暗将他命害。

当初这乌鸡国王，好善斋僧，佛差我来度他归西，早证金身罗汉。因是不可原身相见，变做一种凡僧，问他化些斋供。被吾几句言语相难，他不识我是个好人，把我一条绳捆了，送在那御水河中，浸了我三日三夜。

全真怪代表了什么？为何他必须得是文殊菩萨的坐骑？

全真便是指代心中识神。前篇故事的金银二童子也指代的是心中识神。金银二童子已经被收伏，不能再次出场，因此此处便采用了别的象征人物来进行比喻。前篇故事已经讲述了收伏识神的过程，因此这篇故事侧重点在于国王正位以及坎离互交，收伏识神只是陪衬文笔，也因此这里的青毛狮子不是十分厉害。

中国有四大佛教名山，五台山（北）、普陀山（南）、峨眉山（西）、九华山（东）分别是文殊菩萨、观音菩萨、普贤菩萨、地藏王菩萨的道场。文殊菩萨的道场五台山位置在于北方，因此文殊菩萨象征着北方坎卦。《华严经》中提到："东北方有处名清凉山，从昔以来，诸菩萨众，于中止住。现有菩萨文殊师利，与其眷属诸菩萨众一万人俱，常在其中，而演说法。"《华严经》中的清凉山，便是五台山。因为中国在印度的东方，此山对于印度而言，自然是东北方。而就我们中土来说，不能认为清凉山在东方，而应直接取其为北方。尤其是百本西游记六十一回原文中牛魔王"败了阵，往北就走。早有五台山秘魔岩神通广大泼法金刚阻住"这一句，足以证明，在西游记作者的构架中，五台山为北方。

文殊菩萨和青毛狮子同来自北方，象征着坎卦中的元素。就主奴关系而言，主为乾为阳，奴为坤为阴。文殊菩萨为坎卦中的乾性能量也就是阳爻，而狮子为坎卦中的坤性能量也就是阴爻。阳爻代表阳性能量指代男子。而此处狮子为阴性能量，西游记作者将其设定为骟了的狮子，并非仅仅是玩笑，而是确实有易学上的依据。也因此它和乌鸡国王后没有能量交互，因为两者同为阴性能量，所谓二女同室，琴瑟难谐。所以王后说其"冰又冷"，悟空说"想是个甚么冰冷的东西变的"，都对应着其坎卦的阴寒特质。

文殊菩萨为北为坎，乌鸡国为离，放于御水河中，也正是坎离相交。文殊走了青毛狮，主奴失散为阴阳分离，最后狮子回山为阴阳相交。

月中之意，乃先天法象之规绳也。月至三十日，阳魂之金散尽，阴魄之水盈轮，故纯黑而无光，乃曰晦。此时与日相交，在晦朔两日之间，感阳光而有孕。至初三日一阳现，初八日二阳生，魄中魂半，其平如绳，故曰上弦。至今十五日，三阳备足，是以团圆，故曰望。至十六日一阴生，二十二日二阴生，此时魂中魄半，其平如绳，故曰下弦。至三十日三阴备足，亦当晦。此乃先天采炼之意。我等若能温养二八，九九成功，那时节，见佛容易，返故田亦易也。诗曰：前弦之后后弦前，药味平平气象全。采得归来炉里炼，志心功果即西天。"

沙僧在旁笑道："师兄此言虽当，只说的是弦前属阳，弦后属阴，阴中阳半，得水之金；更不道水火相挽各有缘，全凭土母配如然。三家同会无争竞，水在长江月在天。"

月华喻指什么？什么叫做"先天采炼"？为何此段议论要放到乌鸡国篇？

月亮的盈亏对应着炁的盈消虚长八种变化，同时也对应着周易的八卦。因此内丹修炼者们通常将此三种术语串换着使用，再加上八卦有先天和后天之分，难免有些扑朔迷离，其实是同一指代。笔者这里试试看能不能讲清楚。

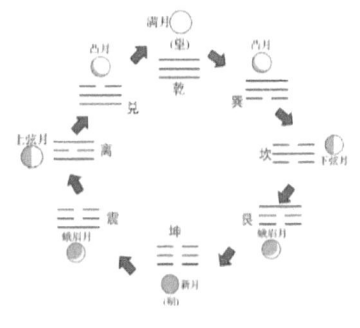

农历每个月的最后一天为晦日，晦日的夜晚是看不到月亮的，正所谓"月尽为晦"。月亮在月尽夜纯黑，对应的是坤卦，第二天为农历每月的初一为朔，此时已经孕育了一点阳能的种子，阳能就是内丹派所说的药，因此道书说"要知产药川源处，月在西南是本乡"。初三则一阳来复，为震卦，也就是阳能正式显现，对应着月亮便是偃月，也就是内丹派重视的活子时，因此说"偃

143

月炉中玉蕊生"。此时阳能尚为幼小，其能量团形状正像月牙，因此称之为"初候"，不适合采取。到了初八，则为二阳生（生于上方），阴爻仍居于中位，为阳从外向内迫阴的意象，因此为离卦，离卦为对称之卦象，对应着月亮的半隐半现，是为上弦、前弦。这是月亮（炁团）变化的第一个八节，称之为"一八"。再到农历十二，为二阳向上迫一阴的兑卦，为盈凸月。到了农历月之十五，月色光华，正圆之象。而炁能量团盈盈如满月，不老不嫩，内丹派称之为"二候"，适合采取。因此用十五之满月来比喻炁团的三阳具足。再往后依次是巽、坎、艮然后再至坤。月亮走完一个循环的画面，也正好是炁团药物的能量团走完一个循环的画面，同时对应着先天八卦的顺时针一圈，从坤到震到离到兑到乾再有巽坎艮再到坤。因此西游记书中"先天采炼"这四个字的意思就是说，药物能量团的样貌外观就同月亮一般，月亮阴晴圆缺的画面正是采炼药物的画面，也对应着先天八卦的顺序。

那么，"温养二八"又是何意呢？从初八的离卦到十五月圆为八天，对应着炁能量团的第一个八节，从十五月圆到下弦的坎卦又为八天，对应着炁能量团的第二个八节。这两个八节中为离卦向坎卦转变，也就是坎离互交，为做采炼功夫的最佳时间，适合温养静定，留心采药的时间，因此称之为"温养二八"。注意炁能量团的八节并非为天数，而应视具体情况而定。如《玄机直讲》："然一刻中，上半刻为温。为进火。为望，为上弦，为朝屯，为春夏；下半刻为凉，为退符，为晦，为下弦，为暮蒙，为秋冬。"每年、每月、每天、每刻、每次呼吸之中，都对应着炁能量团的盈虚消长的规律变化。

八戒扯着唐僧说："这月啊：缺之不久又团圆，似我生来不十全。"正是紧要言语，文中之眼。须知八戒便是象征先天祖炁，炁的消长正如月的盈缺，也因此猪悟能取名为"八戒"，谐音为"八节"，象征着炁之能量变化的"八节"（详见笔者在前文对猪八戒角色的分析）。

《金丹四百字》云："上弦金八两，下弦水半斤，两弦合其精，乾坤体乃成。"讲的就是炁能量团在这两个八节中的转化，也就是丹道书中随处可见的坎离互交。上弦金八两，讲的是离卦，离卦为火为金，下弦水半斤，讲的是坎卦为水，从离卦转化到坎卦，正是坎离相媾的过程，坎中的阳精和离中的阴精相遇相合，以坎中的阳爻来填满离卦中的阴爻，坎离相交，正好是三个阳爻，就产生了乾卦也就是药物、金、炁。

坎卦为北方，配的天干为壬水和癸水，对应的是坎中的阳爻（"铅"，清水）和坎中的阴爻（浊水、后天染污），也对应着此篇故事中的文殊菩萨和青毛狮子（癸水为青色）。此时采取，一定要采取坎中的阳爻（水源清正），不能采取其中的阴爻（水源凡浊），因此说"铅遇癸生须急采"，把握住阳能的机会，否则阳能便为阴性能量所染污，水源不清，所锻炼的能量团里便有了后天意识的染污，会在将来显现成不正的因缘。此坎卦的阳爻，便是水中之金。而离卦的阴爻，便是金中水。过了十五以后，阴气用事，不能再采阳金中的水，因此说"金逢望远不堪尝"。

坎卦的水中金（肾阳）和离卦的金中水（心阴）相互交媾，是通过位于中宫的黄婆（脾土）来进行调和的。沙和尚之所以取名为"和尚"，便是指代其以调和水火为尚。因此此处通过沙僧之口指出，水火既济需要土母相配，所谓水、火、土三家相见，结成乾卦药物，称之为婴儿。三家相见结婴儿，便是此篇故事的纲领主旨。乌鸡国的故事讲的正是三家相见，而此处是此书从唐僧取经以来第一次开始使用婴儿这个内丹术语。乌鸡国太子年龄再小，也能骑马射箭，并非婴儿。此处指其为婴儿，为有意运用内丹派修炼的术语。加上"一粒金丹天上得"等语，都暗示着修道者此时内药开始凝结成丹，也就是婴儿化现之时。因此这篇议论放到乌鸡国篇，正是在阐述此篇阴阳交媾而产生婴儿的理论依据。

变做一个红金漆匣儿，把白玉圭放在内盛着。

好大圣，按落云头，撞入军中太子马前，摇身一变，变作一个白兔儿，只在太子马前乱跑。太子看见，正合欢心，拈起箭，拽满弓，一箭正中了那兔儿。

太子见他在半空中弄此神通，如何不信，只得叩头拜别，出山门传了令，教军士们回城。只见那路旁果有无限的野物。

那呆子双手举钯，筑倒了芭蕉。拱开看处，又见有霞光灼灼，白气明明。原米是星月之光，映得那井中水亮。

行者道："我如今一筋斗云，撞入南天门里，不进斗牛宫，不入灵霄殿，径到那三十三天之上离恨天宫兜率院内，见太上老君，把他九转还魂丹求得一粒来，管取救活他也。"

原来那猴子颏下有嗉袋儿，他把那金丹嚼在嗉袋里，被老祖捻着。

此五段情节有何共同点？

本篇故事处处强调阴阳和合，坎离交媾。这五处均是如此。

红金漆匣儿外表为红为金为阳爻，内里空虚为阴爻，象征着离卦；而白玉为坎，圭为土，正是坎离通过土元素的配合而进行交媾融合的意象。

孙悟空变为兔子，"兔曰明视"，有离火之象；而箭为坎为阴，箭射中兔同样为坎离互交。

孙悟空为心神为火为离，太子为人之子为坎，太子和孙悟空"如此绸缪"也是坎离互交。而通过土地神灵的配合为三家相见，所产药物便是路上的无限野味。

芭蕉树的特征为空心，对应着中虚的离卦，而猪八戒为坎，猪八戒将芭蕉树筑倒，同样是坎离互交。而星为离，井为坎，星光映入井中，照的水亮，同样也是坎离交媾。乾色白，因此井水光亮晃耀为产药的象征。

太上老君为北方为坎，在上篇故事中"玉局宝座"的典故中已经论述了。他又居于离恨天，坎离为对头，因此离恨坎，所以"离恨天"三字也影射着坎。孙悟空为离，而老君之丹正是坎中的阳爻，悟空将丹扔入口中，便是以坎卦的阳爻来填满离卦的阴爻。让沙和尚取水喂药，比喻的是发动土元素也就是黄婆的调和作用。

太子道："自古以来，《周易》之书，极其玄妙，断尽天下吉凶，使人知所趋避，故龟所以卜，蓍所以筮。"

周易虽好，只是文字古奥，后人多望文生义，无人下死工夫考据训诂。诸君若是喜欢笔者此书，不妨翻翻笔者撰写的《周易详解》一书（ISBN：9798991345200），必能心花怒放，如入宝山。

当然此处西游记作者依旧皮里阳秋，表面上赞扬周易一书，内里讲述内丹修炼符合先天卦数，精炁修炼暗中和周易卦数变化相对应。仍为《周易参同契》一书的逻辑，用周易的卦数变化来比喻丹道的进程步骤。

寻着御花园，打开琉璃井，把那皇帝尸首捞将上来，

为何国王的尸首埋藏在芭蕉树下的井中？

芭蕉树为空心，影射着中虚的离卦，而芭蕉树下面是井，井为坎卦。上面是离卦为火，火性上炎，下面是坎卦为水，水性润下，为水火不能相交的未济卦，说明开始着手时为水火未济，阴阳不相耦合。

而从井中救回国王，将之称为井龙王的宝贝，为将坎中的阳爻取出，是为抽坎。

阳间之人为乾，阴间之人为坤。坎卦为精魂，国王之尸体为离，中间少了灵魂为离中虚。而还魂复生为阳间之人为乾，也是离卦得到坎卦而补满成为乾卦的象征，最后变为抽坎补离，水火既济的卦象。

八戒道："不消讲，这猴子一定是要我哭哩。"行者道："怕你不哭！你若不哭，我也医不成！"八戒道："我且哭个样子你看看。"他不知那里扯个纸条，拈作一个纸拈儿，往鼻孔里通了两通，打了几个涕喷，你看他眼泪汪汪，粘涎答答的，哭将起来，口里不住的絮絮叨叨，数黄道黑，真个象死了人的一般。哭到那伤情之处，唐长老也泪滴心酸。沙僧见他数落，便去寻几枝香来烧献。

为何此处需要猪八戒来哭？

猪八戒对应的是亥猪。亥为水，与癸水同为阴水，有哭象和眼泪象。在周易八卦中对应坎卦，也有眼泪之象。猪八戒哭泣，倒是符合其对应的地支八卦。

但为何此处偏偏设置了哭的桥段呢？孙悟空从老君处求来的丹药是九转还魂丹。九转（详见笔者流沙河篇故事的说明）为肺金和土元素和合。而在丹道框架里，哭为悲主肺气，正是影射了肺金发动。而沙僧献香，正是真土和肺金和合。所以孙悟空说猪八戒："怕你不哭！你若不哭，我也医不成"看似为游戏文字，捉弄猪八戒，内里则暗合还丹九转的内丹修炼步骤。

从此篇故事看西游记的政治色彩

张三丰有首诗，讲的是明朝建文帝的遗老，自称"大呆子"，常因为思念故主而哭泣。该诗云："王先生，忠义全，自号大呆子，亦曰性天然，埋名隐姓如疯癫。或住玉华邱壑内，或住金华山泽边。山边村落时来往，士人诗酒相周旋。醉后出神思故主，两眼汪汪哭向天。"此篇回目题为"三年故主世间生"，扣的是"故主"两个字，同时猪八戒也经常被称为"呆子"，和此诗倒是隐隐相合。果真如此，那么这里乌鸡国王便影射着建文帝，而全真便影射着明成祖朱棣了。

明朝建文帝朱允炆登基后，燕王朱棣发动"靖难之役"而夺得帝位，建文帝从此下落不明。官方的说法是在宫中自焚而死，但很多人认为不足取信。《明史》便言："惠帝之崩于火也，或言遁去，诸旧臣多从者，帝疑之。五年，遣溁颁御制诸书，并访仙人张邋遢，遍寻天下州郡乡邑。隐察建文帝安在，至十四年乃还。"

有种说法是建文帝逃到兰州被肃庄王朱瑛匿藏在金天观内。有人认为金天观的观名就暗藏天子西去之意："金"为西方，"天"为天子。建文帝可能匿于甘肃的传闻也传到朱棣那里，永乐十年明成祖下诏，让张三丰的徒弟孙碧云主持兰州金天观道场，暗地里打探建文帝消息。

西游记书中若是牵强附会，倒也能找出一些对应之处。笔者已经论述过，"藏"字就是封藏之意，因此三藏有可能影射"三封"，也就是张三丰。张三丰的徒弟正好也姓孙。回目"一粒金丹天上得 三年故主世间生"暗含"金天"二字。西游记去的是西天，西便是金，西天便是"金天"。金天观内供有雷祖神像，又名"雷坛"，而唐僧去的正好是雷音寺。另外文中屡屡出现起死回生的桥段。孙悟空在红孩儿篇被火烧死而复生（建文帝正是传闻死于火焚）。唐王李世民和这里的乌鸡国王都是死而复生。文中写"那回生的国主随行。正行，忍不住腮边堕泪，心中暗道：'可怜！我的铜斗儿江山，铁围的社稷，谁知被他阴占了！'"也许是西游记作者同情建文帝的写法。还有此处八戒哭泣的情节桥段，也隐隐相合。"怕你不哭！你若不哭，我也医不成"众人若是不哭，则朱棣便知建文帝未死，那就医不成。而后来悟空对八戒说"揩揩眼泪，别处哭去，用不着你了"正是在说建文帝未死，不必哭了。

此处乌鸡国王，因为得到修道之人的丹药而起死回生，要做长工挑担，随唐僧西去。

白龙马纵火烧了殿上明珠（谐音"明朱"，暗点"明"和"朱"二字），因为火焚而得罪，为取经人做个脚力。龙马为乾卦，而乾卦也对应着君王。

小张太子为流沙国的太子，"半粒丹砂祛病退，愿从修行不为王"，也是因为得到修道之人的丹药而起死回生，要修行。流沙国在江苏盱眙县，正是朱元璋的出生地。我们知道沙和尚对应的是调和坎离日月，日月相交相合为"明"字，因此流沙国的太子便是明太子。

这三段情节，都是主角性命为修道人所救而愿跟随修行，这也许是暗暗影射建文帝出家的情节。

猪八戒说乌鸡国王"只挑四十里，我老猪还是长工！"明说猪八戒为长工、为脚力。猪八戒投错胎，克死母"朱"，咬死和他一窝生的小"朱"，则暗指朱棣克死父亲，残害兄弟。

另外唐僧有"金蝉脱壳"的特征，可以暗暗对应着建文帝的遁逃；悟空有"行者"之名，为普通人从事修行；八戒"咬死小朱"；沙僧调和日月坎离，暗暗指代"明"字。建文帝逃向甘肃，则为西行。

是耶非耶，不必认真。笔者对历史考证不感兴趣，只是姑妄言之，读者姑妄听之。对于笔者而言，西游记毕竟还是一本丹道之书。

惟行者从小修持，咬松嚼柏，吃桃果为生，是一口清气。这大圣上前，把个雷公嘴噙着那皇帝口唇，呼的一口气收入咽喉，度下重楼，转明堂，径至丹田，从涌泉倒返泥垣宫。呼的一声响喨，那君王气聚神归，便翻身，轮拳曲足，叫了一声"师父！"

为何君王起死回生需要行者度气？为何猪八戒不能度气？

张三丰真人的《道言浅近说》："人之一己纯阴，如月之黑暗无光，必借他家不死之方，而后阳生。借后天呼吸。息须以后天呼吸，寻真人呼吸之处。古云：'后天呼吸起微风，引起真人呼吸功。'""大凡打坐，须将神抱住气，意系住息，在丹田中宛转悠扬，聚而不散，则内藏之气与外来之气，交结于丹田。日充月盛，达乎四肢，流乎百脉，撞开夹脊双关，而上游于泥丸，旋复降下绛宫，而下丹田。神气相守，息息相依，河车之路通矣。"

我们可以看到，这里孙悟空的一口气从咽喉，下食管以及胸腔再到腹部丹田为任脉的路线，从脚下涌泉穴再到头顶泥丸宫为督脉的路线。此处正是借助后天呼吸，打动真阳，内藏之气和外来之气交接丹田，打通河车之路。

《伍柳仙宗》云："二炁者，先天是元炁，后天是呼吸之气，亦谓之母气与子气也。超劫运之本乃元炁，不能自超，必用呼吸以成其能。故曰元炁不得呼吸，无以采取烹炼而为本；有呼吸不得元炁，无以成实地长生、转神入定之功；必兼二炁，方得是长生超劫运之本也。"笔者在高老庄篇已经陈述了，猪八戒对应的是先天元炁，是母炁，为老阴（因此西游记书中说其"老婆嘴"）。而孙悟空为少阳，姓孙，孙为"小子"，称"外公"，为外呼吸（因此西游记书中说其"雷公嘴"，雷为阳能发动之音声）。起死回生为从阴至阳，因此需要一口阳气，在此处情节则强调对应的是后天之子气，也因此文中强调孙悟空"从小修持"。元炁就像现代性灵派说的纯粹意识，是被动的，不能自己觉醒，需要子气（后天意识）来辅助其觉醒，也就是内丹派说的用呼吸炼炁。因此猪八戒这里不能度炁，孙悟空方是度气的最佳人选。

他原来跳在九霄云里，睁眼四望，看那魔王哩。只见那畜果逃了性命，径往东北上走哩。

他不识我是个好人，把我一条绳捆了，送在那御水河中，浸了我三日三夜。多亏六甲金身救我归西，奏与如来。如来将此怪令到此处推他下井，浸他三年，以报吾三日水灾之恨。

为何文殊菩萨来才能收伏青毛狮子？

上文已经阐述过，文殊菩萨的道场为五台山，对应着北方，也就是坎卦。坎卦为北方，配的天干为壬水和癸水，对应的是坎中的阳爻（"铅"，清水）和坎中的阴爻（浊水、后天染污），也对应着此篇故事中的文殊菩萨和青毛狮子（癸水为青色）。抽坎补离，一定要采取坎中的阳爻（水源清正），不能采取其中的阴爻（水源凡浊），才能补足离卦之虚损。

乌鸡国失了国王为离卦，而青毛狮为坎卦中的阴爻，不能补足离卦虚损，因此用妖孽来象征。而文殊菩萨则为坎卦中的阳爻，来到乌鸡国，象征着采取坎中的阳爻也就是真铅，因此用真神菩萨来象征。

青毛狮对应的是癸水，癸的方位在于北方偏东，也因此他战败的时候向东北方逃走。同时也对应着前文所述五台山的方位。

那皇帝那里肯坐，哭啼啼跪在阶心道："我已死三年，今蒙师父救我回生，怎么又敢妄自称尊？请那一位师父为君，我情愿领妻子城外为民足矣。"

此处皇帝让位，隐隐指代着内丹派"遁世去位"的说法。"遁世去位"喻指鼎内纯阳之丹结后，须要退火，阳火由主位之"世"变而为客，此即"遁世去位"；如此则金丹渐渐收敛其真精。此时，鼎中阳丹内怀阳明之德，待其时而熟固；犹如贤者之遁世、退隐，潜处山林岩谷，以俟明时。而唐僧四人不受让位，努力西行，喻指继续进火炼丹，火势过猛，火逼丹漏，因此下文紧接着有红孩儿之难。

十一　心荡炁易耗　周天火难行：红孩儿篇

红孩儿篇故事是何寓意？

此篇讲的是内丹修行者运转小周天，行火炼药之时出现的各种失误。

根据内丹派修持小周天的理论，元神在心，元炁在肾，需要通过呼吸回旋，使两者混合。呼吸是风，元炁和元神是火，有风扇火，便能炼阴精而为元炁，也就是药。人食五谷，在人体内化为阴精，惑乱心志，耗散能量。凡俗之人顺从心念而被此精损志夭命，修行之人则通过风火炼药，将此外来之精炼化成自身之炁，借此精养身助炁。

运转小周天时，需要用呼吸调动阳能（称之为"行火"），来炼化外界从食物中获得的阴精，使之化为元炁（称之为"炼药"）。小周天行火处处都有陷阱歧路。理想状态下，小周天念头清正，合于正道，呼吸绵绵不至断绝，足至三百息，进火退火都要有适当的节奏。遇到止火的征兆苗头应立即止火采药，各项步骤都做到位，才算一个完满的小周天，称之为"得玄妙机之周天"。否则或是念头不正，水源不清；或是药还未归炉而点火，药物便会耗散；或是药已经归炉还不打火，则真炁断续，不成大药，或是没有拿捏好注意呼吸的节奏，或是不懂止火的景象，或是没有封固药物造成走丹等等，便不能算完满，此次修炼则称为失机，宣告失败，为无用功。

《伍柳仙宗》这段引文就详细说了小周天可能出现的失败："凡行小周天之火，有善于行火者，有不善于行火者。善于行火者，水源清真，采封如法，炼止合度，心不散乱，意不昏沉，以至三百息数，混合神炁，贯串始终。此一周天，乃得玄妙机之周天也。不善于行火者，或水源凡浊，或采封违法，炼止失度，因昏沉散乱，以至三百息数，断而复连，神炁不均，时离时合。此一周天，乃失玄妙机之周天也。除失玄妙机之周天不计外，独计得玄妙机之周天，要满三百候之限数，方为火足之候。"

修道之士用阳火炼化阴精而使其转化为阳能（"金光"、"药物"），而阴精也同样用阴火销铄金精而使其转化为阴性能量。红孩儿的枯松便是阴木，阴木生阴火，盗人精气，所以猪八戒被吊在洞中。

正值秋尽冬初时节，师徒们离了乌鸡国，夜住晓行，将半月有余，忽又见一座高山，真个是摩天碍日。

为何红孩儿活跃于秋尽冬初？

此篇讲小周天之火。内丹派极为重视人体的活子时，认为是小周天点火的最佳时机。活子时指代人体的阳能从无到有，发生之时，在周易卦象上对应的是震卦之一阳初动，在时辰上对应的是半夜子时，在季节上对应的是冬至，所谓"冬至子之半"。因此书中以秋尽冬初的时节来影射人体的活子时，说明小周天点火的时机到了。

但人体自有其运行规律，细微的阳能发动，不一定固定在子时。内丹派认为，什么时候阳能升起，什么时候就是一阳初动的子时，因为时辰并不固定，因此称之为活子时。其实，我们心念动处，就有细微的阳能生起，每个念头背后都有一个活子时，只不过该能量过于细微，难以觉察罢了。当然这是题外话了。

那行者打了一会，打出一伙穷神来，都披一片，挂一片，裈无裆，裤无口的，跪在山前，叫："大圣，山神土地来见。"行者道："怎么就有许多山神土地？"众神叩头道："上告大圣，此山

唤做六百里钻头号山。我等是十里一山神，十里一土地，共该三十名山神，三十名土地。

为何此山名字如此古怪？怎么就有许多山神土地？

当我们明白了此篇故事主旨所在，再来看此段，便觉得颇为幽默。

一个小周天要运行三百息，一息就是一次呼吸，气息一出一入，因此有六百之数。"钻头"二字尤为滑稽，也就是呼吸从头部钻入钻出而已，没有深入下丹田，虚耗故事。"号"谐音为"耗"，指代虚耗，既是气息断续，周天不成而虚耗光阴之意，也是小周天行火不当，导致药物外耗之意。总的来说，"六百里钻头号山"意思就是指代呼吸敷衍，虚耗药物的小周天，没有积满真正意义上的三百息。

而小周天行火时机把握不当，所犯的另一个错误是"药已归炉，未即行火，则真炁断而不续，亦不成大药。"对应的便是有如此多的山神土地。理想的情况是呼吸绵长而不绝，但这里情况是呼吸断断续续，心念不断外驰又收回，功夫不能打成一片，因此便对应着十里一山神，十里一土地。

众神道："他也不在山前山后。这山中有一条涧，叫做枯松涧，涧边有一座洞，叫做火云洞。"

众神道："正是没钱与他，只得捉几个山獐野鹿，早晚间打点群精；若是没物相送，就要来拆庙宇，剥衣裳，搅得我等不得安生！"

为何洞名枯松，洞号火云？为何山神土地们如此之穷？

枯松，为生机断绝之意。《伍柳仙宗》："生机者，即药产之时也。"生机断绝，说明此时炉火中并没有可以产生药物的种子。所谓"炉中若无真种子，徒将水火煮空铛"。

先有阴阳交媾，后有药产之机。产药之后要行火，就是用呼吸升降往来，锻炼药物。一天中从子时到巳时，这六个时辰，要以吸为主，使得炁从督脉上升，称之为进阳火；而其他六个时辰，要以呼为主，使得炁从任脉下降，称之为退阴符。此时既是枯松洞，说明行火之时未到，而红孩儿的出现则象征着修道者未把握好火候，妄自行火。

火云洞，指代的是绛宫。绛宫乃心下一窍，通心肾二炁，心为君火，肾为臣火，膀胱火遍布全身，因此此窍有心火、肾火、膀胱火这三昧之火。其窍通心，因此红孩儿有机会在火焰山修炼。"火云"为心火上炎如云，为进火之象。枯松洞生机断绝，本无药物，此时妄自行火。药物不在炉鼎之中，便发热发汗，药不能封固，而化为热能而散失消耗，虚费功夫。《伍柳仙宗》："药未归炉，而先行火，药竟外耗。"红孩儿自述，爷爷原名红百万，到了父亲变成红十万，到他这里变成红孩儿，就是内丹修炼之药物消耗之意。究其原因，是他们住的枯松洞风水不好，一笑。

他是牛魔王的儿子，罗刹女养的。他曾在火焰山修行了三百年，炼成三昧真火，却也神通广大。牛魔王使他来镇守号山，乳名叫做红孩儿，号叫做圣婴大王。

为何红孩儿是牛魔王的儿子？三昧真火是哪三昧？为何叫做圣婴大王？

西游记为外佛里道的写法，惯常使用佛道两家同时都有的名词术语。首先，佛家有三昧的说法，是直接从梵语翻译过来的音译，指的是三摩地，也就是修行者心不散乱的禅定状态。其次，在道家内丹派的修炼框架中，三昧真火为心火、肾火以及膀胱火。"心者君火，亦称神火也，其名曰上昧；肾者臣火，亦称精火也，其名曰中昧；膀胱，即脐下气海者，民火也，其名曰下昧。"此为此篇故事中的三昧真火。

红孩儿和牛魔王象征的都是有待于炼化为药物的阴精，也就是杂有阴精的阳能，一脉相承，本质相同。区别在于红孩儿象征着小周天刚刚启动错误百出的阶段，而牛魔王象征着小周天已经功行完满，转换为大周天炼药的阶段，后者能量形式更为聚合密集，不易流动，是为大药。西游记中被降伏的妖怪一般不能再次出场，因此将红孩儿视作牛魔王的儿子，比较恰当。

点火炼药，无论是小周天还是大周天，都是基于人体一阳来复也就是活子时的阳能。因此《伍柳仙宗》言："由小周天至大周天，其道同也，必候'一阳来复'，子时到来，方可下手，做返还炼化之功。"此一阳来复之火是先天之火，因此称其为三昧真火。火焰山是孙悟空蹬倒八卦炉之后的余火，也就是先天之火，因此说红孩儿在火焰山修炼过。无论是炼化牛魔王的火焰山，还是炼化红孩儿的三昧真火，都是同样的先天阳能。只不过小周天之时，人体阴性能量尚比较壮盛，对其感觉比较轻微。

那么读者也许会问，既然此火是炼化阴精的，为何反而成了红孩儿的武器呢？为何火焰山反而阻住唐僧西去的道路呢？笔者的答案是，原本用于炼药的阳能只是阳能罢了，没有邪正之分。用之当，可以炼化阴精；用之不当，则便成了错位能量也就是妖邪的武器。修行者点火操作不当，稍有不慎，便会引火烧身，在火焰山孙猴子两股毫毛都差点被烧净尽，可见控火之难。道书《大成捷要》有言："盖养胎以死心为主，深眠大定为宗。若胎圆之时，心动神摇，引起丹田三昧真火，七窍吐焰，遍身火光烈烈。若不及早禁止，霎时间，有火焚禅坐之倾危也。"书中说红孩儿"未炼婴儿邪火盛"也是这个道理。"婴儿"指的便是所结内丹，也就是炁。而红孩儿为阴精参杂的阳能，炼化之后，便同归于炁，也就是变成婴儿的一部分。但未炼化之时，此阳能为源自外部的阳能，未能为我所用，因此成了阴精的武器法宝。

红孩儿的原型，可能来自于道教《黄庭经》："心部之宫莲含华，下有童子丹元家。丹锦飞裳披玉罗，外应口舌吐五华。"此处"口舌吐五华"可能便是红孩儿口中能吐出火焰的灵感。而故事中的红孩儿，也披了一条锦绣战裙，对应着"丹锦飞裳"。另外《岁时广记》中所引用的《唐逸文》，唐玄宗梦中见到一红衣小鬼，自称"虚耗"，喜爱盗窃人的物品。此处红孩儿为一红衣小儿，偷盗劫取小周天所生之药物，也有虚耗能量之意，特征颇为符合。

"圣婴大王"的名号可能来自于张三丰《玄要篇》："产个婴儿号圣胎"。阴阳二气交媾，产生药物，此药称之为婴儿。而红孩儿正是有待炼化的婴儿，因此将其称之为"圣婴大王"。

行者笑道："也罢，你是去得。若见了菩萨，切休仰视，只可低头礼拜。等他问时，你却将地名、妖名说与他，再请教师父之事。他若肯来，定取擒了怪物。"

原来那妖精有一个如意的皮袋。众妖一齐呐喊，将八戒捉倒，装于袋内，束紧了口绳，高吊在驮梁之上。

为何强调猪八戒不能仰视菩萨？妖精的如意袋又是什么寓意？

《伍柳仙宗》："炁不可起太明觉，须恍惚而待之。若起明觉之念，则后天之气随念而起，包裹先天之炁。先天既被后天所裹，则其所发之炁不得融盛，亦不能采取矣。"

也就是说，小周天采药的时候，不能过分用力地用意觉察，而应交付于潜意识，于恍惚中将其采取。离卦为明为觉察为眼目，这里强调猪八戒不能用眼目直视，便是不能起"明觉之念"。

觉察的目的性稍强，后天的念头便被触动，先天之炁就被包裹到后天的心念之中。猪八戒为先天之炁，而妖精的皮袋名为"如意"，就是象征着后天的心念。猪八戒被装入皮袋，正是先天之炁被后天心念包裹的意象。

而先天之炁被后天的心念所裹，便不能发挥它的效用，对炼药便无贡献。对应到此篇故事，便是猪八戒被吊在了妖精洞里，无法再发挥其降妖伏魔的作用。

行者道："也不是长斋，也不是月斋，唤做雷斋，每月只该四日。"妖王问："是那四日？"行者道："三辛逢初六。今朝是辛酉日，一则当斋，二来酉不会客。"

雷斋是什么典故？此处为何说假扮的牛魔王吃雷斋？

雷斋为敬奉雷神辛天君的人所持的斋戒，在雷神诞辰日和每月的三个辛日及初六日斋戒，所以下文说"三辛逢初六"。《玉枢经》中雷声普化天尊言："吾是九天贞明大圣，每月初六及旬中辛日，监观万天，浮游三界。"初六五行属金，辛日五行属金，在卦为乾卦，正是阴精之所忌惧害怕的阳能。此四日人体中乾能增加，阴精认为难以下咽，无法入口。妖魔得不到能量补充，如同吃斋一般。

"酉不宴客"的说法来自于《彭祖百忌》："酉不宴客，醉坐癫狂。"

劈一瓣莲花，放在石岩下边水上，教行者："你上那莲花瓣儿，我渡你过海。"只把他一口气吹开吸拢，又着实一口气，吹过南洋苦海，得登彼岸。行者却脚蹋实地，笑道："这菩萨卖弄神通，把老孙这等呼来喝去，全不费力也！"

为何一叶莲瓣能渡海？

此处表面是化用禅宗达摩大师一苇渡江的典故，内里则是在比喻小周天的往来呼吸，升降法门。孙悟空为金为火为元神，观音菩萨为真意，此处讲的是以真意为主宰，驾驭元神元炁以往来，而运转药物之意。《伍柳仙宗》："采药之时须以徘徊之意，引火逼金。徘徊是往来活动之意。火为呼吸之气，金为元炁之神。"《慧命经》解释折芦渡江的典故时说："此以过关之妙喻。盖折者，探也，芦者，舍利也，渡者，运行也，江者，即通行之道路也。"讲的也是药物运行之意。丘长春真人有呼吸歌诀："呼字坐在北斗下，吸字住在南宫角。呼字搬上昆仑顶。吸字运入三清阁。"可以参看。

明代笔记小说《枣林杂俎》中记载："沙洋市人偶见水中一舟，载人远来，可二三十，登岸则舟乃大荷叶也。"用荷叶作舟的情节和此处也颇为相似。

只见那莲台花彩俱无，祥光尽散，原来那妖王坐在刀尖之上。

161

行者笑道："我那乖乖，菩萨恐你养不大，与你戴个颈圈镯头哩。"

那菩萨将杨柳枝儿，蘸了一点甘露洒将去，叫声"合！"只见他丢了枪，一双手合掌当胸，再也不能开放，至今留了一个观音扭，即此意也。那童子开不得手，拿不得枪，方知是法力深微，没奈何，才纳头下拜。

为何南海菩萨方能降妖？观音扭是何寓意？为何妖怪先坐于刀山，再剃发型，最后才合掌当胸？

小周天炼药需要元神和元炁同时合作，来炼化阴精。悟空为元神，但是象征元炁而具有水木二性的猪八戒已经被高吊在火云洞中。因此此时不得不借助南海菩萨和木叉这对组合来发挥元炁的作用。木叉对应的是猪八戒对应的木元素。而南为离方，观音菩萨的净瓶水为离卦中的阴液，是真水，就像太极鱼中阳鱼的阴睛。真水才能灭得三昧真火，因此观音菩萨能降伏红孩儿。在牛魔王的故事篇，芭蕉扇能灭火焰山之火，逻辑相同。

观音菩萨于此示范了采药烹炼的正确步骤：第一武火呼吸为"采取"，第二文火禁制为"温养"，第三止火封火为"封固"。

观音为悟空之师。观音呼来吸去，为武火呼吸，以及莲花变为刀山对应的都是采取药物的步骤。表面上看，用的是佛教中地狱的典故，地狱中为恶人设有剑树刀山。看似莲花美景，一执著便变为刀山苦海，不可不慎。《大唐西域记》中也有"兵杖变为莲华"之语。但内里也讲的是采取，内丹派讲究用慧剑采取药物，以莲花引诱药物归炉，红孩儿坐于刀山上无法脱离，便是药物被采取的意象。

而行者笑道："我那乖乖，菩萨恐你养不大，与你戴个颈圈镯头哩。" 此句看似插科打诨，其实正是强调"养"字。

观音扭代表了药物被封固这一步骤。《伍柳仙宗》："小周天所结为内丹，又为阴丹，在脐下一寸三分之处，设法封固于此。又为大药归炉，内丹封固于此，即在其中，圆转如轮，胎息自然一开一阖，与胎儿在母腹中全同，凡息返为胎息；再进而炼气化神，由胎息返为真息。真息者无息也，此时六脉全停，方能行大周天火候。"又言："仙道以神炁二者薰蒸封固，喻之曰炉鼎。""合"就是"封"。此处观音菩萨以杨柳枝洒上象征炁的净水，象征药物的红孩儿便合掌而无法动弹，正是封固之象。

笔者已经陈述过，"音"字在西游记书中有特殊意义，特指内丹修炼进程中的火候苗头、征兆、音信等。观音菩萨此处锻炼丹药，根据丹药的状态变化进行娴熟操作，一气呵成，完美无缺，不愧其"观音"二字的名头。

菩萨道："你今既受我戒，我却也不慢你，称你做善财童子，如何？"

为何将红孩儿称为善财童子？

这里仍是佛道同写的手法。首先，佛经中确实有善财其人，为《华严经》中之求道菩萨，曾参访五十三位善知识，学得"念佛三昧法门"，遇普贤菩萨而成道。西游记文中的五十三参，参参见佛，便是扣着此典故。其次，就内丹派小周天炼精化炁的过程而言，红孩儿象征着阴精。阴精本是人食五谷之精，自外而来，本非修道者自身所有。将其炼化而为自身的元炁，便好似外界出于善意施舍给自身的财产一般，因此将其称之为善财童子，也颇为恰当。

肾气亟治理 水源泾渭明：黑水河、车迟国、通天河

此篇讨论黑水河的故事，车迟国的故事和通天河的故事，对应着百回西游记的第三十二至四十二回。

此三篇故事彼此有何联系？

这三篇故事讲的都是运转小周天时对肾气的治理。肾气对应的是坎卦，季节对应的是冬天。冬天之时肾气最强，因此这三篇故事都发生在冬季。黑水河篇为在肾处遇到阻碍性能量，黑河妖孽象征着错位的能量，也就是识神。识神被降伏后，元神便现身归位，也就是禅宗说的"王登宝殿"，黑水河神回到水府便是此意。但是修道者河车运行乃至整个修道过程中存在诸多问题，影响肾气运行，归并一处进行讨论，为车迟国的故事。通天河一方面讲丹药脱漏，另一方面讲引火归元。治理肾气之后，小周天运转颇有成效，因此随后青牛怪的故事便是在隐喻修道者业已到达了入寰专修的程度，进行入寰炼魔。

十二 浊欲从源断 香象截流渡：黑水河篇

行经一个多月，忽听得水声振耳，黑水滔天，马不能进。

红孩儿故事正值秋尽冬初时节，又过了将半月有余。此处又经一个多月，大致是两个月。为极寒之时。冬天是肾气当令的时候，因此此处专讲对肾气的治理。

层层浓浪，迭迭浑波，层层浓浪翻乌潦，迭迭浑波卷黑油。近观不照人身影，远望难寻树木形。滚滚一地墨，滔滔千里灰。

唐僧下马道："徒弟，这水怎么如此浑黑？"

黑水河为何位于衡阳峪？为何黑浊不堪？其和通天河以及后来的子母河有何联系？

黑水河是肾的形象比喻。肾在五行属于水，色黑，因此用黑水河来作为比喻。而文中强调此水不仅黑，而且浑浊，原因在于，肾中包藏蕴含着欲望的能量，受到后天物欲的杂染之后，便成了浊水。《太上老君虚无自然本起经》："人神以诸欲乱时如此浊水。人能断此情欲者，如澄清水。諸欲断，便自然清净澄明，明便为得道。"此处讲的是修道者初始下手修治肾气之时，肾脏为邪神所居的黑水河。而经过修治以及降伏车迟国的三尸（三尸也是欲望的隐喻），肾水便成了通天河，因此通天河故事紧接着黑水河和车迟国。黑水河便是通天河，只不过状态不同，一为浊水，一为清水。也因此通天河旁边居住的是"陈澄"和"陈清"二人，"陈"为唐僧先天之姓（先天之性），"澄"和"清"则为《虚无经》上述引文中的"澄清水"，象征着修道者克服了俗世浊欲，修治了肾气迟慢的种种障碍，而达到神水澄明的境界。而随后的青牛怪，讲的仍是欲望。贪欲是肾的本性。这四篇故事讲的既是肾气治理，也是欲望的难以战胜。惩忿摈欲，是修道者需要做的实地功夫。因此西游记花了大量篇幅讲对愤怒、欲望以及自我本质的认识。

后文还有"澄澄清水，湛湛寒波"的子母河。那时修道者肾水已经得到修治，水源清明，肾气上升为元阳之气，气中有真一之水，其水和气如子母不相分离，因此称之为子母河。虽然同为肾水，状态已经天差地别。

书中写到小鼍龙住于"衡阳峪黑水河神府"。"衡"字最初义为牛犄角上的横木，起到栏禁桎梏的作用，以避免其触人伤人，引申有对抗、违逆之意。《周礼·地官》："凡祭祀，饰其牛牲，设其福衡。"内丹派修炼首重阳能，而"衡阳"则禁锢住阳气，使之不能生发。"峪"谐音为"欲"，便是欲望之意。"衡阳峪"三字指代俗世浊欲对人的清明阳气起到扰乱禁锢作用，也是微言大义。

那妖精旧年五月间，从西洋海趁大潮来于此处，就与小神交斗。

行者道："一夫一妻，如何生这几个杂种？"敖顺道："此正谓龙生九种，九种各别。"

为何黑水河中住着龙子？为何此龙子为杂种之龙？

鼍龙，就是扬子鳄，俗语称作"猪婆龙"。《说文》："鼍：水虫。"《康熙字典》引陆玑云："鼍似蜥蜴，长丈馀，其甲如铠，皮坚厚，可冒鼓。"

《周易参同契》："肝青为父，肺白为母，肾黑为子，心赤为女，脾黄为祖，子五行始。三物一家，都历戊己。"肾气在五脏家族中处于子侄的地位，而龙为潜于水中之阳性能量，因此这里的妖怪采取了龙子的形象。（也因此镇元大仙为地祖，压龙洞白狐狸为老奶奶也就是母亲的形象。）

《钟吕传道集》认为，龙为肝木之象，为阳物，对应的方位为东方；而虎为肺金之象，为阴物，对应的方位是西方。西洋大海方位在西，对应的是肺金。肺气为肾气的母气，肾为金之子，这里对应着西海龙王为肾中龙子的舅爷。心肺都是阴液，心液通过肺液传导入下丹田和肾气相交，称之为金液下降，对应的是小鼍龙乘着海潮来到黑水河的情节。

166

但是肺液下降，本应是阴虎，不应是阳龙，此处来的却是个鼍龙。这就意味着是错位的能量，也就是妖邪。"猪"为坎卦，婆为阴性，"猪婆龙"说明此妖怪象征阴阳驳杂不纯的能量。此物似龙而非龙，似虎而非虎，因此作者此处强调其为"杂种"，并非闲文调侃，而是有意为之。

肾水、心火以及肺金都有阴阳之分。内丹派的总体思路是去除阴性能量而保留阳性能量，去肾中之癸水（阴水）而取壬水（黑水河、通天河），去心中丙火（阴火）而生丁火（平顶山、红孩儿），去肺中之辛金而留庚金。西海为肺金，龙王太子为肺金之子为正阳之能量（因此取名叫做摩昂），龙王太子将小鼍龙擒获，象征着肺金中正阳之气下降和肾气相交，降伏了阴阳驳杂的不纯能量。小鼍龙为肾中识神，因此其被降伏后，便有肾中元神也就是黑水河神归位。

只见河神作起阻水的法术，将上流挡住。须臾下流撤干，开出一条大路。师徒们行过西边，谢了河神，登崖上路。这正是：禅僧有救来西域，彻地无波过黑河。

为什么黑水河需要截流而渡？

此处既和佛教的历史典故以及典籍存在对应，也有内丹派自己的寓意隐喻。

首先，在玄奘法师的《大唐西域记》中，讲述了一个令人动容的故事，龙女无夫致使大河断流，国王的大臣为救农人，愿以身殉入龙宫。"其臣乃衣素服、乘白马，与王辞诀。敬谢国人，驱马入河，履水不溺，济乎中流。麾鞭画水，水为中开，自兹没矣。河水遂流。"同时该书还有记载释迦牟尼在大暴风雨中"履水如地。蹈河中流，水分沙现。"的神迹。西游记作者很可能从该书吸取了灵感。

其次，就佛教典籍而言，《优婆塞戒经》讲述不同之人修持悟道的深度不同。"如恒河水，三兽俱渡，兔、马、香象，兔不至底，浮水而过；马或至底或不至底；象则尽底。恒河水者，则是十二因缘河也。声闻渡时，犹如彼兔；缘觉渡时，犹如彼马；如来渡时，犹如香象，是故如来得名为佛。"现代汉语的"彻底"一词，其实也源出于此。黑水河水被阻住，"彻地无波"，开辟出新的大道，也隐隐在暗示着此典故。

最后，就丹道而言，肺液下降入于下丹田，便能产药，称之为金液还丹。《灵宝毕法》言："肺液下降，包含真气，日得黍米之大，而入黄庭，方曰内丹之材。"此黍米之丹，便是乾金。"乾"字在古文和"干"字通用，而"彻底无波"正是"干"字，也就是在隐喻乾金的产生。师徒们截流过黑水河和"干手干脚"地渡过通天河，背后是同样的隐喻逻辑。

十三 旁门河车迟 三尸阻路通：车迟国篇

此章讨论车迟国之故事。对应着百回西游记的四十四、四十五、四十六、以及四十七回的上半部。

车迟国的故事是何寓意？为何取名叫做车迟国？

从内丹派的身命修持角度看，此篇故事讲述的是修道过程中出现的种种歧路，也称之为旁门、左道。肾气乃先天之本，其在人体内运转无穷，负责物质能量的输送，因为人体大部分为水液，而真气周而复始，运转不休，如同水车一般，因此又称之为"河车"，并非一定是小周天术语。《钟吕传道集》认为，小周天阴阳交媾而产药，称之为小河车；大周天炼炁成大药为大河车；到了超凡入圣，炼神返虚的程度则为紫河车；若是用心意布散正炁于特定的人体部位来疗愈疾病，则称之为使者车；若是人体阴阳平衡，自然有雷霆之声，称之为雷车；若是衰老疾病，真阳之气耗散，则称之为破车。

从心性修持的角度来看，此篇故事中三力大仙象征着旁门左道，囿于知见，志甘下流，或用意引气以通关，或迷醉于神通，或倾心于占卜，或孜孜于禅定。从身命修持的角度来看，则象征着消耗人体阳能的三尸（详见下文论述）。行为和心态失去了正道，自然肾气运行无法发挥其应有的作用，河车所行迟慢，无法达到目的，因此称之为"车迟国"。

此篇故事灭的是旁门左道。以意导气引河车，只是旁门左道的一种。偶像崇拜，占卜推算，参禅静坐，在此章都被认为是先天正气的误用，属于旁门左道，一概抹倒，讥刺其为"空有驱神咒水术，却无延寿保生丸"。延寿保生丸，便是金丹大道。

此篇故事可以和第二回孙猴子悟道相参看。如祖师道："教你'静'字门中之道，如何？"悟空道："静字门中，是甚正果？"祖师道："此是休粮守谷，清静无为，参禅打坐，戒语持斋，或睡功，或立功，并入定坐关之类。"悟空道："这般也能长生么？"祖师道："也似'窑头土坯'。"对应到这里便是云梯显圣情节中的参禅打坐。祖师言"术"字门，对应到这里的故事便是隔板猜物。都是在廓清旁门左道。

行者渐渐按下云头来看处，呀！那车子装的都是砖瓦木植土坯之类；滩头上坡坂最高，又有一道夹脊小路，两座大关，关下之路都是直立壁陡之崖，那车儿怎么拽得上去？

那大圣径至沙滩上，使个神通，将车儿拽过两关，穿过夹脊，提起来，摔得粉碎。

夹脊双关拽河车，是何寓意？

此处讲的是运转小周天中出现的运气冲关。用和尚拽车的画面来比喻用心意来引导真气。这里"河车"指代肾气在小周天的运行机制。真气从人体背脊也就是督脉下端（北方肾气）向上直至头顶的泥丸宫，再从前面任脉下降到阴跷，为一个圆形循环，内丹派称为一个小周天。运转河车时，督脉上有三个穴窍比较窄狭，小周天产生的大量真气难以同时通过，这就需要通过静定的功夫，将其慢慢拓宽，适应此时人体能量的增加，使得真气畅通无阻。此篇故事讲的就是这一步骤。

《大成捷要》："夫人身后有三关。尾闾、夹脊、玉枕是也。尾闾在夹脊尽头之处，其关通内肾之窍，上行乃是一条髓路。名曰潜溪，又曰黄河。此阳气上升之路。直上至第七节，与内暖两相对处，谓之夹脊关。又上至脑后，谓之玉枕关。此身后三关也。"丘长春真人的《修真图》也提到人体身后有三道关:尾闾、夹脊和玉枕。其中玉枕穴在脑后，最为细窄，冲关之时往往会出现持续的疼痛，有些修道者至此常半途而废。

运转河车的方法也有两种，一种是以意念引导真气冲关通窍，二种是完全任其自然，气脉自然便会向该运行的方向运行。《一贯天机直讲》："人元者，开关展窍，以意引之；胎息成立，以意先之；运行河车，以意导之。修天元者则不然，皆任其自然，而不加一意；凡开关展窍等等，皆自然而能。炼己纯熟，即筑基坚固，不必于炼己外，再有筑基之事。此又为天元、人元不同之点也。"用呼吸和意念配合，使得真气冲关，为修人元之路；而任其自然，专在心地上下功夫，所有的负面能量都被整合之后，筑基自然完成，气脉不需刻意便自然通畅，为修天元之路。

河车的作用是运载元阳，搬负真气，搬运心肾相交所产之药，而补炼本身之元神。此处和尚们拽河车是从一片沙滩开始，沙中藏金，正是肾气的隐喻。而五百个和尚齐心协力喊口号拽车，是在比喻用意念引导真气冲过督脉的关口。书中说"关下之路都是直立壁陡之崖，那车儿怎么拽得上去"便是在批判以意导气的修炼做法，费力费时而见效甚微。而孙悟空一举手之间，便能将车拽过两关，穿过夹脊，指的是静定自然的做法，顷刻之间便能功成，省时省力。

八戒变做太上老君，行者变做元始天尊，沙僧变作灵宝道君，把原象都推下去。

行者道："我才进来时，那右手下有一重小门儿，那里面秽气畜人，想必是个五谷轮回之所。你把他送在那里去罢。"这呆子有些夯力量，跳下来，把三个圣像拿在肩膊上，扛将出来。到那厢，用脚登开门看时，原来是个大东厕。

为何西游记作为丹道之书还会出现送三清入粪坑的情节桥段？为何行者变做元始天尊而非太上老君或者灵宝道君？

三清为道教的三座原始尊神，分别是：玉清元始天尊、上清灵宝天尊和太清道德天尊。若说西游记是一本丹道之书，最常被人举出反例来辩驳的地方便是此处。道教最高尊神被扔入粪坑，还能说此书讲的是丹道，而非崇佛？

要理解三清入粪坑的情节，我们先来看《授丹阳二十四诀》此段。该书为王重阳真人和马丹阳真人的问答录。丹阳问："何者为三命？"祖师答曰："《黄庭经》云：存精是元始天尊，存神是太上道君，存气是太上老君，名曰三命也。然后再寻三命，枉费工夫。神气相同，太上再留方便之门，转化人道常有也。在三者，东华帝君是心也。化十方诸灵，大帝是肾也。除此外不可寻也。"

根据上面这一段，我们就可以明白，内丹派用自己的术语对道教的尊神崇拜进行了重新的诠释，就像佛教从禅宗的角度对净土宗进行重新诠释一样，认为净土宗不是单纯的偶像崇拜，而是通过连续不断的礼拜、诵咒而修持炼心，使得心思得到静定，身心打成一片。同样地，这里的虎力等三个大仙对三清的崇拜和反复祈祷，西游记作者认为也是旁门左道，被王重阳说成是"枉费功夫"。重阳真人认为，三清不过是生命原始能量的象征和隐喻。当自己的精气神潜藏之时，就是储存了原始能量，也就见到了三清。从木制偶像来寻求三清，不过是旁门左道，需要推翻。就像《金刚经》所说："若以色见我，以音声求我，是人行邪道，不能见如来。"禅宗曾有一个时期流行杀佛毁佛，呵宗骂祖的公案，目的是教人破除对外界名相的执著。这里送三清入粪坑，也是这个逻辑。

为何行者变做元始天尊，而八戒变为太上老君？存精是元始天尊，存神是太上道君，存气是太上老君。行者为元精，因此他应变成元始天尊；八戒为祖炁，因此变成太上老君，而沙僧为意为元神（注意此处的元神指的是意土，和本书惯常使用的元神概念不同），因此其变成太上道君。各有各的对应，不可混淆。

敢与我国师赌胜求雨么？若祈得一场甘雨，济度万民，朕即饶你罪名，倒换关文，放你西去。若赌不过，无雨，就将汝等推赴杀场典刑示众。

天君道："那道士五雷法是个真的。他发了文书，烧了文檄，惊动玉帝，玉帝掷下旨意，径至九天应元雷声普化天尊府下。我等奉旨前来，助雷电下雨。"

祈雨斗法的案例脱胎何处？

古文献典籍中不乏修行者相互论难乃至斗法的案例。比如唐玄奘法师的《大唐西域记》中便记载了许多修行者相互论难的故事，有的失败者甚至丧身殒命。再比如佛陀收伏其首徒大迦叶之时，便现神通使之不及而心悦诚服。就道教典籍而言，《神仙传》中也记载刘纲和樊夫人斗法。"樊夫人者，刘纲妻也。暇日，常与夫人较术。庭中两株桃，各咒一株，使相斗击。良久，纲所咒者不如，数走出篱外。纲唾盘中，即成鲤鱼。夫人唾盘中，成獭，食鱼。纲与夫人入四明山，路阻虎。纲禁之，虎伏不敢动。夫人以绳系虎于床脚下。纲每共试术，事事不胜。"

《七真年谱》中有全真七子祈雨成功的案例记载。如："八月二十四日，长安僚庶请祈雨，真人作诗，期以二十五日，雨足，至期果应。""五月旱，登郡太守请长生真人祈雨，海市现於竹岛。明日，丹阳真人现於应仙桥之西北，是日雨足。"等。西游记作者和全真派渊源颇深，此处也隐含着为其张目，隐隐歌颂之意。

只见那虎力大仙道："陛下，第三番是个道童。"只管叫，他那里肯出来。三藏合掌道："是个和尚。"八戒尽力高叫道："柜里是个和尚！"那童儿忽的顶开柜盖，敲着木鱼，念着佛，钻出来。

道童化为和尚的情节讽喻何人？

首先，此情节从佛教框架中也算有据可依。《大唐西域记》中记载目犍连尊者第一次听到释迦牟尼佛说话之时，于顷刻之间"须发落，俗裳变"，和此处瞬间剃度的情节有相似之处。

其次，从道教框架来讲，此处情节隐隐有林灵素的影子。林灵素为宋朝道士，修行五雷法，善于祈雨。对应着书中说虎力大仙的"五雷法（祈雨）是个真的"。其凭借术数受到宋徽宗的宠信，权势极大，和这里的国师身份相对应。林灵素得势之后，毁佛灭僧，和此处车迟国敬道贬佛的故事背景设置也极为相似。他劝宋徽宗下令，使得僧侣和尚留发改服饰，顶冠执简。林灵素最初曾做和尚，不堪佛门规矩而转为道士，这里将道士重新剃度，道童转为和尚，连服饰木鱼等一并转换，正是在讲述其本来面目其实是个和尚，语含讥刺，颇为幽默。

那皇帝即转后宫，把御花园里仙桃树上结得一个大桃子，有碗来大小，摘下放在柜内，又抬下叫猜。

国王见了，心惊道："国师，休与他赌斗了，让他去罢。寡人亲手藏的仙桃，如今只是一核子，是甚人吃了？想是有鬼神暗助他也。"八戒听说，与沙僧微微冷笑道："还不知他是会吃桃子的积年哩！"

隔板猜物象征着什么？桃核子又脱胎于哪处典故？

隔板猜物，强调一个猜字，这里指的是前知、预测、占卜。西游记第二回：祖师道："我教你个'术'字门中之道，如何？"悟空道："术门之道怎么说？"祖师道："术字门中，乃是些请仙扶鸾，问卜揲蓍，能知趋吉避凶之理。"悟空道："似这般可得长生么？"祖师道："不能！不能！"这里的"术"字门，便是隔板猜物了，隔着时间的长河猜测后面发生的事项。

占卜的逻辑是以现在的各种条件因素来预测将来，其知识是有限的、静态的、线性的。但是如果心性解脱，立足于当下的一刹那，与宇宙创生的能量同在，现实条件因素的发展便不是线性的，所谓"境随心转"，也所谓"心能转物，便是如来"。

孙悟空为心的象征，此处表达为心的可以转化境遇的能量。鹿力大仙只能猜到现时的静态，而非境随心转的动态。静态便是此时眼见。此时尚是锦绣山河，转眼便是破烂流丢，所谓"金满箱，银满箱，转眼乞丐人皆谤"。而动态便是心念一动，果报即刻显现。所以鹿力大仙只能猜到蟠桃；而孙悟空心念一动，蟠桃已经成了连腮凹都啃的尽净的一枚桃核。

《枣林杂俎》中记载着明朝正德年间内库藏有"东方朔桃核半枚，大如人掌。桃核中镌'东方朔桃核'五大金字。"书中唐僧道："徒弟啊，休要弄我。桃核子是甚宝贝？"微言讥谑。笔者在前文已经陈述过，东方朔、二郎神和哪吒均为孙悟空所象征的元神在书中的影身。传说中东方朔曾偷食王母桃，东方朔啃食桃子剩下的桃核，这里用孙悟空啃食桃子的情节桥段来影射、代替。

笔者在大闹天宫篇以及人参果篇都论述了，王母蟠桃在西游记中为内丹的象征。孙悟空这里啃了一颗大桃子，正是修道者九转金丹的第四转。（参见本书首章对金丹九转的解释。）

　　行者即忙拔下一根毫毛，吹口仙气，叫"变！"变作一条黄犬跑入场中，把那道士头一口衔来，径跑到御水河边丢下不题。那道士连叫三声，人头不到，怎似行者的手段，长不出来。须臾倒在尘埃，众人观看，乃是一只无头的黄毛虎。

　　割开肚腹，他也拿出肝肠，用手理弄。行者即拔一根毫毛，吹口仙气，叫"变！"即变作一只饿鹰，展开翅爪，飕的把他五脏心肝，尽情抓去，不知飞向何方受用。那刽子手蹬倒大桩，拖尸来看，呀！原来是一只白毛角鹿！

　　那龙王化一阵旋风，到油锅边，将冷龙捉下海去不题。那道士在滚油锅里打挣，爬不出来，滑了一跌，霎时间骨脱皮焦肉烂。

为何三力大仙的死法如此奇怪？为何虎力大仙需要砍头，而鹿力大仙只能剖心？

　　此三力大仙象征着人的三尸。道家认为，有三个邪恶的能量体寄居在人的身体之内，可以盗取人的元气，取名为"尸"。上尸居于人的头部，让人热衷于权势钱财；中尸居于人的胸腹，让人热衷于饮食；下尸居于人的阴部，让人热衷于男女色欲。其实无非就是酒色财气等欲望的比喻。《云笈七签》："上尸好宝货千亿，中尸好五味，下尸好色，若不下之，但自欺耳。去之，即不复饥，心神静念，可得延生。"

　　虎力大仙象征的是上尸，因为其居于人体的头部，因此和孙悟空比试砍头。头在人体处于首领地位，就像周易中艮卦（☶）的阳爻处于卦的顶部，统率其下的阴爻，因此头对应

176

的是艮卦。而艮卦又有虎的意象和年龄较老的意象，因此对应着大国师虎力大仙。

周易中的兑卦（☱）有嘴巴的意象也有用口衔含物体的意象，和艮卦为对立之卦，正好可以克制艮卦。孙悟空将虎力大仙砍下来的头用假变的狗口衔走，就是用兑卦的能量来克制艮卦。而艮卦之"头"也就是上面的阳爻被砍掉以后，变为坤卦（☷），坤为死为藏为消失，因此虎力大仙的死法为砍头而死。

鹿力大仙象征的是中尸，因为其居于人体的腹部，因此和孙悟空比试剖腹。腹在人体处于中间地位，就像周易中坎卦（☵）的阳爻处于卦的中部，被其他阴爻包围，因此中尸对应的是坎卦。而坎卦又有年龄处于中间的男子的意象，因此对应着三国师中的二国师鹿力大仙。

周易中的离卦（☲）有禽鸟的意象，和坎卦为对立之卦，正好可以克制坎卦。孙悟空将鹿力大仙剖出的肚肠用假变的饿鹰衔走，就是用离卦的能量来克制坎卦。而坎卦之"心肠"也就是中面的阳爻被剜掉以后，变为坤卦（☷），坤为死为藏为消失，因此鹿力大仙的死法为肚肠流失而死。

羊力大仙象征的是下尸，因此对应的是三国师。修道之人视色欲为畏途，正是流失精元的最快最险恶的方式，因此这里用下油锅洗澡来喻指男女色欲。震卦（☳）为一阳初动，因此用震卦来做性器官的隐喻。而震卦又有龙的意象，因此用其修炼过的冷龙来作为明面上的情节。

周易中的巽卦有风的意象，也有退却失败的意象。孙悟空唤来北海龙王（北为坎为肾，所以此处必须得是北海龙王）化为一阵旋风，将羊力大仙修炼过的冷龙捉走，正是震卦受到巽卦的能量而失败退却的意象。震中的阳爻被抽走，也变为坤卦

（☰☰），坤为死为藏为消失又为大水或者多量的液体，因此三国师的死法是被油锅中的热油淹没而死。

震、坎、艮都是一个阳爻和两个阴爻，阴性能量较多。这三个妖怪的死法，均是被抽取其中的阳爻，正是内丹修炼中的"抽铅"，象征着阴性负面的欲望能量被炼化成阳能。而狗之口所象征的兑卦，饿鹰所象征的离卦，以及龙王旋风所象征的巽卦，都分别增添了一个阳爻，变为乾卦，是为还乾，归本复原。

这里冷龙的典故，也许脱胎于《夷坚志》中"冷山龙"的故事，冷山为地名，其中曾有二龙死亡，"冷气腥延袭人，不可近。"

而滚油锅洗澡的典故，则和后汉术士甘始煮鱼之事隐隐相合。《三国志·魏书·方技传》："取鲤鱼五寸一双，合其一煮药，俱投沸膏中。有药者奋尾鼓鳃，游行沈浮，有若处渊。其无药者已熟而可噉。"身上涂有丹药的鲤鱼处在滚油锅里如鱼得水，游行自如，而身上无药的鲤鱼则已被煮熟，正是这里羊力大仙的"骨脱皮焦肉烂"。药，就是丹。

"我大师父，号做虎力大仙；二师父，鹿力大仙；三师父，羊力大仙。"

三个大仙的名号都代表什么？

这里仍是佛道两家典故齐用，掩人耳目的写作手法。乍一看，此处仿佛是脱胎于佛教中的羊车、鹿车和牛车之三车的典故，本于《法华经》中著名的三界火宅的故事。人处于凡世间，就如同小孩子们处于燃烧的宅屋之中，长者以羊车、鹿车、牛车等玩具来诱劝其出于火宅。佛经中羊车指代声闻乘，鹿车指代辟支佛乘，牛车指代菩萨乘。释迦牟尼佛看似说三乘法，但其实同归于大乘，为佛教中此故事的寓意。但此处和佛教故事的本意完全不同。内丹派所说的"小河车，大河车，紫河车"并非佛教中的三车。《钟吕传道集》："是此三车之名，而分上，中，下三成。故曰三成者，言其功之验证，非比夫释教之三乘，而曰羊车，鹿车，大牛车也。"

内里仍是丹道的架子。从心性修持的角度来看，这里的三力大仙隐喻道教三尸，笔者已于上文做了详细分析。从身命修持的角度来看，内丹修炼者也确实有"三车牵引"过小周天的说法。由尾闾到夹脊，如羊驾车，细步慎行。由夹脊至玉枕，如鹿驾车，巨步快奔；由玉枕至泥丸，因玉枕细微难通，须如牛驾车，大力猛冲过关。与三力大仙之名号颇为对应。

行者道："今日灭了妖邪，方知是禅门有道，向后来再不可胡为乱信。望你把三教归一，也敬僧，也敬道，也养育人才，我保你江山永固。"国王依言，感谢不尽。

道家常常从儒家和释家吸收能量，最喜欢提倡儒、释、道三教合一，王重阳真人便是如此。再如张三丰真人言："三教者，如鼎三足。身同归一，无二无三。三教者，不离真道也。喻曰：似一根树生三枝也。"其实也非仅仅儒释道三教，西方性灵派所谓的当下、零极限，心理分析学派讲的纯粹意识，基督教所谓的圣灵等等，都是创始世界的源头能量的比喻。条条大路通罗马，所谓万变不离其宗。

十四 壬水失蛰藏 防危须抽添：通天河篇

此篇故事是何寓意？

此篇故事讲的是壬水失于闭藏。唐僧误堕通天河时，西游记作者感叹"误踏层冰伤本性，大丹脱漏怎周全"，该句便是此篇故事的要旨。谨解释如下：

笔者已经陈述过，内丹派修炼的主要指导思想之一便是采坎补离，采坎（☵）中的阳能以补足离卦（☲）的虚损，进而回归先天乾卦（☰）。坎为肾为水象，离为心为火象，因此采坎补离又被称为心肾相交，水火既济。而坎水中仍有阴水和阳水之分（壬水和癸水同为坎水，壬水为阳水，癸水为阴水），修行者需要采取的是坎中的阳爻也就是阳水、壬水、清水，需要扬弃的是癸水、浊水。

前篇乌鸡国篇讲的是坎水中的癸水（青毛狮子怪）能量错位而带来的祸患，而此通天河篇则是在讲述坎水中的壬水（金鱼怪）能量错位所带来的问题。理想状况下，肾水中的阳能（壬水）蛰藏潜伏，肾阳可以温煦肾水，肾脏温暖，下寒不生，肾气元精便可以固藏而不走。而在此处，金鱼怪不再蛰藏于观音菩萨的莲花池（坤水的象征）中，而是误走通天河，这就代表了壬水不再蛰藏，随之而来的便是阳气走泄而肾气寒凉（用通天河的满天大雪来作为比喻），原先运行小周天积累的丹药或是受到伤害（用童男童女献祭来作为比喻），或是脱漏出人体（用唐僧落于冰河之中来作为比喻），书中说的"误踏层冰伤本性，大丹脱漏怎周全？"正是这个意思。

三个大字乃"通天河"，十个小字乃"径过八百里，亘古少人行"。

此河为何名为通天河？其中金鱼怪和鳜鱼婆为何结为兄妹？

西游记作者惯用手法，便是取诸文献尤其是佛道之各种典故作为外衣表面，而加以内丹派修炼的寓意以为底里。通天河也不例外，表面上采用的是世人熟知的天河浮槎的典故。该典故出自张华的《博物志》："旧说云天河与海通。近世有人居海渚者，年年八月有浮槎去来，不失期。人有奇志，立飞阁于其上，多赍粮，乘槎而去。十余日中犹观星月日辰，自后茫茫忽忽亦不觉昼夜。去十余日，奄至一处，有城郭状，屋舍甚严。遥望宫中多织妇，见一丈夫牵牛渚次饮之。牵牛人乃惊问曰："何由至此？"此人具说来意，并问此是何处，答曰："君还至蜀郡访严君平则知之。"竟不上岸，因还如期。后至蜀，问君平，曰："某年月日有客星犯牵牛宿。"计年月，正是此人到天河时也。"

从八卦的角度，坤卦为水为化生万物的本源能量，为天河。坎卦为坤卦中正之子，同为水体，继承了坤水的隐秘闭藏之品质，有阳能归藏于地下的意象。而坎中有壬水和癸水之分，其中壬水为阳水，为坎中的阳爻，来源于人体原始本液也就是先天祖炁，和坤卦之原始能量相通，正像上文的海渚和天上银河相通，故称之为"通天"。因此《滴天髓》说："壬水通河，能泄金气。申乃坤位，天河之口，壬水长生于申，此谓之壬水通河。"通天河的名字，当取于此。

坎中虽然有壬水和癸水，但后世物欲杂染之下，泾渭不分，普通世人之坎水无非为黑水河的一脉混水。需要经过澄心净念，去除杂染，方能具备辨明水源清浊的能力。做过了这番修持功夫，方能从黑水河来到通天河。随波逐流者众，明心净念者寡，因此作者感叹通天河"亘古少人行"。

此处金鱼大王为壬水的象征，壬水为王水，因此金鱼怪又称"灵感大王"。而和其结为兄妹的斑衣鳜鱼婆则为癸水。内丹修炼者认为壬水为清水而癸水为浊水，锻炼内丹时一定要水源清正，也就是收伏壬水而不能采取癸水。"壬水清，癸水浊。壬水一生，如露如珠，难得易失。当其现象，急宜下手。若稍有缓，癸水即生。癸水一生，则王水潜藏，落于后天，不堪用矣！"所以说"铅遇癸生须急采"。此处鳜鱼婆的"鳜"字正是"癸"字的谐音，而其斑衣正象征着污浊杂染。

老者道："姓陈。"三藏合掌道："这是我贫僧华宗了。"

此处属车迟国元会县所管，唤做陈家庄。这个是我舍弟，名唤陈清，老拙叫做陈澄。生得一女，今年才交八岁，取名唤做一秤金。舍弟有个儿子，也是偏出，今年七岁了，取各唤做陈关保。

只是用两个红漆丹盘，请二位坐在盘内，放在桌上，着两个后生抬一张桌子，把你们抬上庙去。

元会县为何如此取名？陈澄和陈清影射什么？

"元会"之县和"通天"之河取名逻辑一致。肾中坎水中蕴含阳能，和先天原始能量一脉相承。此先天原始能量，便是"元"。捕捉到了坎水中的阳爻，也就是壬水，便能捕捉到了先天原始能量，也就是渡过通天河，和先天原始能量相会（还乾）。因此此篇故事结尾出现了白鼋，鼋字谐音为"元"，也是象征着修行者渡过通天河，融合了先天原始能量。

修行者从黑水河来到通天河，象征着通过明心净念的功夫对肾水进行治理。《太上老君虚无自然本起经》："人神以诸欲乱时如此浊水。人能断此情欲者，如澄清水。諸欲断，便自然清净澄明，明便为得道。"肾水为诸欲所乱，浑浊杂染，阴性和阳性能量混合不分，便是黑水河。经过前两篇故事的治理修整，修道者已经在一定程度上剪除了欲望，其肾水便澄净下来，阴性能量和阳性能量便如泾渭之水，可辨清浊。因此，此篇故事将事主取名为"陈澄"、"陈清"。"陈"为唐僧原本之姓，象征着本源的先天能量。而"澄""清"二字则喻示着此时修行者的心性状态，清净澄明，具备了起心动念时分辨阴阳的鉴别能力。

为何童男童女名叫陈关保和一秤金？为何孙悟空变成童男而猪八戒变成童女？

通天河中的金鱼怪，象征着坎水中的壬水，也就是阳性能量。壬水作为坎中的阳爻，同时又是元精（金）的载体，能泄金气，而内丹修炼讲究的是聚敛金气，因此如果壬水不能固藏，随之而来的便是金气走散，丹药受伤，对应到故事中的情节便是要吃童男童女。童男和童女，这里便是小周天所积累的药物的象征。西游记文中，让童男童女坐到"红漆丹盘"之上进行献祭，便是隐喻童男童女为所修炼之内丹药物。

那么童女为何名叫"一秤金"呢？《金丹四百字》云："上弦金八两，下弦水半斤，两弦合其精，乾坤体乃成。"上弦金八两，讲的是离卦，离卦为火为金，下弦水半斤，讲的是坎卦为水，从离卦转化到坎卦，正是坎离相媾的过程，坎中的阳精和离中的阴精相遇相合，以坎中的阳爻来填满离卦中的阴爻，坎离相交，正好是三个阳爻，就产生了乾卦也就是药物。过去十六两为一斤，坎离相媾则有八两之水中金和半斤之金中水合二为一变成乾卦也就是药物，加起来便是一斤。"一秤金"便是"一秤斤"，指代药物。笔者已经在本书开篇部分详细论述过，猪八戒为先天祖炁的象征，因此其对应的是童女一秤金所象征的药物。此时小周天尚在车迟的阶段，修炼积累的药物不多，猪八戒在能量规模上较童女（所炼化的外来药物）甚为庞大，因此有肚腹过于庞大，变了头变化不了身子的桥段情节。

而童男名叫"陈关保"。"关"为关闭、禁守。"保"为保护、保任。内丹修炼中以精为丹功的基础，保精固元为第一要务。孙悟空为先天元精元神，因此对应的是童男。此处童男即将被金鱼怪吃掉，寓意便是精关不固，也就为后文的大丹脱漏（唐僧堕入通天河）的情节埋下了伏笔，阐明了因由。

那怪闻言，即出水府，踏长空兴风作雪，结冷凝冻水成冰。

将近天晓，师徒们衾寒枕冷。八戒咳欲打战睡不得，叫道："师兄，冷啊！"行者道："你这呆子，忒不长俊！出家人寒暑不侵，怎么怕冷？"三藏道："徒弟，果然冷。"

通天河为何会有满天飞雪？为何猪八戒偏偏怕冷？

《四圣心源》这段说的非常明白："精藏于肾而交于心，则精温而不走。精不交神，乃病遗泄，其原由于肝脾之不升。

壬水主藏，阳归地下者，壬水之蛰藏也。壬水非寒则不藏，阴阳之性，热则发扬而寒则凝闭，自然之理。壬水蛰藏，阳秘于内，则癸水温暖。温气左升，是生乙木。升而不已，积温成热，是谓丁火。水之生木而化火者，以其温也。

壬水失藏，则阳泄而肾寒。水寒不能生木，木气下郁，则生疏泄。木以疏泄为性，愈郁则愈欲泄，以其生意不遂，时欲发舒之故也。遇夜半阳生，木郁欲动，则梦交接。木能疏泄而水不蛰藏，是以流溢不止也。甚有木郁而生下热，宗筋常举，精液时流。

人知壬水之失藏，而不知乙木之不生，知乙木之不生，而不知己土之弗运，乃以清凉固涩之品，败其脾阳而遏其生气，病随药增，愈难挽矣。"

虽然是医书，但仔细剖析了能量运行之间的关联，正是此篇故事宗旨所本。壬水闭藏则癸水温煦而化火，失藏则阳泄而肾寒。唐僧落于通天河内，为阳泄；通天河的漫天大雪，正是肾寒

184

的具体化景观。书中说的明白，金鱼怪（壬水）出了水府，失于闭藏，方有长空飞雪。

因为水生木，水气温煦，则百卉荣发。肾水寒凉，则木气不能生发，猪八戒作为木元素的象征，首当其冲便受到危害，因此上义重点描述八戒怕冷。

有分有缘成大道，相生相克秉恒沙。土克水，水干见底；水生木，木旺开花。禅法参修归一体，还丹炮炼伏三家。土是母，发金芽，金生神水产婴娃；水为本，润木华，木有辉煌烈火霞。攒簇五行皆别异，故然变脸各争差。

为何此处是八戒和沙僧下水争战？为何悟空只在岸边袖手？

此处猪八戒为木，沙和尚为土，金鱼怪为水。土克水，水生木，沙和尚克制金鱼怪，而金鱼怪所代表的水元素对于猪八戒代表的木元素又有促进生发的作用。因此此篇用沙和尚和猪八戒二人来降伏金鱼怪。《四圣心源》："人知壬水之失藏，而不知乙木之不生，知乙木之不生，而不知己土之弗运。"此处正是运动己土，生发乙木来对治失于蛰藏的壬水，可谓非常对症。而孙悟空兼有金火二性，一方面水元素克制孙悟空所代表的火元素，另一方面孙悟空的金元素又对金鱼怪所代表的水元素有促进生发作用。因此，孙悟空并非出战壬水的最佳选择。

运神功，织个竹篮儿擒他。

为何用紫竹篮才能降伏金鱼怪？

荆棘岭一篇西游记原文说："没底竹篮汲水，无根铁树生花。""无根树"为镇元庄的人参果树，"没底篮"便是此篇。我们都知道"竹篮打水一场空"的俗语，没底篮是空性的象征，但此处的竹篮却偏偏打出了金鱼怪所代表的壬水，所谓真空生妙有，一笑。

竹篮为编制而成。编制之物在周易八卦中对应的是离卦（☲），离卦为一半的震卦和一半的艮卦相叠而成，震卦为出，艮卦为入为来复，因此离卦为出和入的反复交织，也就是呼吸的隐喻。此编制的竹篮便是象征特定的呼吸法门。而下文"死的去，活的住"正是将死气呼出，清气留驻的呼吸法门。

而离卦同时也是火的隐喻。观世音菩萨居于南海，南方亦对应了离卦。鱼类对应的是坎卦。离卦作为坎卦的对立之卦，可以克制坎卦，因此此编制的竹篮可以降伏金鱼怪。而金鱼怪处于观世音的鱼篮之中，正是坎离互交，水火既济的意象。行文至此，修道者终于战胜了河车运转中的各种歧路问题，成功地进行了一次小周天。

菩萨即解下一根束袄的丝绦，将篮儿拴定，提着丝绦，半踏云彩，抛在河中，往上溜头扯着，口念颂子道："死的去，活的住，死的去，活的住！"

观音菩萨的颂子为何说"死的去，活的住"？

此处讲的是对于肾气下行的对治法门。内丹派认为，肾气下行欲泄之时，需要行抽添之法，加呼吸之功。抽添便是抽肾水添心火，通过呼吸法门，将肾中的欲念邪气通过呼气而引上头顶消散，而将吸入的清气留在人体中宫。（其实女性修道斩赤龙之时所采取的法门和此处颇为一致，也是将肾中邪气呼散，而留驻清气于胸中，以防止肾气下行而成为月经。当然这是题外话了。）此处"死的"指的是肾中邪气，使得人漏泄能量的死气，"去"指的是通过外呼将其消散、祛除；而"活的"指的是外来清气，

"住"则为留驻体内腹中。"死的去，活的住"便是下段引文所说的"抽铅添汞"的呼吸法门。

丘处机道长的《大丹直指》："抽添之法，如采药行火之候，阴魔所挠，缘入邪念，恐把捉不得，肾气顺行向下走泄，谓之危险，即当抽添。出气为铅，肾中气也。添汞入气为汞，心中气也。如入气至中宫留住，其出气以意引过尾闾穴，升身偃脊，抽提外肾，使气从尾闾入夹脊双关，直上天门，入昆仑，使龙不上奔，虎不下走，邪念即止。"

一庄老幼男女，都向河边，也不顾泥水，都跪在里面，磕头礼拜。内中有善图画者，传下影神，这才是鱼篮观音现身。当时菩萨就归南海。

鱼篮观音的典故脱胎何处？

《观音慈林集》："予按观音感应传，唐元和十二年，陕右金沙滩上，有美艳女子，挈篮鬻鱼，人竞欲室之。女曰：'妾能授经，一夕能诵普门品者，事焉。'黎明能者二十。女辞曰：'一身岂堪配众夫耶？请易金刚经，如前期。'能者复居其半。女又辞，请易法华经，期以三日。唯马氏子能。女令具礼成婚，入门女即死，死即糜烂立尽，遽瘗之。他日有僧，同马氏子，启冢观之，唯黄金锁子骨存焉。僧曰：'此观音示现，以化汝耳。'言讫飞空而去。自是陕西多诵经者。"

金沙滩上美艳卖鱼女，劝人读《法华经》，为鱼篮观音传说的滥觞，但和此篇故事的架构基本无甚关系。而明代笔记小说《枣林杂俎》中记载鱼篮观音中强调篮中之鱼，又有池水枯竭的灵异，和此篇故事倒有几分神似："重庆府龙门山寺，吴道玄画鱼篮观音，池鱼五色，类篮中物。相传傥失之，鱼水顿竭，既获即如初。"

老鼋却才负近岸边，将身一纵，爬上河崖。众人近前观看，有四丈围圆的一个大白盖。

行者道："师父啊，凡诸众生，会说人话，决不打诳语。"

却说那师父驾着白鼋，那消一日，行过了八百里通天河界，干手干脚的登岸。

白鼋的出现象征了什么？

笔者在上文已经阐述过，观世音菩萨之竹篮对应着离卦。金鱼怪对应的是坎卦。金鱼怪为鱼篮所捕捉，正是捉坎补离的意象。坎中的阳爻被抽取炼化，重回先天的乾卦。《太上老君中经》言："白龟之神，元气布行，四肢皆温。人须得肾气，神龟呼吸乃生耳。"指的便是肾气之神形态为一只白龟。内丹派将肾中的阳能称之为真铅，认为"真铅升之内府而作出白光"，也就是还乾，也用白色光华来喻指乾卦。

这里的白鼋特征为白色圆形。白为乾金之色，圆为乾之体，因此白鼋便象征着先天乾卦，说明此次抽坎补离运行完满，回归先天。乾卦象征着中正诚直的品德，行者说众生会说人话，则不打诳语，固然是讥刺世人的幽默段子，但也强调了此鼋品德中正，可以信赖。而文中强调唐僧师徒"干手干脚"登岸，也并非闲文，而是在强调此乾字。须知"乾"字在古文里又写作"干"，"干手干脚"便是"乾手乾脚"。

风扇土里火 龙护水中金：火焰山篇、祭赛国篇

此篇讨论牛魔王和万圣老龙这两则故事。对应着百回西游记的五十九到六十三回。

牛魔王的故事和万圣老龙的故事有何区别和联系？为何随后便是荆棘岭？

此两个故事对立而相辅相成，是同一枚硬币的两个侧面。向罗刹女借物，自家能量增多，是为添；被万圣老龙盗宝，自家能量减少，是为抽。

从周易卦象的角度，火焰山为土中生火，对应的是上离下坤的晋卦；而万圣老龙为水里藏金，对应的是上坎下乾的需卦，两卦为互补之卦。牛魔王为牛为坤，变白为乾，从坤到乾，指代的是阴精被炼化为阳炁；万圣老龙为龙为乾，打死后只剩龙婆为坤，从乾到坤，指代的是阴中阳炁被抽取聚合而为舍利。火焰山为火，龙潭为水；火焰山为坤里火，火本生土，现在五行逆转，土乃生火；舍利子是水中金，金本生水，现在五行逆转，水里藏金。

就其解决方法而言，悟空斗法，自上而下；唐僧扫塔，自下而上。降伏牛魔王需要借力于天庭的哪吒三太子；而降伏万圣老龙则需要借力于灌口的二郎神。哪吒为人体的头顶，二郎神为肚腹脐部，对应着呼吸的不同法门。最终都是心肾相交，水火既济。大周天需要重新安立炼炁化神的炉鼎，鼎在中丹田就是祭赛国所象征的黄庭，炉在下丹田就是火焰山所象征的真火。这些细节笔者都将会在后文一一解释。

通过胎息的升降阖辟，修行人利用风和火的能量，运转大周天，炼化了阴精而抽取阳炁，这便是牛魔王的故事和万圣老龙的故事的主旨所在。阴炁化为阳炁，回光返照，金光凝聚成丹便水到渠成。所以金光寺改名伏龙寺，而下一站便是荆棘岭杏仙唱歌，金丹现相。

十五 西南起巽风 大药入乾鼎：牛魔王篇

牛魔王的故事寓意是什么？

"火焰山遥八百程，火光大地有声名。火煎五漏丹难熟，火燎三关道不清。时借芭蕉施雨露，幸蒙天将助神功。牵牛归佛休颠劣，水火相联性自平。"西游记书中此诗便是牛魔王故事的梗概。表面上看，此篇故事讲得是唐僧四众路阻火焰山，向罗刹女调借芭蕉扇，降伏其夫牛魔王，然后顺利过山。从内丹修炼的角度看，此篇讲的是内丹修行者大周天之真火发动时的危险情景，需要凭借心息相依的静定功夫，扇风点火而将阴精炼化为元炁。此处罗刹女为胎息，孙悟空为元神为心火，牛魔王为有待炼化的阴精。孙悟空向罗刹女求取芭蕉扇，象征着修道者胎息发动，使得心息相一，便可以炼化元炁。牛魔王被捉住，象征着阴精被炼化为元炁，象征心火的火焰山自然就熄灭。《伍柳仙宗》："金丹之道，从阳生时，凝神入炁穴，鼓起橐龠之巽风，息息向炉中吹嘘，犹如铁匠手中抽动风箱一般，风生则火焰，火焰则精化，精化则炁自生矣。采此生炁，升降往还，谓之周天也。丹熟不须行火候，更行火候必伤丹。丹熟是有止火之候到，故谓之熟。既知熟矣，当用采大药之法，则小周天之工法无所用矣。"说的就是此故事的情节。

牛魔王为何是一头牛的形象？为何他称"混世魔王"，使混铁棍，又和孙悟空是结拜兄弟？牛魔王和火焰山有何关系？为何牛魔王如此难以降伏？

内丹派认为，人的腹部是产药之处，腹部为坤卦，而坤卦对应的方位是西南，而坤卦同时也有大牛的意象，牛魔王这里就是腹部所产之药，有待炼化，因此他家居西南，为一头牛的形象。

《伍柳仙宗》云："元精者，即元炁也，动为元精。阴精者，饮食之精也。此精最作怪，必假神炁二火合为一火，在炉内鼓动巽风，炼化此精。故栖云先生云：用丹田自然之呼吸炼之。苟不得此诀，则精不化。"西游记一书中，孙悟空为元精，具有火性，承担了炼化阴精的职责。牛魔王本为有待于转化为阳能的阴精。元精发动之时，常常伴有火相，此火将阴精转化为元炁阳能（也就是"药"）。这一过程是同时发动的，元炁阳能和火同时产生。因此前人常常将锻炼阳能时发动的火相认为是阳能，也就是道家说的药火不分家。道教有时将此称之为"大周天之火"，有时称之为"元火"、"真火"、"坤火"，有时也称之为"元炁"。（其实"元炁"并非"元火"，而是经由大周天之巽风坤火所炼出的炁，为"元火"的产品，但元炁从元火所出，为同源。但很多丹书并不区分此两者。）不少内丹修炼者认为火就是药，药就是火。如《伍柳仙宗》言："有言药即是火，火即是药，虽兼先后二炁而言，盖言其有同用之机，药生则火亦生，用药则亦用火。"

本篇故事中的牛魔王为待炼之药，需要经由火焰山象征的元火将其炼化。孙悟空为元精，其发动之时伴随着元火。火药不分家，因此西游记书中说"牛王本是心猿变，今番正好会源流。"《伍柳仙宗》又言："此先天纯阳之炁，能生后天真息之火。火药同根而生，故言药不言火，而火即在其中矣。"药火同根而生，因此牛魔王和孙悟空曾结拜为兄弟。

《伍柳仙宗》："且又曰炼阴精者，谓人食五谷百味所化之精华，名曰津液，是滋养五脏之后天，皆属渣滓，昼夜滋润乎周身，而至于丹田者，则为阴精也。此精时刻作怪，搅乱心君，引动元炁之散泄。便使橐龠之鼓风，以风扇火，以火鼓动先天元炁之真火，二火之相摩相激，阳火胜乎阴精，融透周身。"牛魔王象征的阴精常在人的身体内作怪，使人升起欲心，而丧失清明，因此称为"混世魔王"。而他使用的武器是一条混铁棍，区别于孙悟空的神铁之棍，也是取"混"字的混杂，使其不清之意。孙悟空的铁棒象征着修行者禅心如铁的静定状态，而混铁则能打破这种境界。

炼化牛魔王的元火，象征着沉睡在人体之内的先天阳能。此先天阳能的发动，同时伴随着身体发热也就是火相。因此在藏传佛教密宗称之为拙火；佛教称之为"暖顶忍"之暖相；在印度和西方则为昆达利尼瑜伽，常用 Shakti 女神或者灵蛇来称呼它。道家的规矩是传药不传火。火候在内丹修炼中就是呼吸，通过呼吸来调整元炁的升降熟成，其中的诀窍秘密是炼丹成败的关键，所谓"毫发差殊不结丹"，一般不得其人则不传。而佛教讲究明心，周身的暖相属于外相，无须执著，也很少有人去记载描述它。只有西方对昆达利尼的研究文献记载较为详细。就笔者在西方所见，修行昆达利尼瑜伽之人颇为众多，却极少见运转大小周天之人。大多数有志于修行的西方人只听说过老子，翻过道德经。中国典籍的翻译和普及，任重而道远。

印度瑜伽认为，昆达利尼是一种有形的生命力能量，蜷曲在人体的脊椎骨尾端（道家称之为尾闾的地方）。这一巨大能量沉睡在身体中，堪比《法华经》中说的"贫子衣里珠"。绝大多数人一生中从来不知道身体内有此股大能，而带着它死去。印度瑜伽者认为瑜伽可以唤醒沈睡在身体中的昆达里尼，使它通过中脉（道家的漕溪、黄河、督脉），最终到达梵我合一的境界（道家的破顶脱壳）。因其是一种非常强烈的生命能量，发动之时，常常身体上有非同寻常的觉受，同时意识层面得到提高和澄清。大部分人讲自己的昆达利尼发动，主要强调的是身体能量层次的波动感受。但其实能量运转所带来的觉受并不重要，更重要的则是昆达利尼扫除了身体对先天之气运转的障碍，帮助修行者的觉知更趋于清明中道。这和内丹派修行的宗旨不谋而合。

道家少有文献记载此大周天之火发动之时的情景。只有张三丰道长对此有详细的描述，称之为"大开关"。《玄机直讲》中写道："真气董蒸，如火之生，焰焰相似，此真阳祖包，透三关过九窍时也。真火冲入四肢，浑身骨肉火烧刀割相似，最难禁受。就是十分好汉，到此无一分主张。""三日里最难过，遍世界都是邪境，四面神号鬼哭，八方杀气狼烟，此正是大开关工夫，到此十个九个都吓杀了，心不可有恐怖。"讲的很形象。《伍柳仙宗》："其炁上腾薰蒸，传透一身之关窍，流通百脉。烧得里头，神嚎鬼哭，将阴精炼尽，阴魔消散矣。"《伍柳仙宗》："紫阳曰：大凡火候，只此大周天一场，大有危险者，切不可以平日火候例视之也。"元火发动之时，身体觉受异常强烈，对修道者来说，正是考验平时定静功夫的关头，这也是为何牛魔王如此难以降伏。书中说这场战斗"真个是撼岭摇山，惊天动地"，也是形容其为修道路上的一大难关。

三藏道："火焰山却在那边？可阻西去之路，老者道："西方却去不得。那山离此有六十里远，正是西方必由之路，却有八百里火焰，四周围寸草不生。若过得山，就是铜脑盖，铁身躯，也要化成汁哩。"

土地道："这火原是大圣放的。"行者怒道："我在那里，你这等乱谈！我可是放火之辈？"土地道："是你也认不得我了。此间原无这座山，因大圣五百年前大闹天宫时，被显圣擒了，压赴老君，将大圣安于八卦炉内，煅炼之后开鼎，被你蹬倒丹炉，

落了几个砖来，内有余火，到此处化为火焰山。我本是兜率宫守炉的道人，当被老君怪我失守，降下此间，就做了火焰山土地也。"

为何此山命名为火焰山？为何其是西方必经之路？为何此火是大圣放的？

火焰山一词在历史典故层面和内丹修持层面均有对应。

首先，火焰山在古文献中确实存在。《万历野获编》中记载，向西域行走到哈密，然后"出大川度流沙河，有山青红如火焰"，又言"火州在柳城西七十里。城北近山，其地多热，山青红若火，故名火州"。大约便是火焰山之所本。

其次，大周天也就是昆达利尼觉醒之时，因为人体系统不足以承载所出现的巨大能量，该能量化作热能流失，因此常有强烈的热能（"拙火"）随大周天发动。拙火升起之时，非常炎热。凌冬腊月穿一件单衣都满头大汗，因此书中将身体的觉受称之为火焰山。此火为来自心之君火，孙悟空是心的象征，因此火焰山土地说"火是大圣放的"。

八卦炉之砖内的余火，化为火焰山。砖为土，从砖生火为土生火。五行原本按顺序为火生土。但道家内丹是逆修的功夫，到大周天已经五行颠倒，到这里便是土生火。土为坤，因此常称之为"坤火"。坤本为纯粹的阴性能量，阴极复阳，对应的是一阳来复。一阳来复为震卦，在周易中的意象为雷震，因此后文有积雷山，也是此意。

火焰山象征着大周天之火。此火的作用是煅炼阴精，使其化为元炁，也就是降伏牛魔王。而炼炁，必然得起火，不起火则金光不聚。炼聚元炁是内丹派修炼必经步骤，因此大周天起火一关，为内丹修炼者西去必经之路。

行者笑道："老人家，茶饭倒不必赐，我问你：铁扇仙在那里住？"

老者道："那山在西南方，名唤翠云山。山中有一仙洞，名唤芭蕉洞。"

灵吉笑道："那妇人唤名罗刹女，又叫做铁扇公主。他的那芭蕉扇本是昆仑山后，自混沌开辟以来，天地产成的一个灵宝，乃太阳之精叶，故能灭火气。"

此扇为何名为铁扇？为何在西南方？山为何称翠云？洞为何名芭蕉？

内丹派讲火候，指的是炼丹时控制火大还是火小，其实就是经由呼吸来控制。但到了大周天，此呼吸并非小周天的口鼻呼吸，也不是普通瑜伽者所倡导的腹式呼吸，而是小腹内自然发动的胎息，丹道之士称之为"真息"，在本篇故事中便由罗刹女来代表。胎息发动之时，即便口鼻无气出入，也能感觉到小腹内一开一合，如有鼓风箱开阖。老子说的"天地之间，其犹橐龠乎！"指的就是这种感受。内丹修炼者称之为巽风。《伍柳仙宗》形容胎息："学者凝神之时，炁穴之神，能觉进吸者，则气自鼓自扇、自吹自嘘、自逆转矣。"气息自鼓自扇，不需人手握持，不会扇坏，因此称之为铁扇。铁性坚固，在西游记中常常取凝神定气、凝聚不散之意（比如孙悟空的铁棒便是由玄铁所铸造）。铁扇，翻译成内丹行话，便是凝神定气之时发动的胎息。

西南是坤方。在周易中，坤卦的意象对应着人的腹部，也就是产药（牛魔王）之处，胎息发动的地方，铁扇公主自然要住在西南方。坤卦所代表的是纯粹的极阴能量。阴极则一阳生，对应的是太极阴阳鱼中阴鱼中的阳精，阳为真火，也就是大周天之火，也因此内丹派说"神守坤宫，真火自来"，张三丰道长所谓"蟾光终日照西川"。内丹修炼者常说"鼓巽风，扇坤火"，讲究的是"风火化精"，也就是通过发动胎息，如同风箱鼓风，吹动

195

拙火，而烹炼阴精化而为元炁。这里的巽风便是罗刹女，坤火便是火焰山，阴精便是牛魔王。

道书《伍柳仙宗》言："风者，乃炼丹之妙法，即升降之消息。古人喻曰巽风，或喻以橐籥，是即往来之呼吸。炼丹全凭风以扇火。风者，息也，曰巽风、曰母气、曰橐籥，皆我之呼吸也。""巽风者，呼吸之喻也。火者，乃元炁也。元炁不得呼吸，则不能成药，是阳不得阴，则必不聚之故也。必须存心中之阴神，驭肾中刚阳之火，绵绵息息归根，则坤火自运矣。炁又恐用火者失于太过与不及，须当文薰武炼。故萧紫虚云：炽则坤火略埋藏，冷则巽风为吹嘘。此言可玩矣。"

在周易中，巽卦的意象为风，因此道家称之为巽风。巽卦为两个阳爻下一个阴爻，上面阳爻转阴就成了坎卦，坎卦为雨，巽卦和坎雨只差一个爻变，就像云一动就变成雨，因此巽卦又为云。罗刹女为胎息，因此这里对应着巽卦，也对应着翠云一词中的"云"字。巽为云、为木，色青，为正阴之色，和"翠"字非常符合。《化书》："水火相勃，所以化云也。"从人体内景来看，阳能在胎息的吹嘘下上腾，冉冉如云霞氤氲，也符合翠云的说法，所以叫做翠云山，非常恰当。

芭蕉扇对应的是太极阴阳鱼中阳鱼中的一点精华阴液，而大周天之火为阴鱼中的一点阳能。因此芭蕉扇象征着极度的阴性能量，可以灭火，也因此灵吉菩萨说芭蕉扇"乃太阳之精叶，故能灭火气"，"精叶"其实是精华之液的简称。注意有人将此处"太阳"二字改为"太阴"，乃自作聪明。

太阳为离，离卦外面为两个阳爻，中间为一个阴爻，芭蕉扇对应的便是阳爻之中的阴爻。而阳爻为坚硬，阴爻为空虚，离卦外坚而中空，正如芭蕉似木而非木，中间空心，因此取名叫芭蕉扇。而芭蕉扇产于芭蕉洞中，芭蕉洞比喻人身之"虚无子窟"。

佛经中也常以芭蕉的空心来比喻空性。如《维摩诘经》："是身如芭蕉，中无有坚。"这里仍是外佛里道的写法。

为何芭蕉扇能扇八万四千里？

内丹派以天地之阴阳，来比喻人身之阴阳。心之上尽处也就是头部为天，脐之下尽处为地，上尽处至下尽处计八寸四分，因此丹书认为从天至地有八万四千里。罗刹女居于西南坤位，坤为地，阴风动处，能达到人体太极图的最顶点，就好比一扇扇到天上去，因此一扇能扇八万四千里。

为何芭蕉扇有真有假？

孙悟空为行者，象征着驾驭胎息的心神。驾驭胎息有两种呼吸方式，一种是"武炼"，大力呼吸；一种为"文薰"，胎息绵绵，若有如无。《伍柳仙宗》："炁又恐用火者失于太过与不及，须当文薰武炼。故萧紫虚云：炽则坤火略埋藏，冷则巽风为吹嘘。此言可玩矣。""武炼"的目的是增强呼吸能量，使得丹药凝聚，造成的客观效果是人体的热能增加，因此对应的是假的芭蕉扇。"文薰"的目的是消散呼吸能量，温火烹养丹药，称之为退火，因此对应的是真的芭蕉扇。真假芭蕉扇在于呼吸的强度不同，而此处火焰山的出现，说明人体热能过大，应该退火，因此要用真的芭蕉扇。

孙悟空又为离卦，离卦为半震和反向半震组成。我们不妨将半震理解为向上的积极进火的呼吸方式，反向半震也就是半艮理解为消极止火的呼吸方式。

为何牛魔王和罗刹女是夫妻？为何夫妻感情不够融洽？玉面狐狸精又代表着什么？

罗刹女为巽卦，巽卦的意象为人之妇，又为风，象征的是胎息，牛魔王为坤卦，象征的是未经炼化的阴精。胎息住于坤卦之中，因此罗刹女和牛魔王为夫妻共同居住。但是罗刹女的扇子，有煽风点火，炼化阴精的功能，克制牛魔王，对牛魔王不利。而且巽卦和坤卦都是阴性能量，在周易中的意象为女性，因此本不是夫妻，情志并不投合。相反地，周易中震卦和巽卦为互补之卦，为经典的夫妻卦。孙悟空为行者为震卦，象征驾驭胎息的心神，因此孙行者和罗刹女倒是天造地设的一对。

而狐狸为艮卦，艮为土，和牛魔王的坤土同为土元素，性情相投。艮又为止为住，正是罗刹女所代表的先天呼吸的反面，为口鼻呼吸，象征着耗散人体能量的呼吸方式。而牛魔王所象征的阴精正是需要吸取人体耗散的能量，因此牛魔王和玉面狐狸性情相合，"撇了罗刹"，再不回顾。

孙悟空追赶玉面狐狸的情节，便象征着用先天呼吸来代替口鼻呼吸。

为何借调芭蕉扇需要三次？定风丹代表什么？为何孙悟空吃了定风丹，才见到牛魔王？

笔者在上文已经阐述了，罗刹女象征的是胎息。道书讲究的是"心息相依，不即不离"。《玄机直讲》："待身心都安定了，气息都和平了，始将双目微闭，垂帘观照心下肾上一寸三分之间（必寻有活动气处相依，方不落空，方不执滞），不即不离，勿忘勿助，万念俱泯，一灵独存，谓之正念。""气息既和，自然于上中下，不出不入，无来无去，是为胎息，是为神息，是为真橐籥、真鼎炉，是为归根复命，是为玄牝之门、天地之根。"

孙悟空和罗刹女的互动，就是修道者心息相依的过程。孙悟空第一次心里过急，钻到罗刹女的肚子里，违反了"不即不离"的原则，因此借到一把假扇子。第二次领悟了不即不离的道理，变成牛魔王和罗刹女相会，为"不离"，但心理上对其并没有动念，是为"不即"，因此借到了真正的芭蕉扇。虽然掌握胎息的法门到手，但炼化阴精时，被其弄昏了头脑（故事情节上表达为牛魔王化为猪精将芭蕉扇骗走），不能静守心息，因此又失去了芭蕉扇，因此有第三次借调。第三次则和阴精正面交锋斗法，将其炼化为元炁，心息若不相依，这一步是不可能完成的，因此文中虽然以借扇为名由，其实此时芭蕉扇早已到手。

而从牛魔王的角度，其对应的是坤卦。从坤卦中生出阳能，便是易学家说的乾卦和坤卦的三次交合。坤卦的三个阴爻分别转化成阳爻，便是震、坎、艮三阳卦，而三调芭蕉扇，对应的正是这三个卦象。第一次借调芭蕉扇之时，为坤卦的最下爻变为阳爻，"一索得男"，长男为震，因此故事中出现了积雷山，雷为震卦的象征；第二次借扇之时为坤卦的中间之阴爻变为阳爻，得到坎卦，所以故事中出现了碧波潭，碧波潭是肾脏的隐喻，也代表着坎卦的能量。第三次则为坤卦的最上阴爻转变为阳爻，得到艮卦，艮为幼子为角，哪吒为李天王的小儿子对应的便是艮卦，因此故事中出现了哪吒太子用风火轮烧牛角的情节。三次借调芭蕉扇之后，坤卦的三个阴爻分别转化成了阳爻，象征坤卦所代表的阴精被彻底转化，因此随之而来的便是牛魔王被降伏。因此，总共需要三次才能借调芭蕉扇。

孙悟空是心的象征，称为行者，便是心神可以驾驭真息而行，运转物质能量到全身。第一次借调芭蕉扇之时，孙悟空先是被罗刹女的扇子扇走，这象征着心思跳脱，无法和胎息相依。而定风丹则代表着修行者将胎息稳定下来，心思不再随风乱舞，也就是身心安定，气息平和的境界。《伍柳仙宗》云："真息一定，大药自生；真息不定，大药必不生也。古云定息采真铅，即此义也。"胎息稳定下来后，自然便会产出大药。牛魔王正是大药的象征，也因此他在悟空吞食了定风丹之后才出场。

洞门开了，里边走出一个毛儿女，手中提着花篮，肩上担着锄子，真个是一身蓝缕无妆饰，满面精神有道心。

毛儿女一词是基于什么典故？

毛为初生、微不足道之意。至今中国北方尚有人将小婴孩叫做"小毛孩"。《列仙传》中记载的毛女为秦时宫人，逃入山中，遍体生毛，显然和此处故事无关。但是《都公谈纂》提到海上有座山叫做分界山，上有野人和毛女："其毛女与妇人无异，貌最美，唯两耳类犬，不能言，以藤穿树叶蔽其体。"不知作者是否借鉴了此传说，但至少这里的"毛女"是会说话的。

行者果举扇，径至火边，尽力一扇，那山上火光烘烘腾起，再一扇，更着百倍，又一扇，那火足有千丈之高，渐渐烧着身体。行者急回，已将两股毫毛烧净，径跑至唐僧面前叫："快回去，快回去！火来了，火来了！"

孙悟空的两股毫毛被火烧了何意？

此处引火烧身的情节固然是趣文，文笔跳脱，变换不板，但在内丹派修炼中也有两层意思。其一，心息不能相依，则借得假扇，心火更加旺盛。其二，是引火逼金的象征。"引火逼金"为炼药之法。用元神驾驭着元火来回徘徊，火气逼迫阴精中的金气凝聚。《伍柳仙宗》："采时须以徘徊之意，引火逼金。徘徊，是往来活动之意。引火者，即神呼气之法。逼者，催也。上文只言呼吸以用元炁，尚未显明用元神。人知用二炁，不知神为二炁之主帅。盖采药炼药全赖炁穴之神，权驭二炁徘徊，则金自行矣。前文云神呼气炁归窍内，吹吾身中无孔笛，是此也。"

此处孙悟空为元神为心，火焰山为元火，但是由于故事情节的设定，牛魔王显然没法被火焰山之火所烧，孙悟空具有金火二性，因此移花接木，将孙悟空暂时设定为"金"。孙悟空将火扇大，便是"引火"，而火烧两股毫毛，便是"逼金"。而唐僧四众走了又回，也对应着"徘徊"二字。

那土地又控背躬身微微笑道："若还要借真蕉扇，须是寻求大力王。"

大力王乃罗刹女丈夫。他这向撇了罗刹，现在积雷山摩云洞。有个万岁狐王，那狐王死了，遗下一个女儿，叫做玉面公主。那公主有百万家私，无人掌管，二年前，访着牛魔王神通广大，情愿倒陪家私，招赘为夫。

土地道："在正南方。此间到彼，有三千余里。"

为何山名积雷，洞称摩云？为何山在正南方？

此山在正南方。离卦的方位为正南，因此正南方的山代表着离卦。

离卦为上下两个半震卦正反相叠组成。震卦为一阳来复，象征着阴中的阳能，震卦又有雷电的意象，因此"雷"指代的便是震卦，"雷"的出现，说明了坤卦的阴精初步转化为震卦的阳能。震为雷电，正反相叠则形容数量众多，为雷电堆积，因此称之为积雷山

同时离卦之中为正反两个半震卦，正向半震代表着阴精中所生的阳能，而反向半震（也就是半艮）象征为阻碍阳能生成的能量。艮有狐狸的意象，因此这里用玉面狐狸精来指代对阳能的阻碍能量，所以玉面公主住在正南方的积雷山，在丹道框架中便象征了，阴精中已经初步出现了阳能，但是同时此阳能为后天口鼻呼吸所耗散，不能为我所用。在积雷山消灭玉面狐狸，便是祛除耗散能量的后天呼吸，为炼化阴精的必须步骤。

《说文》："摩，研也。"《礼记·乐记》："阴阳相摩，天地相荡。""摩云"指的是内丹派运行大周天之火时，用阳能和阴精相摩荡，使之渐渐转化，如同烧火炼铁一般。《伍柳仙宗》："且炼之者，是化精也，即玄关之中，意鼓息吹之玄机，谓之阖辟，即所谓鼓巽风，运坤火。又云：风轮激动产真铅。因坎中之阴精难以制伏，便使风火而化之，神炁相摩而激之，如二物之相摩而生火也。悟一子云：欲降而静之，必先激而动之。"气极生液。元火和阴精相摩荡，其能量便如云雾一般氤氲上腾，因此称之为"摩云洞"。

　　他才卸了盔甲，穿一领鸦青剪绒袄子，走出门，跨上辟水金睛兽，着小的们看守门庭，半云半雾，一直向西北方而去。

　　不多时，到了一座山中，那牛王寂然不见。大圣聚了原身，入山寻看，那山中有一面清水深潭，潭边有一座石碣，碣上有六个大字，乃乱石山碧波潭。

牛魔王去龙宫赴筵是何寓意？

　　牛魔王为阴精，孙悟空为元神。二人在一起战斗象征着元神炼化阴精的过程。而青为木色，震为木，青色代表着震卦，震卦为一阳来复，也就是炼化阴精之时，阳能初次升起，因此牛魔王换上鸦青袄子，象征一部分能量已经转化为阳能。而西北方为乾方，乾为金，深潭为水，青色的牛魔王潜入深水，正是水中金的象征。牛魔王和孙悟空一番战斗以后，换了一件青色袄子，去往西北方，潜入龙潭，这一情节用内丹派的术语进行翻译一下，便是："阴精"和元神一番战斗后，有一部分阳能升起，升起的这部分阳能潜入肾水，化作坎精（"金精"），也就是水中金。因此牛魔王骑上了金睛兽，"金睛"便是"金精"的谐音。

这大圣整衣上前，深深的唱个大喏道："长兄，还认得小弟么？"

变作一个螃蟹，不大不小的，有三十六斤重，扑的跳在水中，径沉潭底。

好大圣，即现本象，将金睛兽解了缰绳，扑一把跨上雕鞍，径直骑出水底。到于潭外，将身变作牛王模样，打着兽，纵着云，不多时，已至翠云山芭蕉洞口。

为何孙悟空称牛魔王为长兄？为何孙悟空能变做牛魔王？为何孙悟空这里偏偏变成三十六斤的螃蟹？

从心性修持的角度而言，孙悟空在花果山放荡之时，为心被阴性能量所惑，牛魔王为阴精，因此二者结拜，象征着心的沉沦。从身命修持的角度而言，孙悟空为金元素，牛魔王为土元素，土生金，土对金有生长资助之作用，因此孙悟空称其为长兄。而内丹修炼五行逆转，金亦能生土，因此孙悟空能变做牛魔王的模样。

邵康节先生的《皇极经世》言，"六六三十六，乾之策数也。七七四十九日，大衍之用数也。八八六十四，卦数也。"三十六为乾之数，此处螃蟹三十六斤，说明乾金生成的火候已到，就要产药。碧波潭为坎卦，因此下文紧接着悟空就骑走了金睛（"金精"）兽，象征着修道者抽走了坎卦中的乾金。

将左手大指头捻着那柄上第七缕红丝，念了一声唵嘘呵吸嘻吹呼，果然长了有一丈二尺长短。

为何芭蕉扇既能变大又能变小？六字诀是何意？

书中讲述芭蕉扇为"太阳之精叶"，它的伸缩，对应着太阳能量的消长。而古时认为太阳影子的长短反映了太阳能量的消长，因此芭蕉扇的长度和太阳影子的伸缩有关。《周礼》郑玄注："冬至日在牵牛，景长一丈二尺；夏至日在东景，景长五寸。"冬至之时，太阳离地球最远，因此日影最长。冬至之时，一阳来复，芭蕉扇为太极阳鱼中的阴眼，因此其能量最强，对应的则是变大变长可以变为一丈二尺；而夏至之时，阳气最盛，阴气初生，芭蕉扇能量最弱，则相应缩小为"杏叶儿大小"。

吹、呼、嘻、呵、嘘、呬，皆为道家长息吐气之法。都是向外吐气的技巧，道家去除脏腑热邪之气的法门。用胎息控制火候来煅炼元炁之时，若是火太大，则向外吐气，便能调小炉火，若是火太小，则向腹内吸气，便能调大炉火。此处芭蕉扇的设定为可以扇熄火焰之扇，因此其出现的秘诀便是吐气法门的六字诀。而另一枚芭蕉扇则为夏至之扇，为可以扇高火焰之扇，前文已经被孙猴子得了去。

这里看似小说虚构的情节，实际暗中传授了修行的法门。比如若有人修习昆达利尼瑜伽而烦热不堪，运用此六字法门进行调治，就很对症。

八戒说："你怎敢变作你祖宗的模样，骗我师兄，使我兄弟不睦！"

你看他没头没脸的使钉钯乱筑，那牛王一则是与行者斗了一日，力倦神疲；二则是见八戒的钉钯凶猛，遮架不住，败阵就走。

八戒发起呆性，仗着行者神通，举钯乱筑。牛王遮架不住，败阵回头。

好呆子，抖擞威风，举钯照门一筑，忽辣的一声，将那石崖连门筑倒了一边。慌得那女童忙报："爷爷！不知甚人把前门都打坏了！"

204

为何猪八戒平时不厉害，但对牛魔王来说很厉害？为何八戒自称为牛魔王的祖宗？

孙悟空和八戒两次和牛魔王对战，都是八戒发威然后牛王败阵。八戒为木，牛魔王为土，五行之中木克土，正好相克，所以牛魔王忾惧猪八戒，书中也说"木土相煎上下随"。

火生土，火是土之父母；木生火，木是火之父母，也就是土之祖辈，猪八戒自称为牛魔王的祖宗，合乎逻辑。而猪八戒为先天之炁为母炁，牛魔王为后天之炁为子炁，有待炼化为母炁，因此混言之而称"祖宗"。

那八戒听言，便生努力，殷勤道："是，是，是！去，去，去！管甚牛王会不会，木生在亥配为猪，牵转牛儿归土类。申下生金本是猴，无刑无克多和气。"

为何这里说三家无刑无克？

孙悟空为猴，配时为申，申时对应着八卦中的兑卦，兑为生为金。"申下生金本是猴"讲的是孙悟空作为火元素在炼金之中的积极作用。猪八戒为猪，配时为亥，亥为土，土生金，"木生在亥配为猪"，讲的是猪悟能作为木元素在炼金之中的积极作用。"牵转牛儿归土类"讲的是牛魔王本具坤土之性，牛儿耕田也生金。三家能量都往一处使，都用于炼金，也就是炼化元炁，齐心协力，所以说"无刑无克多和气"。

这大圣收了金箍棒，捻诀念咒，摇身一变，变作一个海东青，飓的一翅，钻在云眼里，倒飞下来，落在天鹅身上，抱住颈项嗛眼。那牛王也知是孙行者变化，急忙抖抖翅，变作一只黄

鹰，返来嗛海东青。行者又变作一个乌凤，专一赶黄鹰。牛王识得，又变作一只白鹤，长唳一声，向南飞去。

悟空和牛魔王斗法，为何从天空而降到地上？

此处讲的是采药之时的呼吸升降法门，从上至下，和万圣老龙故事中唐僧扫塔从下自上相对应。丹书认为，胎息和炁的升降方向相反。就像给自行车打气，打气筒要向下按才能把气体迫出，修行者从人体前面的任脉向下呼吸，炁便从后面的督脉上升。乾天也就是人的头顶在上方，呼吸从下往上，内里的炁则自下而升到了头顶，称之为"入于乾鼎"。修行者要迫使牛魔王所代表的元炁入鼎，因此悟空"钻在云眼里，倒飞下来"。

《伍柳仙宗》："干者，首也，为天，故位居上。坤者，腹也，为地，故位居下。阖辟者，乃内外呼吸之元机。盖外面之气降，里面之炁则过我而升；外面之气升，里面之炁则过我而降。""坤者，炉也。火者，元炁也。运动坤火之时，往下而行，以通督脉而进。若别行异路，是不能上干鼎，则药即耗散矣。""吸机之阖固是下，炁而内里之机要上。上者自下而升至于干，为进阳火，为采取。呼机之辟固是上，炁而内里之机要下，下者自上而降至于坤，为退阴符，为烹炼。此即内外阖辟之机也。"

牛王嘻嘻的笑了一笑，现出原身，一只大白牛，头如峻岭，眼若闪光，两只角似两座铁塔，牙排利刃。连头至尾，有千余丈长短，自蹄至背，有八百丈高下。

为何牛魔王最后变成一只大白牛的形象？

这里仍是外佛里道的写法。大白牛为佛经中著名的典故，很多佛经都提到它，比如《涅槃经》曰："雪山有大力白牛，食肥腻草，粪皆醍醐。"《楞严经》曰："愿立道场，先取雪山大力白牛。道场者，修佛道之起手也。欲成佛道者，先当取雪山大力白牛。若无此牛，任汝修八万劫，终不能出《楞严》之五阴。"《法华经》："有大白牛，肥壮多力，形体殊好，以驾宝车。"一般佛教徒认为此大白牛指的是大乘妙法。禅宗则认为是修持中的明心见性。而书中描述牛魔王之时，写道"西方大力号魔王"。我们看到佛经中反复强调此牛力大无比，为"大力白牛"，因此牛魔王的"大力王"的绰号，也是从此处而来。

而内丹派认为，佛祖其实在用大白牛的隐语指代能量巨大而有白色光华的元炁。《伍柳仙宗》："盖雪山者，喻五阴俱空。既已空矣，则一阳生于五阴之下，元门谓之阳生，释家谓之情来，又谓之真如，又谓之那偏事，皆是喻事之生也。""雪山喻炁之生处。白牛即是喻炁。醍醐喻炁之升降也。"又云："药生于丹田之时，阳炁上达，丽于目而有光，故自目至脐一路皆虚白晃耀，如月华之明也。"白牛的白色，便是大药所产生的白色光华。此故事表面是用佛家大白牛的典故，指代取经僧明心见性；内里却是炼得"虚白晃耀"的元炁大药。这两层构思，不仅在情节安排上得到了统一，最妙的是，昆达利尼的发动，确实会提升意识水平，使得其达到更静定的状态；也就是说内丹派的炼精成炁阶段也往往在佛家和明心见性的觉悟联系在一起。这并不奇怪，修行，无论是佛还是道，都会提升身心，同一阶段在不同宗派有不同名称和侧重点，非常正常。

王重阳真人的《金锁玉关诀》中写道："假令白牛去时，如何擒捉？诀曰：白牛去时紧扣玄关，牢镇四门，急用先人钓鱼之法。又用三岛手印，指黄河逆流，掩上金关，纳合玉锁，如人斩眼。白牛自然不走。"牢镇四门，正对应着此处四大金刚从四面围住白牛的场景。

那老牛心惊胆战，悔之不及。见那四面八方都是佛兵天将，真个似罗网高张，不能脱命。正在仓惶之际，又闻得行者帅众赶

来，他就驾云头，望上便走。却好有托塔李天王并哪吒太子，领鱼肚药叉、巨灵神将，幔住空中。

哪吒取出火轮儿挂在那老牛的角上，便吹真火，焰焰烘烘，把牛王烧得张狂哮吼，摇头摆尾。才要变化脱身，又被托塔天王将照妖镜照住本象，腾那不动，无计逃生，只叫"莫伤我命！情愿归顺佛家也！"

为何专门描述哪吒太子降伏白牛？

丹道修炼有换鼎的说法。小周天用的是大炉鼎，下丹田炁穴为炉，上丹田泥丸为鼎，从后面督脉上升，前面任脉下降，循环不已。此处小周天功行即将完满，虽然点的大周天之火来炼药，但药进入的仍是乾鼎。而当外药、小药凝炼成内药，静坐时出现六根震动、阳光三现的景象，就要移炉换鼎。下丹田炁穴仍然为炉，但在脐部的中丹田黄庭换为鼎，换为小炉鼎，进行大周天采炼。此处哪吒太子来自天庭，代表的是乾，也就是人体的头顶。风火轮代表着真风吹真火所带来的烹炼。大白牛代表了炼化的元炁，遇到哪吒太子，说明元炁已经进入乾鼎。牵牛归西，西为金，说明大药已经被烹炼为金，小周天功行完满。因此接下来万圣老龙的故事发生在祭赛国也就是中丹田黄庭，借力于脐部掌管命门的二郎神，就暗示了换鼎的步骤。

十六 移炉复换鼎 舍利归黄庭：万圣老龙篇

万圣老龙的故事是何寓意？

本篇故事明面上讲述万圣老龙盗取祭赛国塔宝，唐僧四众将其追回。其实从内丹修炼的角度而言，碧波潭象征着肾水，碧波潭中藏有万圣老龙，如同肾中存藏有元阳之炁，为水中藏有乾金的坎卦卦象，也就是内丹派说的"水中金"。现在万圣老龙及龙子龙孙被灭除，全家只剩下龙婆，龙婆为坤，这就象征着水中金被抽除，也就是"抽坎"。祭赛国的金光宝塔，内有舍利，象征着完满具足的乾金之体，而被血雨也就是邪恶之坎盗取，变为中间空虚的离卦。唐僧四众将舍利追返，宝塔重新回到乾卦的完满状态，象征着离卦被填满，也就是"填离"。

牛魔王篇讲的是从小周天到大周天的转换，虽然点的是大周天的火，行气路线仍然是小周天的任督循环，牛魔王被来自天庭的哪吒太子收伏，象征着阴精所炼化的元炁，从督脉被迫上头顶泥丸，入于乾鼎。而此篇的万圣老龙则被二郎神收伏，二郎神为脐部命门之神，也就是说此时的鼎炉已经换为大周天的鼎炉，所炼之药位于中丹田黄庭之处。

总的来说，此章讲的是大周天的"抽坎填离"，重新安立鼎炉。笔者将会在下文详细解释。

师徒们散诞逍遥，向西而去，正值秋末冬初时序，见了些：野菊残英落，新梅嫩蕊生。村村纳禾稼，处处食香羹。平林木落远山现，曲涧霜浓幽壑清。应锺气，闭蛰营，纯阴阳，月帝玄溟，盛水德，舜日怜晴。 地气下降，天气上升。

三藏道："悟空，今日甚时分了？"行者道："有申时前后。"

为何唐僧四众来到祭赛国为秋末冬初的申时时分？

西游记作者对十二时辰中的申时明显有特殊偏好。申时对应八卦中的兑卦，兑为金为出，有生金之意，符合炼丹对"金"的追求。前篇牛魔王的故事中提到"申下生金本是猴"，在玉兔精一篇则申时为"猿猴献果"都是这个意思。而来到祭赛国，为"正值秋末冬初时序"，秋末冬初，便是秋天结束，冬天来到，暗合着冬至一词。冬至在内丹修炼者的眼里有非同寻常的重要性，称之为活子时，一阳来复，阳光一现等等。"冬至子之半，天心未生时"，冬至时分一阳初动，"地气下降，天气上升"。肾水中的阳能在此时发动，对能量敏感的修行者则感到腹部中央内部（黄庭）有热气上升，此时是下手捕获肾中阳能的最佳时机，这也正是此篇故事主旨所在。因此书中设定在秋末冬初，申时时分唐僧来到了祭赛国。

行者道："师父，那座城池，是一国帝王之所。"八戒笑道："天下府有府城，县有县城，怎么就见是帝王之所？"行者道："你不知帝王之居，与府县自是不同。你看他四面有十数座门，周围有百十余里，楼台高耸，云雾缤纷。非帝京邦国，何以有此壮丽？"

众僧跪告："爷爷，此城名唤祭赛国，乃西邦大去处。当年有四夷朝贡：南月陀国，北高昌国，东西梁国，西本钵国，年年进贡美玉明珠，娇妃骏马。"

祭赛国到底位于何地？为何为"西邦大去处"？

首先，书上称祭赛国为"西邦大去处"，必定对应着一个在内丹修炼中非常重要的人体部位。我们再看"祭赛"二字，

"赛"字从贝，为向神灵献上宝贝；"祭"字为向神灵供上祭品。祭赛国顾名思义，就是祭品堆积的王国。而且祭赛国中还有金光寺，放光宝塔，中有佛骨舍利。将这些线索和内丹派理论结合起来，我们便可以得出结论，祭赛国对应的是内丹派所说的中丹田黄庭。

《黄庭经》认为，黄庭位于脐后肾前，为积精累气之处。全真派也以脐内一寸三分为黄庭，也是内丹大周天鼎炉安立处。《钟吕传道集》："肾气投心气，气极生液。液中有正阳之气，配合真一之水，名曰龙虎交媾。每日得之黍米之大，名曰金丹大药，保送黄庭之中。且黄庭者，脾胃之下，膀胱之上，心之北而肾之南，肝之西而肺之东，上清下浊，外应四色，量容二升，路通八水。所得之药，昼夜在其中。若以采药不进火，药必耗散而不能住。若以进火不采药，阴中阳不能住，止于发举肾气而壮暖下元尔。若以采药有时而进火有数，必先于铅中作，借气进火，使大药坚固，永镇下田，名曰采补之法。"

从引文可以看出，在内丹修炼中，所有小周天所产生的药（也称之为"金光"、"黍米"），全都保送到黄庭。黄庭便是祭品也就是金光堆积之处。那么祭赛国四夷来朝，指的便是将小周天产生之药也就是黍米、金光贡献给黄庭。修道者静坐守窍时守这个地方，就会吸引四面八方的能量往此集中，好像祭品汇聚一般，因此用"祭赛"二字作为国名。也就是说，祭赛国便是丹道所指的黄庭，也就是中丹田。也因此祭赛国有金光寺，有宝塔散放金光。

内丹修炼之大周天中，以黄庭为鼎，气穴为炉。黄庭正在气穴上，为人体百脉交汇之处。"黄"是五色之中，象征五行的"中气"，为人身最中正精华、感应最敏锐的一股"气"，而"庭"则象征元神所居的神室。黄庭既然"外应四色，量容二升，路通八水"，其能量规模巨大，修行者内视黄庭之时便会看到颇为壮观的景象，因此对应在书中，便借孙猴子之口赞叹：

"你看他四面有十数座门，周围有百十余里，楼台高耸，云雾缤纷。非帝京邦国，何以有此壮丽？"

而黄庭位于肚脐之内，肾脏则位于肚脐后方之后腰，这也就解释了为何祭赛国会和碧波潭相邻了，因为碧波潭便是肾水的指代，笔者将会在下文详细解释。

只是三年之前，孟秋朔日，夜半子时，下了一场血雨。天明时，家家害怕，户户生悲。众公卿奏上国王，不知天公甚事见责。当时延请道士打醮，和尚看经，答天谢地。谁晓得我这寺里黄金宝塔污了，这两年外国不来朝贡。

宝塔和舍利分别是何隐喻？

宝塔，也是外佛里道的说法。塔原本是供奉佛骨佛宝之处。宝塔放光一是曾在玄奘法师西游的路途中出现（《大唐西域记》中比比皆是舍利宝塔放光的描述），另外也确实屡见于古代文献。《大唐大慈恩寺三藏法师传》："怪而出望。乃见舍利塔光晖上发，飞焰属天，色含五彩，天地洞朗，无复星月。"再如唐朝王勃写的《广州宝庄严寺舍利塔记》，明代陈琏写的《重修净慧寺千佛塔碑》等等，不一而足。禅宗则从此引申而有无缝塔的公案，这里聊举两则例子。《景德传灯录》记载，代宗曰："师灭度后，弟子将何所记？"师曰："告檀越造取一所无缝塔。"帝曰："就师请取塔样。"师良久，曰："会么。"帝曰："不会。"《五灯会元》也有类似的故事：僧问："如何是无缝塔？"师曰："五六尺。"其僧礼拜。师曰："塔倒也！"

禅宗里的无缝塔指的是人人具有的觉心、意识。《楞严经》中佛谓阿难："见性周遍，非汝而谁？"这能觉察的意识，便是觉心，便是自己。觉遍十方，无所不入，无法将其缝住封固。因此第一则公案慧忠禅师沉默之时，便是在彰显意识，看取塔样。而将肉身看是无缝塔的载体，为"中有一宝，秘在形山"之意。但肉身毕竟并非觉心本身，就像手电筒不是光明一样，取诸肉身也是妄念。因此僧礼拜，遇臻禅师说塔已经倒了。

道家内丹派将这个例子借来，直接用"中有一宝，秘在形山"之意，用宝塔来喻指人的肉身。"无缝塔"摇身一变，被道家丹士直接取其字面意思，来比喻没有能量渗漏之缝的人身。西游记书中说："人人有个灵山塔，好向灵山塔下修"，指的既是修心性，也是修身命。

从心性的角度来讲，舍利为佛宝，居于人体之内，讲的是先天秉性。每个人的先天都是无缺、完满的乾卦状态。而后天物欲横流，俗垢杂染，我们不知何时便和先天能量失去了联系，失去了这颗舍利。《一贯天机直讲》言，道家谓此珠曰"灵珠"，又曰"宝珠"；佛家谓之"牟尼宝珠"，又谓之"舍利子"；道家又谓之曰"丹头"，乃人身先天之乾金也。乾之一阳，陷于坎中，坎中之一阳，即为"乾金"，亦即"命宝"。

而从内丹修持的角度来讲，舍利为小周天坎离交媾而产的药。《钟昌传道集》："奉道之人，肾气交心气，气中藏真一之水负载正阳之气，以气交水为胞胎，状同黍米，温养无亏。""形如黍米之大，每日得一粒。僧人名为舍利，道士号曰玄珠。每日增真气一丈，延寿不可计数。三百日气结丹凝，状如弹丸，色似朱橘，自可长生不死。"

血雨污秽了宝塔又是何寓意？

坎卦为污染为侵害，我们先天秉性的乾卦受到邪恶的坎卦侵害染污，失去了中间的阳爻，便变为离卦，内心空虚，从先天到后天，便是从乾到离的过程。血污宝塔，便是坎离分离的意象，和沙僧打破琉璃盏为同一逻辑。而内丹派修持，便是灭除魔怪，统合原先坎卦所分裂的能量，从后天修到先天，将离卦重新补满。所谓抽坎补离，固然是身体能量层次的补足虚损，同时也是

213

统合心灵能量。心物一元，心的变化必然反映在肉身转化之中。从这个角度来说，性和命的修持本来是一非二。

坎卦有侵袭盗害的意象，也有半夜、隐秘、血、雨水等意象。夜半下了一场血雨，夜半为坎，血为坎，雨水也为坎。坎为隐匿为偷盗，主物品隐匿不现，主盗贼横行，所以此章讲的是偷盗之事。

血污宝塔，也是一击双响，佛道同叙的情节架构手法。表面从心性修持的角度，比喻人的先天性灵被后天俗垢杂染；内里则从身命修持的角度，指代的是小周天所产生的黍米之丹运入黄庭，消失不见，被乾龙偷走，变成了水中之金，坎中之阳，也就是真铅。龙为乾卦，乾卦为中正之道，说明此盗走乃是势所必为，其实隐喻的就是大周天中将累积的黍米之丹药炼化而为真铅这一步骤。书中写道："二郎惊讶道：'万圣老龙却不生事，怎么敢偷塔宝？'"也是这个意思，喻指偷塔宝本是乾道，符合正道也就是丹道的发展规律。后来唐僧四众将乾龙打死，象征着取回了水中之金，也就是抽取了真铅。

祝罢，与行者开了塔门，自下层望上而扫。

三藏道："这塔是多少层数？"行者道："怕不有十三层哩。"

又扫了三层，腰酸腿痛，就于十层上坐倒道："悟空，你替我把那三层扫净下来罢。"

十三层宝塔是何寓意？为何扫塔要自下而上？为何有三层要行者来扫？

这里仍是佛道同写的手法。首先，十三层宝塔在明代确实存在。明代佛塔的层数必须是单数，而且十三层为最高层数。有说法认为佛教传入中国的宗派为十三宗（天台宗、涅槃宗、三论宗、法相宗、摄论宗、禅宗、成实宗、净土宗、华严宗），因此对应了宝塔的十三层，此说基本属于牵强附会。也有说法认为"十三"在佛教中是一个非常吉祥的数字，寓意着功德圆满，达到最高境界。《枣林杂俎》："按佛法，佛菩萨塔高十三层，辟支塔应十一层，阿罗汉四层，余随品级减之，此八种塔并有露盘。佛塔八重，菩萨七重，辟支六重，四果五重，三果四重，二果三重，初果二重，轮王一重，凡僧但焦叶火珠而已。后世建塔不原佛制，圣凡相滥，纰谬至多。"此说为是。

其次，从丹道身命修持的角度而言，上文已经论述过，宝塔指代的是人体，那么十三层宝塔，对应的是人体的十三窍。人体有十三窍，上七窍（眼、耳、鼻孔各二，口）及前后阴二窍，再加心窍（舌）、津窍（廉泉、玉英穴）、汗窍（毛孔）、精窍（茎）四窍，共十三窍。而最上三窍为两眼和舌，眼为离，孙悟空对应的是离卦，因此双眼对应着孙悟空，而舌为心神之开窍孔穴，孙悟空对应的是心，此处也应该由孙悟空负责。表面上，故事讲的是，唐僧由于过于劳累，让孙悟空替扫上面三层。实际上，孙悟空为心为目，清扫眼目及舌为其本职工作，理所应当。

而自下而上扫塔的情节，和前篇悟空自上而下和牛魔王斗法的情节，方向正好相反，两者对应的都是和胎息配合的呼吸法门，只是视具体情况不同而有顺逆之分。人体的内呼吸（胎息）和外呼吸方向正好相反。大周天之时，胎息发动，修行者外面的气自下而上升，里面的元炁则从上而下降。在牛魔王篇，刚刚炼精为炁，需要逼元炁上升而入于头顶的乾鼎进行采取，所以外面的呼吸之气需要自上而下。而此处则需要将元炁从头顶的乾鼎下降到中丹田的黄庭之处，安立新的炉鼎进行烹炼，因此外面的呼吸之气需要自下而上。《伍柳仙宗》云："盖乾坤即橐龠之体，坎离乃橐龠之用，所以干呼返吸至于坤，坤吸返呼至于干。乾坤者，乃坎离之体。内呼吸者，即坎离之用。人若能明乎内呼吸，则橐籥自鼓，而乾坤自运矣。数者，乃阴阳升降之度数，假呼吸之息数，而定卦爻之操数。""此皆言先天后天二炁消息之机也。干者，首也，为天，故位居上。坤者，腹也，为地，故位居下。阖辟者，乃内外呼吸之元机。盖外面之气降，里面之炁则过我而升；外面之气升，里面之炁则过我而降。""吸机之阖固是下，炁而内里之机要上。上者自下而升至于干，为进阳火，为采取。呼机之辟固是上，炁而内里之机要下，下者自上而降至于坤，为退阴符，为烹炼。此即内外阖辟之机也。"这就说的很明白了。内呼吸好比太极阴阳鱼的两个眼睛，外呼吸好比太极阴阳鱼的身体。内呼吸为吸为阴时，则外呼吸便为阳为上升；反之亦然。

行者道："怪哉！怪哉！这早晚有三更时分，怎么得有人在这顶上言语？断乎是邪物也！且看看去。"

却说孙大圣与八戒驾着狂风，把两个小妖摄到乱石山碧波潭，住定云头，将金箍棒吹了一口仙气，叫"变！"变作一把戒刀，将一个黑鱼怪割了耳朵，鲇鱼精割了下唇，撇在水里

为何三更时分抓住了妖怪？为何妖怪是鲇鱼精和黑鱼精？为何一个被割掉的是耳朵，一个被割掉的是下唇？

本篇故事为抽取坎中金，因此处处点明坎卦。半夜三更子时，正是坎卦所对应的时分，子时坎卦能量最强最为显明，因此出现了一点线索和苗头。两只小妖，便是在比喻坎卦也就是肾水能量初动的苗头和线索。

为何这两只小妖是鲇鱼精和黑鱼精，而非其他虾兵蟹将呢？鲇鱼为脏鱼，喜食脏污之物，而坎卦有污水的意象，特征符合；而坎为夜为黑色，黑鱼正是黑色，特征符合。

黑鱼割耳，鲇鱼割唇，这里恰是易学家的幽默。笔者披书至此，不禁莞尔。坎为伤害，又为耳朵，因此对应着割耳。而鲇鱼

216

喜食污秽，对应的是兑卦。兑为口为嘴，将兑卦割掉下唇，则兑卦最下方的阳爻变为阴爻，正好转化为坎卦。若是不懂周易，作者的俏媚眼可就白做了。

而坎卦也就是肾脏的能量开窍于耳。道家认为耳根为泄精炁之窍，需要"内听而塞其聪"。《参同契》言："耳目口三宝，闭塞勿发通。"两个小妖"一个掩着耳，一个侮着嘴"，讲的正是制服坎精的法门。而后文的九头鸟妖精则"前有眼，后有眼，八方通见；左也口，右也口，九口言论。"九个眼，九张口，正是精气泄露的不二法门，也就难怪九头鸟精为西去路上一只重量级的妖怪了。

长老在阶前舞蹈山呼的行拜，大圣叉着手，斜立在旁，公然不动。

为何唐僧礼拜，而大圣不动？

唐僧为人格为肉身为善种，而大圣为心为元神。肉身入乡随俗，上殿见王，舞蹈礼拜，忙个不休；但纵然尘俗劳碌，一颗心却寂然不动，孤明独照，所谓对景无心便是禅。印度有人在近代发明所谓的 dynamic meditation，在一举一动中随时保持冥想状态。其实也不新鲜，中国的禅宗早就有了。

三载之外，七月初一，有个万圣龙王，帅领许多亲戚，住居在本国东南，离此处路有百十，潭号碧波，山名乱石。生女多娇，妖娆美色，招赘一个九头驸马，神通无敌。他知你塔上珍奇，与龙王合盘做贼，先下血雨一场，后把舍利偷讫。见如今照耀龙宫，纵黑夜明如白日。公主施能，寂寂密密，又偷了王母灵芝，在潭中温养宝物。

217

万圣老龙为何居于碧波潭中？

碧波潭为肾水的指称。西游记故事刚开始的时候，肾水为俗世物欲所杂染，为浑浊之黑水河。到了此处，修行已到一定境界，肾水的阳能蒸腾上透，水成了翠绿色，便成了碧波潭。《还源篇阐微》："昨夜西川岸，蟾光照碧涛。采来归玉室，鼎内日煎熬。"书中解释说："昨夜者，元命来复时也。西乃坎卦先天本位，坎为水，故曰西川。蟾本月彩，曰蟾光者，喻阳气发生上透之象。篇中凡言阳神初基时，必喻之以蟾，皆取其三足而阳光上透也。碧涛喻后天身象坎之卦气，坎水色本黑，得蟾光照透则水碧，故曰碧涛。"

万圣老龙为乾。在周易中乾卦对应的意象为龙为老年男子为圣贤，万圣老龙这一名字就指代了乾卦。乾卦同时也有金的意象。道书经常说，修道要从水中金下手，万圣老龙居于碧波潭底，正是水中藏金的意象。乾为纯粹的阳能，水中金象征着阴水中所蛰伏的阳能。只不过此阳能为炁而非精，规模更为宏大，能量更为强烈，级别更高。之前黑龙河的河神归位，象征着肾中的元精，对应的是小周天的炼精；而此处则是肾水之中的元炁，对应的是大周天的炼炁。

为何万圣老龙位于东南方位？东南对应的是巽卦的方位，巽为退为入，龙潭为水，舍利为金宝，正是金宝入于水中的意象，重新强调了水中金。而另外龙潭位于东南，则祭赛国位于西北也就是乾位，乾为金玉财宝，对于万圣老龙来说，正是盗取金宝的最佳方位。

王母娘娘的灵芝仙草指代的是什么？为何仙草能温养舍利？

书中又说："公主又去大罗天上灵霄殿前，偷了王母娘娘的九叶灵芝草，养在那潭底下，金光霞彩，昼夜光明。"王母为坤为阴精，灵芝草为其宝物精华，为从阴精中炼出的元炁。牛魔王故事篇用牛魔王来喻指阴精被炼化成元炁。而此处用灵芝仙草来进行比喻。二者本是一物。故事情节上，牛魔王已经被降伏，不可能再出场，因此这次又用了灵芝仙草作为隐喻。牛魔王所象征的阴精被炼化成元炁，从下而上进入天庭之鼎被采取。而这里灵芝仙草所象征的已经炼成的元炁，从上而下进入了黄庭中丹田进行烹炼，因此从王母娘娘的天庭最后进了祭赛国的宝塔。

舍利为龙虎二气交会所得之药。《钟吕传道集》形容它："状同黍米，温养无亏。"心肾相交之后，所得之药，送入中丹田，再用肾火温煦，使之滋养不失，方能金光永驻。道士李道纯说："真息绵绵谓之温，含光默默谓之养。"灵芝仙草为已炼成之炁，复可以为炼药之火，舍利为未炼之药，因此灵芝仙草可以视为烹炼舍利之火，所以称之为温养。

半腰里才伸出一个头来，被那头细犬，撺上去，汪的一口，把头血淋淋的咬将下来。那怪物负痛逃生，径投北海而去。至今有个九头虫滴血，是遗种也。

九头虫的典故脱胎何处？九头虫代表着什么？

九头鸟在古文献中并不少见。而其最初原型，应该来自《山海经》："大荒之中，有山名北极天桓，海水北住焉。有神九首，人而鸟身，名曰九凤。"碧波潭这里对应的是肾脏，为坎为北，是人身的北极。九头鸟居于此处，非常合宜。《封神传》中有个九头雉鸡精，也应脱胎于《山海经》中的九凤。

南朝《殷芸小说》："周公居东，恶闻此鸟，命庭氏射之，血其一首，犹余九首。"北宋梅尧臣有诗《古风》，专论九头鸟："昔时周公居东周，厌闻此鸟憎若仇。夜呼庭氏率其属，弯弧俾逐出九州。自从狗啮一首落，断头至今清血流。迩来相距三千秋，昼藏夜出如鸺鹠。每逢阴黑天外过，乍见火光辄惊堕。有时余血下点污，所遭之家家必破。"最开始人们认为九头鸟的另外一个头是周公派捕鸟官射掉的，而到了北宋，则已经变为被狗咬掉一头，因而滴血。《天中记》卷五十九引《本草》有："鬼车，晦暝则飞鸣，能入人家收人魂气，一名鬼鸟。此鸟昔有十首，一首为犬所噬，犹言其畏狗也，亦名九头鸟。"《夷坚志》里还记载了一个捕获九头鸟的案例，"（南宋）淳熙间，李翁寿守长沙，捕得之。身圆如箕，十胜环簇，每胜有头，其一独无而鲜血滴。每颈各生两翅，当飞时十八翼霍霍竞进，不相为用，至有争拗折伤者。类野狐而黑嘴。"

文献中写九头鸟原本十个脑袋，为犬龇其一，西游记中九头虫被哮天犬咬掉一个头的情节应该便是脱胎于此。

九头鸟既然九个头，便有十八只眼睛九张口。丹家认为眼口耳为精气漏泄的重要关窍，讲究的塞兑垂帘，而书中说九头鸟"前有眼，后有眼，八方通见；左也口，右也口，九口言论"显然暗指了修道者目视则神驰，口言则气泄，宛如被九头鸟妖怪捉去了一般。

二郎笑道："我因闲暇无事，同众兄弟采猎而回，幸蒙大圣不弃留会，足感故旧之情。若命挟力降妖，敢不如命！却不知此地是何怪贼？"六圣道："大哥忘了？此间是乱石山，山下乃碧波潭，万圣之龙宫也。"二郎惊讶道："万圣老龙却不生事，怎么敢偷塔宝？"

为何二郎神住在万圣老龙的附近？为何此回需要二郎神来救助？

打猎必然是在离住所不远的地方。二郎神和兄弟们外出打猎而遇到了悟空和八戒，说明二郎山住的灌口离龙潭不远。道书有言，脐部的真神叫做"桃孩"，二郎神在传说中正是辟桃山而救母的小孩子，因此二郎神就是脐部之神，镇守命门。而祭赛国所代表的黄庭，正是在脐内一寸三分。这也就难怪二郎神打猎回来，会路过龙潭了。

牛魔王篇借力于天庭的哪吒，哪吒为头部之神；而此处则借力于脐部的二郎神。这仍然是在暗示小周天向大周天的转换过程。小周天完成之时要将阴精炼成的元炁赶入乾鼎（头顶）进行采取，因此牛魔王被天庭的哪吒收伏，正是元炁在头顶被采取的隐喻。而到了大周天，移炉换鼎，要将元炁奉还中丹田，所以九头鸟被二郎神的哮天犬咬伤，舍利回到祭赛国，正是元炁在脐部被降伏，而入于黄庭的隐喻。

更何况二郎神还有只哮天犬，简直是专为西游记作者准备的素材。

行者道："家无全犯，我便饶你，只便要你长远替我看塔。"龙婆道："好死不如恶活。但留我命，凭你教做甚么。"

为何万圣老龙一家悉被打死，却独独留下一个龙婆？

龙为乾，乾为阳能为金，居于水中，便是水中金，对应着坎卦中的阳爻。而此篇故事收伏万圣老龙，正是抽取水中金，也就是把坎卦中的阳爻抽去，那坎卦便变成了坤卦。万圣老龙一家全部被打死，意味着大周天行功达到目的，将坎卦中的阳能全部抽尽，所谓铅尽。而独独留下一个龙婆，也就是坤卦，正是抽取坎中金，将坎卦转化为坤卦的象征。

行者道："陛下，金光二字不好，不是久住之物：金乃流动之物，光乃煆灼之气。贫僧为你劳碌这场，将此寺改作伏龙寺，教你永远常存。"

为何要把金光寺改成伏龙寺？伏龙是何寓意？

前文引《钟吕传道集》："金丹大药，保送黄庭之中。若以采药不进火，药必耗散而不能住。若以进火不采药，阴中阳不能住，止于发举肾气而壮暖下元尔。若以采药有时而进火有数，必先于铅中作用，借气进火，使大药坚固，永镇下田，名曰采补之法。"

也就是说，小周天虽然能结成黍米之丹，获得先天之药，但是如果不通过后天的呼吸之气进行锻炼，则先天药的下场也就是流串耗散于人体，并无所用。此处行者说"金光"不是久住之物，就是此意。

而采药和呼吸进火同时进行，则能"以神伏炁"，使得金光凝结。《伍柳仙宗》："太阳乃喻心之神，太阴乃喻肾之炁。伏者，以神伏炁之法。能伏住者，即得长生，否则不能得矣。""阐伏炁，论藏之内而不驰诸外；外驰者，炁散而神无所归依。伏者，即所谓若欲长生，神炁相住之谓。"那么具体如何"伏炁"呢？关键在于神炁均不外驰，回光返照于形体之内。回光就是内视，也就是将注意力凝注于身体之内。"故一回光，周身之炁皆上朝，如圣王定都立极，执玉帛者万国。又如主人精明，奴婢自然奉命，各司其事。诸子只去回光，便是无上妙谛。光易动而难定，回之既久，此光凝结，即是自然法身，而凝神于九霄之上矣。"金光寺改作伏龙寺，便指的是回光返照，神炁再不外驰之意。

而金光常存，凝结不散，便有下篇的金丹初次现相。因此下一站，便是荆棘岭。

十七 荆棘终有尽 金丹初和凝：荆棘岭篇

又早冬残春至，不暖不寒，正好逍遥行路。忽见一条长岭，岭顶上是路。三藏勒马观看，那岭上荆棘丫叉，薜萝牵绕，虽是有道路的痕迹，左右却都是荆刺棘针。

当路上有一通石碣，上有三个大字，乃"荆棘岭"；下有两行十四个小字，乃"荆棘蓬攀八百里，古来有路少人行"。

荆棘岭的名字隐喻着什么？为何此篇出现于收伏牛魔王以及万圣老龙之后？

这里仍是外佛里道，性命同述的写法。表面上，用佛家的荆棘的概念来比喻修身养性；内里则为内丹派的抽取坎金的步骤。

佛家将痛苦比做荆棘，荆棘岭之名应脱胎于此。《大宝积经》："如人在荆棘林，不动即刺不伤。妄心不起，恒处寂灭之乐。妄心才动，即被诸有刺伤。""心"这里指的是意念。意念便是自我要操控所处环境的想法。自我的试图操控，触发了痛苦，正如人步入荆棘之中。

克里希纳穆提问过："痛苦，是实际存在的呢，还是虚幻的呢？"我们静心觉察便可以发现，痛苦，是实际存在的一种能量。我们周围有各种各样的能量，我们种种不同的意图言行，使得我们向不同的能量敞开。自我意欲操控，自然便有不如意之时，这便打开了痛苦的电源开关，使得痛苦的能量缠绕上我们，如影随身。我们每日每时，都过着这样满足自我需求，以操控利己为首要目标的生活，痛苦自然便永驻长存。正所谓有求皆苦。

《地藏经》说"阎浮提众生，起心动念，无不是业，无不是罪"也是这个意思。

即便对于悟道者，纵然悟道，也还是得承受自己现实条件所带来的种种因缘，其中便有身心痛苦。求不得苦、爱别离苦、怨憎会苦等诸般痛苦，不会因为悟道而消减分毫。禅宗所谓"不受因果，不昧因果"，指的是愿意主动承受因果带来的痛苦，并非悟道之后再不承担痛苦。更何况修道之时，身心灵敏，需要扫除的障碍尽数现前，需要释放的负面能量全部被转化为现实事件，其所遭受的痛苦较常人更是放大了无数倍。因此西游记书中写道，*为人谁不遭荆棘，那见西方荆棘长！*

荆棘，在周易中的卦象对应着坎卦；坦途，对应着乾卦。坎卦为两个阴爻包裹一个阳爻，为元炁中参杂阴精的意象，而乾为烹炼好的大药，也就是金丹。此处灭除荆棘，将坎卦转化为乾，喻示着丹道中的抽铅步骤，也就是获得铅中的阳能，而聚合成金丹。

笔者在前文已经详细阐明，收伏牛魔王的故事讲的是心息相依而止火，炼化元炁，元炁入于小周天的乾鼎。万圣老龙的故事讲的是移炉换鼎，抽坎填离，心肾阴阳相交，开始发动大周天。荆棘岭讲的是灭除荆棘，把坎中之阳抽掉化为丹药，乾代表成功、胜利，也就代表着小周天到大周天的胜利转换，积累的黍米之药便凝结成丹，有金丹现相。荆棘岭上杏仙的出现讲述的正是金丹初次现相，因此紧随在这两个故事之后。从内丹修炼步骤上讲，此篇承上启下，天衣无缝。有人认为此篇是伪作，笔者不敢苟同。

八戒道："不打紧，等我使出钯柴手来，把钉钯分开荆棘，莫说乘马，就抬轿也包你过去。"

三藏大惊道："怎生是好？"沙僧笑道："师父莫愁，我们也学烧荒的，放上一把火，烧绝了荆棘过去。"

八戒笑道："要得度，还依我。"好呆子，捻个诀，念个咒语，把腰躬一躬，叫"长！"就长了有二十丈高下的身躯，把钉钯幌一幌，教"变！"就变了有三十丈长短的钯柄，拽开步，双手使钯，将荆棘左右搂开："请师父跟我来也！"

这一日未曾住手，行有百十里，将次天晚，见有一块空阔之处，当路上有一通石碣，上有三个大字，乃"荆棘岭"；下有两行十四个小字，乃"荆棘蓬攀八百里，古来有路少人行"。八戒见了笑道："等我老猪与他添上两句：自今八戒能开破，直透西方路尽平！"三藏欣然下马道："徒弟啊，累了你也！我们就在此住过了今宵，待明日天光再走。"八戒道："师父莫住，趁此天色晴明，我等有兴，连夜搂开路走他娘！"那长老只得相从。

为何此篇需要猪八戒开路来灭除荆棘？为何沙僧建议烧荒，八戒建议辟路？

猪八戒在此篇表现出色，为除灭荆棘的主力军。为何会如此设定呢？

坎卦有猪的意象，因此猪八戒对应的是坎卦。周易中的坎卦表示带来伤害之事物。坎卦为上下两个阴爻，中间一个阳爻，阴爻可以象征着植物的尖刺，阳爻可以象征着植物的枝条，因此坎卦也具有荆棘的意象。坎卦也有心的意象。心中荆棘，正是痛苦。而痛苦的来袭，最好的应对方法，便是愿意去承受痛苦。佛教有"第二支箭"的说法，当我们遇到违缘之事的时候，好比被一支箭刺中，遭受身心的痛苦。而我们对痛苦的抗拒和逃避，却百倍放大了痛苦能量，好比我们自己用第二支箭再次刺伤自我。

也好比《百喻经》里那个愚人，一个儿子不幸死亡，他自暴自弃，又杀死了另一个儿子。

愿意去承受痛苦，便是最大限度地开放自我，将自我交付给痛苦的能量，仰面跌入痛苦的海洋，不作保留。这时痛苦作用于身体，造成身体能量的收缩和不适，我们唯一能做的，便是去经历痛苦，在身体上观察其能量的存在和运动方式，在痛苦中仍然尽力敞开并交付自己。这样一来，痛苦的能量便会转化，转化为源头的安宁和平和。这个过程，非常痛苦，需要决心和坚持，俗语说"学佛是大丈夫事"，也是这个意思。

承受、观察痛苦并使之最终转化的过程，是在身体上完成的。猪悟能在西游记里的设定便是身体的象征。用猪八戒作为辟除荆棘的主力军，可谓恰当。

而从内丹修炼的角度，八戒是"木母"，此木为供给内丹修炼之炉鼎以用来点火的木柴，其钉耙便是用来耙柴之用。其号称"天蓬元帅"，蓬为草为柴，"天蓬"便是内丹修炼进火之木气柴草，"天蓬元帅"便是主管此事务之元帅。这里八戒明说"使出钯柴手"，正好符合八戒的本职工作。

从五行角度来看，荆棘为木，木生火而火生土，烧荒可以使得土性能量增加。沙僧属土，因此建议烧荒。而八戒则是掌管炼丹柴草的元帅，对草木秉性素质比较熟悉，因此沙僧的提议被他否决了，此草"正当蕃盛"，尚未枯萎，含有过多的水元素（坎），不适合烧荒。

三藏云："道乃非常，体用合一，如何不同？"拂云叟笑云：

"我等生来坚实，体用比尔不同。感天地以生身，蒙雨露而滋色。笑傲风霜，消磨日月。一叶不凋，千枝节操。似这话不

226

叩冲虚，你执持梵语。道也者，本安中国，反来求证西方。空费了草鞋，不知寻个甚么？石狮子剜了心肝，野狐涎灌彻骨髓。忘本参禅，妄求佛果，都似我荆棘岭葛藤谜语，萝苊浑言。此般君子，怎生接引？这等规模，如何印授？必须要检点见前面目，静中自有生涯。没底竹篮汲水，无根铁树生花。灵宝峰头牢着脚，归来雅会上龙华。"三藏闻言叩头拜谢。

拂云叟说的"忘本参禅"是何意？

这段话虽然从拂云叟口里说出，但其实为内丹派张目。"生来坚实，体用比尔不同。感天地以生身"等语，并非闲文，外表似乎是树木之精在夸耀自己身体坚实，其实内里讲的是人体结构具备肉身转化的条件，修道应从身心同时下手，而非"只修性，不修命"。"执持梵语。道也者，本安中国，反来求证西方。空费了草鞋，不知寻个甚么？石狮子剜了心肝，野狐涎灌彻骨髓。"看似在批评佛家空言谈禅，只修性，不修命，"万载阴灵难入圣"；内里从丹道的角度而言，石狮子剜了心肝为离卦，野狐涎灌彻骨髓为坎卦，也讲述了坎离互交这一内丹修行中的重要概念。"静中自有生涯。没底竹篮汲水，无根铁树生花"讲的是修持功夫，无为而为，收摄身心，不需做功便能达到身心转化。"没底竹篮"指代的是呼吸法门，对应着通天河的故事；"无根铁树"用的是张三丰的"无根树"的典故，对应着五庄观人参果的故事。此段话其实是内丹修炼法门的大总结，因此三藏闻言叩头拜谢。

那老者唤做十八公，号劲节；第二个号孤直公；第三个号凌空子；第四个号拂云叟；那女子，人称他做杏仙。"

行者道："十八公乃松树，孤直公乃柏树，凌空子乃桧树，拂云叟乃竹竿，赤身鬼乃枫树，杏仙即杏树，女童即丹桂、腊梅也。"

227

松树精、柏树精、桧树精，竹子精以及杏树精都各写有诗。这几首诗，逐字解释太过无趣。笔者选了三首翻译成现代诗，以飨读者。

十八公道："劲节孤高笑木王，灵椿不似我名扬。山空百丈龙蛇影。泉泌千年琥珀香。解与乾坤生气概，喜因风雨化行藏。衰残自愧无仙骨，惟有苓膏结寿场。"

十八公的诗应作何解释？

下面是笔者的翻译：

若论峭拔直上，筋节固结

就算梓树，那木中之王，也得甘拜下风吧

若论在尘世间声名辉扬

那棵长寿之树，庄子的灵椿，又算得了什么呢

我居于山中，枝干夭矫如龙蛇飞舞

我照临泉边，那水沁出千年松脂微微地香

天地乾坤有了我，平添万千气概

风雨雷电中，我衣袖飞扬，变换行藏

终究年衰体残 无法永驻此间

世事轮回呵

人们咽下的松茯苓膏中有我最后的苍茫

十八公为松树。此诗表面赞美松树，内里称赞修道者得到长寿，展现了人体的奇妙神秘。首句的"木王"指的是梓树。宋陆佃《埤雅》："梓为百木长，故呼梓为木王。盖木莫良于梓，故《书》以梓材名篇，《礼》以梓人名匠，朝廷以梓宫名棺也。"第二句的"灵椿"典固然有可能出自《庄子》："上古有大椿者，以八千岁为春，八千岁为秋。"但庄子此语人人皆知，大椿名不可谓不扬。和诗中"灵椿"不如松树名扬这一说法矛盾。明朝杂记之书《宦游纪闻》："涿州有灵椿寺，寺中椿木一本，大不可量。枝干繁盛，凡树影皆随日月升沉以为邪正，而椿影早暮未常少移。"这个典故似乎更为恰切。第三句的"龙蛇影"指的是松枝夭矫，对应着震卦也就是内丹修炼中的肝木。第四句的"琥珀香"指的是松香。琥珀一词暗含着"白虎"二字，指代的是肺气。三四五六句在丹道的寓意中是肝气和肺气金木交并，变化而产生乾金。最后一句的"茯苓"为松茯苓。松树死后长出茯苓，茯苓可以做成强健脾土、祛除湿邪的茯苓膏。《抱朴子》："松树枝三千岁者，其皮中有聚脂，状如龙形，名曰飞节芝，大者重十斤，末服之，尽十斤，得五百岁也。"最后一句看似颓丧，但仍紧扣内丹修炼的门径。松树死后产生药物，正如内丹修炼中用肝之木气来燃烧炉鼎获得内丹药物，此药物如同松茯苓一般可增添生命能量，以资长生。二者为同一类比。

拂云叟："淇澳园中乐圣王，渭川千亩任分扬。翠筠不染湘娥泪，班箨堪传汉史香。霜叶自来颜不改，烟梢从此色何藏？子猷去世知音少，亘古留名翰墨场。"

拂云叟的诗应作何解释？

下面是笔者的翻译：

瞻彼淇奥，那是我在《诗经》中君子如玉的风流

渭川千亩，那是我在《史记》中堪比王侯的富贵

有谁见过

那两位美丽的妃子，在我枝叶上洒下粉泪晶莹？

世人皆知

曾有汉家史官，用竹简汗青刻录了历史的余韵芬芳

凌冬冯霜，我青衫依旧

佛陀的金身由我亲手丈量

曾和我朝夕相伴的

那个人

已经不在

我却在文人士子手中辗转，日日流荡

首句"淇澳园中"，用的《诗经》"瞻彼淇奥，绿竹猗猗"的
典故。次句"渭川千亩"出自《史记·货殖列传》："齐鲁千亩桑

麻，渭川千亩竹，此其人皆与千户侯等。"千亩竹子所带来的收益，堪比一个千户侯的爵位，所谓富可以敌贵。第三句的"湘娥泪"，用娥皇女英泪迹斑斑，染于竹叶的典故。第四句的"班箨"，指的是竹子的外皮。古文字写在竹简之上，竹简要先用火烤把竹片里的水分烤出来成为"汗青"，因此有汗迹斑斑。而"班"字同时也让人想起了班昭作为史官书写汉史，一语双关。"霜叶自来颜不改"指的是竹子凌冬不凋，青叶依旧。"烟梢从此色何藏"化用了杜甫之诗："为问南溪竹，抽梢合过墙。"既然凌冬不凋，颜色不改，那便易于辨认。抽梢过墙，也就无法隐藏身姿了。另外也许暗暗影射着《大唐西域记》："林竹修筱被山满谷。其先有婆罗门闻释迦佛身长丈六，常怀疑惑，未之信也。乃以丈六竹杖欲量佛身。恒于杖端出过丈六，如是增高莫能穷实。遂投杖而去。"末联用的是王子猷典故。子猷爱竹，曾说"不可一日无此君"，因此竹子精认为他是知音。

孤直公柏树精之诗平平无奇，不需翻译，只有最后的"元日迎春曾献寿"一句需要说一下。此句一语双关，影射着两个典故。表面上看，元日为元旦，迎春为新春，此典故来自古时元旦饮柏叶酒上寿的习俗。《汉官仪》："正旦饮柏叶酒上寿。"但同时也暗含了丘处机怜柏之事。《枣林杂俎》记载："平谷城东延祥观柏，不知所自始。元至正丁亥，真人丘长春至盘山，过观中，见枯柏曰'怜惜、怜惜'。去后，柏仍叶茂至今。"西游记作者和全真教渊源颇深，自然是在影射此典故。"元日"为元兵来到之日，"迎春"迎接丘长春真人，"献寿"为枯柏死而复生。元兵到来之时，丘长春真人看到此柏树，慨叹"怜惜"，既是在哀悼柏树生命不再，也是在悲痛一个王朝的逝去。这和书中将柏树称之为"孤直公"这一名号相符。

（杏仙）遂朗吟道："上盖留名汉武王，周时孔子立坛场。董仙爱我成林积，孙楚曾怜寒食香。雨润红姿娇且嫩，烟蒸翠色显还藏。自知过熟微酸意，落处年年伴麦场。"

杏仙的诗应作何解释？为何说她"堪配圣僧"？

下面是笔者的翻译：

那个孜孜于长生不老的皇帝

拥有一座禁止外人踏足的神秘园林

而我　就来自那里

那位千世楷模的圣人绝不藏私

向凡俗传播精神法则

而我　就站在他身后

我和九十九个姐妹挽手并肩

歌唱着济世救人的疗愈能量

磨浆做汤粥，追祭先贤的寒食节里

浆酪中仿佛夹杂着我的芬芳

甘露滋润　我嘴唇娇嫩艳红欲滴

烟霞飞舞　我翠袖花颜现了又藏

熟软甜美之时　最宜君采撷

于是我在麦黄时分急急到场

　　首句用汉武帝之杏的典故。段成式《酉阳杂俎》："济南郡之东南有分流山，山上多杏，大如梨，色黄如橘，土人谓之汉帝杏，亦曰金杏。"《本草纲目》："黄而圆者名金杏。相传种出自济南郡之分流山。彼人谓之汉帝杏，言汉武帝上苑之种也。"第二句用杏坛的典故。"杏坛"相传为孔子聚徒授业讲学之处。第三句用董奉杏林的典故。董奉为东汉名医，医术高明，治病不取钱物，只要病愈者在山中栽杏。后来有杏万株，蔚然成林。杏林也就成为医者仁心的代名词。传说董奉后来成仙。张景诗云："争似莲花峰下客，栽成红杏上青天。"说的就是董奉成仙。第四句用寒食节杏酪的典故。东晋时孙楚在祭奠介之推的祭文里提到用杏酪作为祭奠食品。

　　这首诗其实是金丹在唱歌。杏，就是金丹的隐喻。道书上形容金丹"形若弹丸，色同朱橘"。杏子金黄而圆，同金丹的颜色和形体都非常相像，因此用杏子来比喻金丹，颇为恰切。内丹修炼之时，龙虎交会，形成黍米之丹，"每次一粒，如金粟形状，颗颗还于黄庭，每颗生金光一道，搬运出放皮毛之际，金光满室。""三百日气结丹凝，状如弹丸，色似朱橘，自可长生不死。"而这里的"黍米之丹"，说是所生之药颜色大小如金黄的小米，说是"黍米"固然可以，比喻成"麦"也未尝不可。农民收麦之时，将一片土地整治成圆平之场坪，以供给小麦脱粒之用，称为打麦场。"麦场"为打麦之场，麦粒堆积，也就隐喻着行功累积后药积成丹。俗语说"麦黄杏"，该诗第八句表面上似乎在说麦子黄时杏子成熟，其实内里在说黍米之丹累积多了，便凝结成为金丹之相。

该诗的其他几句也采取了类似的双关手法。此诗字字是杏，字字是金丹。表面是妖精勾引唐僧男女欢会，内里讲的是锻炼丹熟的情景。此乃文字家惯常使用的双关手法，要是单纯认为此处为色魔引诱唐僧，则未得全豹。第一句用汉武帝的金杏典故，汉武帝是出了名的爱好长生，他求长生其实求的无非是金丹；第二句用的孔子立杏坛的典故，儒家传教义讲的是修性立命，为金丹所成根基。第三句用的是医家杏林的典故，讲的是金丹具有的疗愈能量。第四句用的是晋朝孙楚用杏酪追祭介子推的典故，讲的是金丹能量传承。总的来说，金丹在帝王、儒家、医家、平民之中都曾出现，都有极其重要的地位。杏子不熟则青涩无法下口，金丹不熟则无法生用。最后一句用"麦黄杏"的俗语，杏子常常在收麦之时成熟。麦，就是道教中黍米之丹的隐喻。麦场上麦积成山，黍米积多便成金丹，景象相似，比喻恰切。

　　那赤身鬼使暴躁如雷道："这和尚好不识抬举！我这姐姐，那些儿不好？他人材俊雅，玉质娇姿，不必说那女工针指，只这一段诗才，也配得过你。你怎么这等推辞！

　　这也暗示了金丹本就是修道者所求，所以说堪配圣僧。

既然杏仙是金丹，为何唐僧不欣然领受？为何最后要悟空来施救方能脱身？

　　《达摩多罗禅经》讲述了修道人所遇到的各种魔景以及对治方法。其中出现最多的一句话便是"不作圣心，名善境界；若作圣解，即受群邪"。修道时出现的种种景象，有顺景，有逆景。遇到顺景，万万不能认作是实，沉溺其中，以为"我"得道了、"我"进步了，其实不过是为自我的能量增添了新的燃油而已。

　　《金刚经》言："凡所有相，皆是虚妄。"又言："若以色见我，以音声求我。是人行邪道，不能见如来。"金丹现前，亦不能着相。求之不得，挥之不去，无非如此而已。有形有相之物，毕竟都不是金丹。结丹、守丹、护丹、盗丹、失丹，不到最后究竟之时，无非都是空相，引人动心的障眼法罢了。上篇在小雷音，修行者着相，已经吃尽了苦头。因此这时唐僧的态度便审慎多了。

最后唐僧得到悟空救援，方才脱身，也隐喻着看破金丹现相的空相本质，方能不起执著。当然，另一方面，从内丹修炼五行生克的角度来讲，荆棘是木，八百里荆棘木气过旺，"强木得火，方泻其英"，孙悟空兼具金火两性，金本克木，火可以倾泄木气，所以可救助唐僧从群妖中脱身。

至于树精们被八戒一顿钉耙耙倒，也很好理解。八戒是"木母"，此木为供给内丹修炼之炉鼎以用来点火的木柴，其钉耙便是用来耙柴之用。其号称"天蓬元帅"，蓬为草为柴，"天蓬"便是内丹修炼进火之木气柴草，"天蓬元帅"便是主管此事务之元帅。而树精们本是木元素，被八戒一顿耙收了，正好符合八戒的本职工作，喻指其能量被修行者吸收，转化为其大周天修炼之柴禾，也就是化为"天蓬"。十八公的"唯有苓膏作道场"，正是自谶。

十八 炼精色欲尽 果熟马阴藏：小西天篇

此篇讨论黄眉怪的故事，对应着百回西游记的六十五回以及六十六回。

黄眉怪的故事是何寓意？

从身命修持的角度而言，内丹派认为百日筑基之功可以将后天损耗的先天之精补足；然后通过小周天不断的炼精化炁，可以将身体内所有的先天之精都化为炁，身体之内便不再有残存的精气，此时便证得无漏之体的道果。黄眉怪的故事讲的正是小周天最后圆满的时候，通过呼吸静坐锻炼睾丸，使其缩入体内的步骤。锻炼之时，睾丸缩入体内，但若有残余的精气，仍会出于体外，那么就得重新锻炼，如此反复，几次三番，方能宣告成功。黄眉怪的白布褡包，便是精囊的象征；孙悟空的几次借兵，都被白布褡包收走，宣告失败，便是此意。如此反复多次，直到无漏之体的道果成熟，方才收伏黄眉怪。道书《性命要旨》言："每当活子时，外阴勃起，神入炁穴，用武火猛炼，少顷阳痿。"便是此篇故事的大纲。具体细节，笔者自会在下文逐一解释。

老妖魔公然不惧，一只手使狼牙棒，架着众兵，一只手去腰间解下一条旧白布褡包儿，往上一抛，滑的一声响喨，把孙大圣、二十八宿与五方揭谛，一褡包儿通装将去，挎在肩上，拽步回身，众小妖个个欢然得胜而回。

佛祖道："他是我面前司磬的一个黄眉童儿。三月三日，我因赴元始会去，留他在宫看守，他把我这几件宝贝拐来，假佛成

精。那褡包儿是我的后天袋子，俗名唤做人种袋。那条狼牙棒是个敲磬的槌儿。"

旧白布褡包为何称为人种袋？为何由弥勒佛掌管？为何褡包威力如此强大，可以将各路神兵悉数装去？

此白布褡包为黄眉怪的关键武器，也是破译此篇故事的重要线索，因此笔者将其放在此章的开篇部分进行讨论。

弥勒佛说："那褡包儿是我的后天袋子，俗名唤做人种袋。"佛教有过去佛、现在佛和未来佛。弥勒佛是世尊释迦牟尼佛的继任者，未来将在娑婆世界降生修道，成为娑婆世界的下一尊佛。传说中肩上背负着一个大袋子的布袋和尚就是弥勒佛的一个化身。其背负的布袋在西游记中被作者借用为人种袋，有了此白布褡包的形象。弥勒佛是未来之佛，尚未降生，因此其人种袋中背负的便是能在未来变成人的种子，也就是精子的隐喻，人种为精，袋子为囊，人种袋就是精囊，也就是睾丸。那么"短软狼牙棒"，又为弥勒佛"敲磬的槌儿"，指代的便是阴茎。

男子的生殖器勃起，睾丸发硬，是体内精气的显现，并非因为欲念的存在。如《道德经》说初生婴儿"未知牝牡之合而朘作，精之至也。"便是这个意思。而内丹派小周天炼精化炁功行圆满之后，由于身体内不再有残余的阳精。炁因静定之久，不再动而化精，阴茎便缩小如童子，而睾丸也缩入体内，便是所谓的马阴藏相。《大成捷要》："以至马阴藏相，阳关一闭，火足药灵，龟头缩回，丹放毫光，言小周天火足丹熟，当知止火之候。"止火之景出现标志着炼精化炁阶段的完成。黄眉怪的故事讲的正是小周天将要圆满的时候，锻炼睾丸，使其缩入体内的步骤。锻炼之时，睾丸缩入体内，但若有残余的精气，仍会出于体外，那么就得重新锻炼，如此反复，几次三番，方能宣告成功。黄眉怪拿出白布褡包，便喻示着尚有残存精气有待于炼化。孙悟空的几次借兵，都被白布褡包收走，指的就是炼精的过程尚未完成，需要再继续投入能量进行操作。

引他到我这瓜田里。我别的瓜都是生的，你却变做一个大熟瓜。他来定要瓜吃，我却将你与他吃。

那妖精直赶到西山坡下。行者见有瓜田，打个滚，钻入里面，即变做一个大熟瓜，又熟又甜。

弥勒变作一个种瓜叟，出草庵答道："大王，瓜是小人种的。"妖王道："可有熟瓜么？"弥勒道："有熟的。"妖王叫："摘个熟的来，我解渴。"弥勒即把行者变的那瓜，双手递与妖王。妖王更不察情，到此接过手，张口便啃。那行者乘此机会，一毂辘钻入咽喉之下等不得好歹，就弄手脚抓肠刴腹，翻根头，竖蜻蜓，任他在里面摆布。那妖精疼得龇牙俫嘴，眼泪汪汪，把一块种瓜之地，滚得似个打麦之场。

为何黄眉怪在瓜田才能被降伏？为何强调悟空变成一个熟一点的瓜？为何书中屡屡出现孙悟空钻入妖怪肚腹之中的情节？

从故事情节上看，黄眉怪索要西瓜吃之时，是将悟空所变之瓜囫囵吞下肚。无论西瓜熟还是不熟，按照常理来讲，对降妖成功与否并没有太大关系。那么，为何西游记书中反复强调行者变成一只熟瓜呢？

瓜就是果，此果不是凡果，而是道果。道果，为成道之果位，也就是修道者修持所达到的阶段性状态。内丹派认为，修持小周天炼精化炁，当所有的阳精都化为元炁之时，生殖器中就不会出现任何残存的精气，此时才会出现马阴藏相，才算证得无漏道果。悟空变成一个大熟瓜，又熟又甜，就是隐喻小周天炼精化炁功行圆满，证到了无漏道果。黄眉怪追到瓜田，方被降伏，指的是道果真正成熟之时，才能达到无漏的状态，所谓的淫根也就不再显露。无漏道果的出现，正是象征精气的黄眉怪的灭亡，因此黄眉怪在瓜田中被降伏，也就毫不奇怪了。

"把一块种瓜之地，滚得似个打麦之场"其实也非闲文，而是别有寓意。农民收麦之时，将一片上地整治成圆平之场坪，以供给小麦脱粒之用，称为打麦场，上有麦粒堆积成山。荆棘岭杏仙之诗自述道："落处年年伴麦场"，和这里的"麦场"是同样的逻辑，说的是小周天所生之药颜色大小如金黄的小麦（内丹派常称为黍米之丹），"麦场"为打麦之场，麦粒堆积，也就隐喻着行功累积后药积成丹，功行圆满，此时也就证得了无漏之道果。

孙悟空为离卦，腹部为坤卦，离卦在坤卦之内，便是坤上离下的明夷卦。此处用的是明夷六四爻："入于左腹，获明夷之心，于出门庭。"妖怪为坎卦，其心便是坎中的阳爻，孙悟空入于其腹，获得其心，正象征着将坎卦的阳爻抽取，来补满离卦的空虚，离卦因此变而为乾金。仍是抽坎补离的写法。西游记中孙悟空屡屡钻在妖怪肚子里，都是此意。笔者书于此篇，别处就不再重复了。

只听得半空中叮当一声，撇下一副金铙，把行者连头带足，合在金铙之内。

却说行者合在金铙里，黑洞洞的，燥得满身流汗，左拱右撞，不能得出，急得他使铁棒乱打，莫想得动分毫。那行者在里边，东张张，西望望，爬过来，滚过去，莫想看见一些光亮。

"差二十八宿星辰，快去释厄降妖。"那星宿不敢少缓，随同揭谛，出了天门，至山门之内。弄到有三更天气，漠然不动，就是铸成了圇圉的一般。

金铙是何象征？为何它是弥勒佛的法器？为何降妖在三更时分？

小周天讲究的是凝神入炁穴，不让心神随缘放驰，而是心息伏藏，止于脐下，久而久之，则神炁相抱，恍然阳生，自然玄关窍开。悟空被关入金铙的情节，正是此步骤的象征。而凝神入炁穴，穴内神炁相交媾，便出现了玄关一窍。玄关为神炁交媾之处所，其位置在人体内并不固定，在哪个丹田神炁交媾，就在哪里形成玄关一窍，是无中生有，见机生情之物，因此金铙这一法器从天而降，属于弥勒佛这尊未来佛祖掌管。

紫阳真人在《悟真篇》言道："此窍非凡窍，乾坤共合成；名为神炁穴，内有坎离精。"此窍为乾坤共合成，外面是乾，乾为金为圆形之物，内里是坤，坤为空虚为闭藏，因此可以用金铸成的中空圆形容器来做比喻，西游记作者选取了金铙，铙是佛道均可使用的法器，常为铜金所铸，可谓恰切。而坤卦有"括囊"之象，主闭藏主包容，因此无论孙猴子变大化小均无法逃出，此处和镇元大仙的"袖里乾坤"其实是同一逻辑。坤色为黑，因此金铙里面黑漆漆的，不见亮光。

《大成捷要》："每当半夜子时以后，虚极静笃，天然醒觉，一阳来复，外肾兴起之时，元精吐露，外药发生之际，即当行调药之功，运动风吹火炼之玄机。"半夜三更子时分，为一阳来复。孙悟空被金铙合住，不能外驰，象征着心神凝注于炁穴。等到玄关一窍中神炁相交相媾已毕，自然玄关窍开，心神不必再入炁穴。

亢金龙的角，紧紧嚼住，四下里更无一丝拔缝。行者摸着他的角叫道："不济事！上下没有一毫松处！没奈何，你忍着些儿疼，带我出去。"好大圣，即将金箍棒变作一把钢钻儿，将他那角尖上钻了一个孔窍，把身子变得似个芥菜子儿，拱在那钻眼里

蹲着叫："扯出角去！扯出角去！"这星宿又不知费了多少力，方才拔出，使得力尽筋柔，倒在地下。

亢金龙的角又是何寓意？为何在其角尖上钻了一个孔窍？

为何此处要用到亢金龙？其角上的眼又代表什么？我们看《大成捷要》丘处机的修证体悟，便可恍然大悟。他说道："文者，无为之风火。武者，有为之风火。盖无为之文风文火，用在调外药前后两头。而有为之武风武火，用在调外药元精正旺之时。盖真气动时，最易下流顺出，必用真意眸光，凝入命宫气穴之中主照经慞，真气即下行，而化为元精。非呼吸之息，以风助火，以火销金，而元精必不能复化为元气，归宿坤炉本宫之中矣。然用呼吸之息，在丹田之中一出一入，必须提起精神，目光窥定，一意不散，万缘皆空，鼓动巽风，扇开炉焰，使息息皈根，方合猛熟急烹炼之神功。而炉中之意，切莫著于呼吸，只专意于元气，不过借呼吸之机，以为采取烹炼之旨也。"

这里的意思是说，锻炼之时，开始要文火，寂寂密密，无所作为，这正对应着孙悟空和二十八宿折腾了多时，不敢惊动妖怪，但也无有作为的场景。而阳精正旺之时，则要武火炼丹，借助呼吸的机，扇动元神的火，以火销金。三更时分，一阳来复，阳精旺盛，而这里亢为武力为强烈，金和龙都指的是乾卦，乾卦为武力，亢金龙便是重乾卦象，象征着大力呼吸，猛火炼丹。而孙悟空在其角上钻了个眼，正是借力于呼吸的机会，进行烹炼。亢金龙之角在金铙内一入一出，正是"用呼吸之息，在丹田之中一出一入"。此进出之费力，象征着聚精会神，凝住着强烈的注意力。

当然，此情节还有其附带意义。笔者在《周易详解》一书中已经解释过，亢字在甲骨文里本是男性生殖器高举之意（）。亢金龙为阳亢至极之象。而亢金龙之角变得"力尽筋柔，倒在地

241

下",正是生殖器受到炼化,不再高举的场面,也是炼阳的另一个影射,但此处主要还是强调借助呼吸之机来武火炼丹。

那妖王道:"此处唤做小西天,因我修行,得了正果,天赐与我的宝阁珍楼。我名乃是黄眉老佛,这里人不知,但称我为黄眉大王、黄眉爷爷。"

一条短软佛家兵,一条坚硬藏海藏。都有随心变化功,今番相遇争强壮。短软狼牙杂锦妆,坚硬金箍蛟龙象。若粗若细实可夸,要短要长甚停当。

此妖怪为何称之为黄眉大王?小西天又是何意?

首先,"黄子"在俗语土话中,有卵蛋睾丸之意。比如《红楼梦》中刘姥姥骂孙子"下作黄子";偕鸾说:"笑软了,怎么打呢。掉下来栽出你的黄子来。"此语本是讥讽之语,和偕鸾(谐音"泄卵")这个名字逻辑一致。黄眉怪的"黄眉"其实也是此逻辑,谐音"黄没",黄子没有了,为卵蛋消失之意,指代经过小周天的锻炼,睾丸缩入体内,也就是道书所说的"直至机回气转,外肾消缩净尽"。文中黄眉怪的"短软佛家兵"和金箍棒进行交战,金箍棒为禅心定力,象征着心息相依,神气相注,不存而知守,不息而自嘘,神气皆皈静定,精气收敛转化,以至于生殖器龟缩不举。

另外,小周天功行圆满之时,有征兆称之为"阳光一现",道书称"掣电于两眉之间",也就是在两眉之间看到闪光。《大成捷要》云:"若真能马阴藏相,龟头缩回,丹放毫光,如云中掣电,虚室生白之状,初发观于眉前。久则自下田上达于目。光明闪灼。即阳光一现之景到也。掣电于两眉之间,阳光一现火候未足,淫根未缩,几遇阳生,即当采炼一周。以至采炼多番,周而复始,静而复静,务期圆满,三百周天之限数而后已。直炼至龟缩不举，阳光二现。"黄眉，也有可能指的是"眉间掣电"这一修炼时的现象。但笔者仍认为，"黄没"最为恰切幽默。

小西天、小雷音都是修道者修持路上的里程碑之称。此处小周天修持到达终点，证得无漏果位，虽然未到西天，但已经未来可期，所以称之为小西天。从心性修持的角度，唐僧见佛而被佛执，为佛教的不可着相之意。《金刚经》云："若以色见我，以音声求我，是人行邪道，不能见如来。"此处小周天功行圆满，见到假佛像；金平府处为大周天功行圆满，亦见到假佛像。西游记的写法，一个故事场景常常发生两次，第二次往往较为容易克服。此处之假佛便比金平府之假佛更难相处。

我记得有个北方真武，号曰荡魔天尊，他如今现在南赡部洲武当山上，等我去请他来搭救师父一难。

"我今着龟、蛇二将并五大神龙与你助力，管教擒妖精，救你师之难。"

这枝兵也在南赡部洲盱眙山蠙城，即今泗洲是也。那里有个大圣国师王菩萨，神通广大。他手下有一个徒弟，唤名小张太子，还有四大神将，昔年曾降伏水母娘娘。你今若去请他，他来施恩相助，准可捉怪救师也。

为何孙悟空选择向荡魔天尊和小张太子借兵？

武当山和盱眙县有一个奇妙的共通之处。

先说武当山：西游记这里设置的是武当山的荡魔天尊派遣了龟蛇二将和五大神龙为孙悟空的助力。龟蛇二将前身本是水、火二魔王，因而又名"水、火二将"。据《仙鉴》记载，当时水火旱蝗瘟妖六大魔王为害天下，玄帝与之战于洞阴之野，其中水火二魔也就是坎离二气，化为苍龟巨蛇，玄武将之踩在脚下，最终

243

被降服。而民间传说龟将军归顺真武后，经常为非作歹，真武大帝怒斩龟将军之首，并令蛇将军缠于龟身之上，因此武当山紫霄宫后有蛇紧紧盘绕在一只无头龟身上的石雕。蛇为离卦，龟为坎卦，对应的是水火既济。龟在古文化中常有男性生殖器的意象，蛇缠于乌龟之上，乌龟再无出头之日，对应的正是此处内丹修炼的马阴藏相。

再说盱眙县：盱眙县同样有一座龟山。《太平广记》言"大禹治水，降服淮渎水怪巫支祁，锁于龟山足下。"《盱眙县志》也记载了："禹治水三至桐柏山，获淮涡水神巫支祁，形犹猕猴，力逾九象，人不可视。命庚辰制之，锁于龟山之足，淮水乃安。"因此西游记文中说圣国师王菩萨新收了水猿大圣，就是这里的淮河水怪巫支祁。那么我们便知道，圣国师王菩萨便是大禹的隐喻，而之前笔者也论述过，禹字有猴子之意，大禹便是孙悟空的一个影身。那么我们就明白了，玄武大帝也好，圣国师王菩萨也好，都是讲的治水。荡魔天尊"威镇北方"，以"收降东北方黑气妖氛"而成名。而小张太子"昔年曾降伏水母娘娘"。北方、黑气、水，这些都是坎卦的关键代名词，坎卦同时也有精魂之意，指代人之精液。男子生殖器属于艮卦，方位为"东北方"，生殖器勃起为精气作怪，正是"东北方的黑气妖氛"。因此荡魔天尊和小张太子确实是克制黄眉怪的恰当人选。"龟蛇"二将也好，"龟山"也好，其实都在暗暗影射一个"龟"字。龟在古代为男性生殖器的隐喻。两处借兵讲得都是反复锻炼气息，吸收精液而达到马阴藏相的效果。文人戏谑之笔，不知数百载以来，有无知音人看懂。

祖居西土流沙国，我父原为沙国王。自幼一身多疾苦，命干华盖恶星妨。因师远慕长生诀，有分相逢舍药方。半粒丹砂祛病退，愿从修行不为王。

小张太子究竟是谁？

此歌诀大可玩味。笔者已经论述过，沙和尚来源于流沙河，流沙河在西域甘肃，因此西土流沙国也隐隐暗示了西域甘肃。建文帝传说中火焚未死，正是逃到了甘肃的金天观。沙和尚这个名字为调和日月坎离之意，流沙为金，金由日月坎离互交而产生，日月相交便合成一个"明"字。小张太子来自江苏盱眙县，也就是朱元璋的出生地。其父原为流沙国之国王，那他就是明朝太子。他一身苦难，受到恶人妨害，而修行不能为王。这些线索均隐隐指向建文帝的身世。笔者在乌鸡国篇论述了西游记的政治色彩，可以参看。

弥勒将右手食指蘸着口中神水，在行者掌上写了一个禁字，教他捏着拳头，见妖精当面放手，他就跟来。

孙行者迎着面，把拳头一放，双手轮棒。那妖精着了禁，不思退步，果然不弄褡包，只顾使棒来赶。行者虚幌一下，败阵就走，那妖精直赶到西山坡下。

为何一个"禁"字就能让妖怪不弄褡包？

此处用"口中神水"写了一个"禁"字。神水是小周天肾气升腾，遇到头顶，气极化液，称之为华池神水。神水从金也就是坎中的阳爻而生。"禁"字谐音为"尽"。神水尽，便是坎中的阳爻，也就是阳精完全被抽取炼化，再无阳精。此时马阴之相已成，妖怪不是不想弄褡包，而是心有余而力不足了。

虽然黄眉怪的白布褡包一次又一次出现，但所有炼化精气的努力都不曾白费，接下来孙悟空就得以变成一个大熟瓜，躺在了西山坡下的瓜田里。瓜熟而蒂落，海枯而石烂，方为大功告成。

十九 歧路未亡兔 大丹呕吐萌：玉兔精篇

此篇讨论玉兔精故事，对应着百回西游记中的九十三、九十四和九十五回。

本章玉兔精的故事是何寓意？

当然，这里仍为披着佛教外衣，行丹道之实的写法。首先，就丹道的框架而言：

坎卦既有月亮的意象，也有肾水精华的意象。月中玉兔，便是坎卦之中的那个阳爻，也就是阴精之中的阳气，对应的是太极阴鱼中的阳点。此章故事讲的是收伏玉兔而见太阴星君，便是将坎卦中的阳爻灭去，变为纯阴的坤卦。下章寇员外的故事讲的是将离卦的阴爻补足，变为纯阳的乾卦。乾卦的纯粹阳能，和坤卦的纯粹阴能，为人生身之初的能量。道教所谓的逆修，便是将人体阴阳混杂的后天能量进行锻炼提纯，化为人生身之初最纯粹的先天能量。就周易的卦象而言，便是从坎离杂糅交织的既济卦，逆修而回最初的本来面目。

同时，玉兔同时也代表着内丹修炼最后阶段所修成的大丹，也称大药，玉兔被孙悟空追赶，躲于毛颖山中，又被赶上天阙，被太阴星君收伏，正是黄昏时分，月亮显现。这一故事情节象征着大丹结成之后，以意引导，使之通过下鹊桥的尾闾关，然后上冲三关，终于大功告成，呕轮吐萌，详情请看笔者在本章的解释。

其次，笔者也想指出，尽管月中兔是中国文化的经典意象，但在佛教框架中也有月中兔的说法，因此此处在佛家典籍中也有出处依据。唐玄奘法师的《大唐西域传》里就记载了月中兔的佛教故事。猿猴和狐狸寻到了果实来供奉修行者，但是兔子身微力薄，最后决定自投于火，将肉身供奉给修行者，其心不泯，寄于月轮。引文于下，以飨读者：

烈士池西有三兽窣堵波，是如来修菩萨行时烧身之处。劫初时于此林野有狐兔猿异类相悦。时天帝释欲验修菩萨行者，降灵应化为一老夫。谓三兽曰："二三子善安隐乎？无惊惧耶？"曰："涉丰草、游茂林。异类同欢，既安且乐。"老夫曰："闻二三子情厚意密，忘其老弊，故此远寻。今正饥乏，何以馈食？"曰："幸少留此，我躬驰访。"于是同心虚己，分路营求。狐沿水滨衔一鲜鲤，猿于林树采异华果，俱来至止，同进老夫。唯兔空还，游跃左右。老夫谓曰："以吾观之尔曹未和。猿狐同志，各能役心，唯兔空返，独无相馈。以此言之，诚可知也。"兔闻讥议，谓狐猿曰："多聚樵苏，方有所作。"狐猿竞驰，衔草曳木。既已蕴崇，猛焰将炽。兔曰："仁者，我身卑劣，所求难遂。敢以微躬充此一餐。"辞毕入火，寻即致死。是时老夫复帝释身，除烬收骸，伤叹良久。谓狐猿曰："一何至此！吾感其心，不泯其迹，寄之月轮，传乎后世。"故彼咸言，月中之兔自斯而有。

我们注意到，此处强调的是猿猴、狐狸和兔子三人同心，共同供奉修行者。此篇故事中作者也常常暗点同心这个概念。首先，佛教之月中兔的故事中出现了猿猴采摘鲜果献给老人的情节，西游记文中用申时为"猿猴献果"来影射强调这一情节。其次，唐僧师徒来到的地点是祇树给孤独园，此园为给孤独长者金砖铺地，祇树太子修筑僧舍，因此唐玄奘在《大唐西域记》中说祇园为"二人同心、式崇功业"。再次，文中也出现了唐僧和悟空悟透心经，心心相印，同归于默的情节。最后，西游记三人来到的迎客驿站为会同馆，会同馆，类似于现代的招待所、友谊宾馆之类。其名字来源于周易一书的同人卦，同人卦的主旨是降伏他方势力作为我方能量，不同能量团体达到同心同德的状态，因此常常使用于外交场合。同人卦为上乾下离，离为炉火，纯乾象征着已经锻炼成片的金华。该卦为五个阳爻，只有一个阴爻，离纯乾卦只差最后一步。丹书有言："卦爻未足还须待，只问同人悟也无？"就是这个意思。同人离纯乾也就是纯阳之体只差一步，炉火继续施为，转离为乾，便可大功告成。这也是为何此篇故事放在西游记的将近末尾之处。

行者道："师父，你好是又把乌巢禅师《心经》忘记了也？"三藏道："《般若心经》是我随身衣钵。自那乌巢禅师教后，那一日不念，那一时得忘？颠倒也念得来，怎会忘得！"行者道："师父只是念得，不曾求那师父解得。"三藏说："猴头！怎又说我不曾解得！你解得么？"行者道："我解得，我解得。"自此，三藏、行者再不作声。

三藏道："悟能悟净，休要乱说，悟空解得是无言语文字，乃是真解。"

唐僧和悟空为何最后归于沉默？

我们注意到，此时的心经，已经不再是多心经，而是心经。足证此前作者称其为《多心经》是有意为之。

唐僧和悟空的关系，本是一个人和他的心的关系。十四年历劫红尘，和心共舞，终于心心相印，无需再通过语言、文字进行交流。作为小我的人格已经臣服于更高的意识，变成本源意识也就是心的畅通渠道，心灵已不需要再喋喋不休。精神追寻路上的自我否定自我劝诫自我赞扬，那些曾经的喃喃自语，自我实现的渴望和野心，对外界事件的永不休止的辨识、判断和反应，已经沉淀为沉默的澄澈的喜悦。"静喧语默本来同"，所有碎片化的能量统合为一种巨大的自我整体感。自我清空之后，剩下的便是巨大的无法言说的空间，因此文中紧接着四人便到了代表证悟空性的布金寺。而性功和命功都即将成就，离看到自己本体的时刻，也就不远了，灵山此去无多路，玉兔殷勤为探看。

三藏说道："不是，我常看经诵典，说是佛在舍卫城祇树给孤园。这园说是给孤独长者问太子买了，请佛讲经。太子说：'我这园不卖。他若要买我的时，除非黄金满布园地。'给孤独长者听说，随以黄金为砖，布满园地，才买得太子祇园，才请得世尊说法。我想这布金寺莫非就是这个故事？"

为何唐僧到的寺院是布金寺？

祇树给孤独园，便是佛祖宣讲《金刚经》的地方。《金刚经》为须菩提和释迦牟尼问答之录，因此须菩提为《金刚经》所阐释的空性的象征。孙悟空见须菩提而悟道，唐僧跋涉了十四年，终于也来到了同样的地方。

西游记总是一语双关，外佛里道。这里披着佛的外衣，内里讲的还是金丹成就。金丹命功成就之时，性功也臻于至境。金砖铺地，遍地金光，方能悟入真空。

八戒着忙，急的叫将起来，说道："斯文斯文！肚里空空！"沙僧笑道："二哥，你不晓的，天下多少斯文，若论起肚子里来，正替你我一般哩。"

八戒说肚里空空是何寓意？

此段固然是幽默讽刺，增加故事可读性，但也隐隐暗示了丹道。明人笔记小说《四友斋从说》有载："吾友徐长谷见诗文之佳，则曰："此人肚内有丹。"又尝见语云："公肚中曾结过丹。凡有语言，便与人不同。"此虽见诔，然长谷此言自是正法藏中第一妙诀也。"与此段有异曲同工之妙。

我这山唤做百脚山。先年且是太平，近因天气循环，不知怎的，生几个蜈蚣精，常在路下伤人。虽不至于伤命，其实人不敢走。山下有一座关，唤做鸡鸣关，但到鸡鸣之时，才敢过去。

那伙行商，哄哄嚷嚷的，也一同上了大路，将有寅时，过了鸡鸣关。

鸡鸣关是何寓意？

汉代时已经有十二时辰，分别命名为夜半、鸡鸣、平旦、日出、食时、隅中、日中、日昳、晡时、日入、黄昏、人定。鸡鸣为时辰之名，指的是丑时，夜里一点到三点。鸡鸣关指代的不是地点，而是时间。这种时空互换的隐喻指代，为道家修炼者惯用手法，并不稀奇。

从常识来讲，夜住晓行，鸡鸣之时固然可以过关，鸡鸣以后的白天阳气旺盛，自然可以慢慢过去。那为何独独这里需要寅时过关呢？《周易参同契》中写了"始乎东北，箕斗之乡，施而右转，呕轮吐萌。"讲的是坎中阳能逆行上升来到中土之位，吐出金丹。"箕斗之乡"对应的就是时辰，丑时和寅时。《参同契注》解释说："坎离之滋液于此而流通，宜于丑、寅之时，乃箕、斗之度也，宜采取以应之。"丑、寅之时（半夜一点到五点之间），也就是箕宿和斗宿经天之时，阳气初动，修道之人常常选择在此时静坐。因此过了鸡鸣关，就是天竺国的玉兔精，鸡鸣之时产丹，追赶玉兔为运丹过关。

而玉兔精为卯，鸡鸣关为酉，合起来便是卯酉周天。大药结成之后，需要运转卯酉周天将其收纳。"坎精右旋于卯地，心火左降于酉地"，我们已经知道了月中玉兔精为坎为卯，鸡鸣关之鸡便属酉、属离，行过鸡鸣关，降伏玉兔精，便是运行卯酉周天的隐喻。

"沐浴分胎卯酉门"，卯酉二时位，乃静坐之中的沐浴时位。"沐浴"就是所谓"璇玑停轮"，所结内丹光华不上不下，休息宁定，称之为"沐浴"。《大成捷要》："沐浴者何也？进阳火后升之沐浴，神注夹脊为卯时，默记吸、数36，谓卯时足矣；退阴符前降之沐浴，神注黄庭为酉时，默记呼、数24，谓酉时过矣。沐浴皆是有觉而无念也，寂然不动而先为也。古人云：谓大休歇一场，文火温养之义也。"也就是说，此二时位时，不再以念领气，而是清清楚楚，居于无念清明的状态，金丹方不至走失，像是将其在温水（寂然不动的真空）里洗澡，涤荡去垢秽，因此称之为"沐浴"。这里用国王爱花，引动妖邪的故事，指代沐浴时看到内丹之金光，升起了爱念，不再处于清明无念的状态。鸡鸣关已过，酉时沐浴已经完成，而在卯地出现了问题，才有玉兔精以假乱真。

行者道："他这山，名为百脚山。近来说有蜈蚣成精，黑夜伤人，往来行旅，甚为不便。我思蜈蚣惟鸡可以降伏，可选绝大雄鸡千只，撒放山中，除此毒虫。" 又改山名为宝华山。

百脚，是蜈蚣的别名。蜈蚣为毒虫为坎，为邪为阴。酉为鸡为离。鸡和蜈蚣是对头，因此蜈蚣象征着离卦中的阴邪能量。周易中离卦的意象又为眼目为光明为觉察。静坐之时，最好是抱元守一，塞兑垂帘。垂帘便是注意力内收，不再左顾右盼。而百脚，则目光四射，神荡魂驰，走失离火，为静坐之大忌。这里的逻辑，和之前多目怪的故事逻辑一致。蜈蚣精第二次出现，这次容易制服多了。不至于伤命，只需要小心过去的时辰即可。

行者对治的方式是"选取大雄鸡千只，撒放山中"，也就是将内视之注意力的一小部分逗留于此间。那么山便不再是百脚山，而成为了宝华山。

驿丞闻言，方才定了心性问道："国师，唐朝在于何方？"三藏道："在南赡部洲中华之地。"又问："几时离家？"三藏道："贞观十三年，今已历过十四载，苦经了些万水千山，方到此处。"

为何十四年方到西天？

无论是儒释道耶还是别的性灵学派，一般从起修到成道，大致都需要十多年。释迦牟尼十九岁出家，三十六岁成道。孔子十有五而志于学，三十而立。道家讲究百日筑基，十月怀胎，三年哺乳，九年面壁，算下来十三年有余，此处说十四年，是取其大概的说法。

话表那个天竺国王，因爱山水花卉，前年带后妃、公主在御花园月夜赏玩，惹动一个妖邪，把真公主摄去，他却变做一个假公主。知得唐僧今年今月今日今时到此，他假借国家之富，搭起彩楼，欲招唐僧为偶，采取元阳真气，以成太乙上仙。

国王爱花是什么意思？月夜赏玩之花是什么花？

丹道大成之时，金黄色的丹光透体而出，如莲花开放，道书所谓"火里种金莲"。《太乙金华宗旨》的"金华"讲的就是此花，荣格的《金花的秘密》讲的也是此花。《大成捷要》中记载："静定之中，忽见一轮明月，缭绕不定现于目前，须用真意留而待之。静定不久，不过三五息之间，又觉有日光出现，来与月光相合。日月交光之中，合发金花二朵，状如仙丹，金红赤色，五瓣分明，此乃是三花结成胎息。名曰：玉蕊金花。"

若是普通赏玩，尽可一笔带过。西游记作者在书中反复强调，此事与爱花赏花有关。公主自言"因为月下观花，被风刮来的"。"原来是国王没正经，爱花引得妖邪喜"，以及"邪主爱花花作祸，禅心动念念生愁"，还有玉兔精自述中的"因为爱花垂世境，故来天竺假婵娟"。一咏三叹，反复强调，只因此花并非凡花，而是内丹修炼者梦寐以求的金花。

为何诸多妖怪都是三年前出现？

震卦对应的是诞生，其数三。而佛教把生、住、异、灭称之为四相。诞生，留驻，变化，之后就是灭亡。唐僧师徒遇见妖怪之时，也正是妖怪灭亡之时，而前面诞生、留驻、变化对应的是三个阶段，所以西游记中的妖怪常常在三年前来到所居之处。高太公的女儿三年前被一个妖精占了。万圣老龙三年前盗取了佛塔舍利。乌鸡国的国王死了三年，陀罗庄的妖精在该庄搅扰了三年，朱紫国的国王病了三年，比丘国的国王纳妖为后过了三年，凤仙郡三年不雨，太乙救苦天尊的狮子下凡三年，都是过了三年方才见到唐僧。这么多三年，显然不是巧合，而是有意为之。

那妖精与行者又斗了十数回，见行者的棒势紧密，料难取胜，虚丢一杵，将身幌一幌，金光万道，径奔正南上败走。

孙大圣径至正南方那座山上寻找。

为何玉兔精逃至正南方？

诸君也许会问，玉兔精不是属于坎卦吗，为何会败走离方呢？须知玉兔精是坎卦中的阳爻，象征着大药中全阴能量中一点阳气，逃走自然要逃到阳能所在的地方。逃到离方，对应的便是坎卦的阳爻去补充离卦的那个阴爻，是谓捉坎填离。悟空降伏玉兔精，便是将其离卦中的最后一点阴气除去，卦象从上乾下离的同人卦变为上乾下乾的全乾纯阳卦。整体讲的还是炼药。

南方为离，玉兔为坎，玉兔入于南山，为捉坎填离的意象。玉兔精逃到正南方，和下一章寇员外死后从地府还魂（坎为精

253

魂），其实是同样的逻辑，都是坎入于离，将离卦补全为乾。而玉兔精伏于南山中，又同时象征着离中之阴精。将玉兔从南方山中赶出，正是将离中的阴爻祛除，同样是离卦转化为乾卦。

大圣，此山唤做毛颖山，山中只有三处兔穴。亘古至今没甚妖精，乃五环之福地也。

为何玉兔精潜入之山叫做毛颖山？

毛颖山名字来源于韩愈的《毛颖传》："毛颖者，中山人也。其先明视，佐禹治东方土，养万物有功，因封於卯地，死为十二神。尝曰：'吾子孙神明之后，不可与物同，当吐而生。'已而果然。明视八世孙䶂，世传当殷时居中山，得神仙之术，能匿光使物，窃姮娥、骑蟾蜍入月，其后代遂隐不仕云。居东郭者曰䝙，狡而善走，与韩卢争能，卢不及，卢怒，与宋鹊谋而杀之，醢其家。"

毛颖，就是毛笔的戏称。因为毛笔很多是兔毫笔，用兔子尾部的毫毛做成，因此说毛笔的祖先是兔子"明视"。"明视"是兔子的隐语，典故出自《礼记》："兔曰明视。"此文讲述"明视"辅佐大禹治土而受封为神，认为子孙不同凡俗，"当吐而生"。"当吐而生"的说法本来出自王充的《论衡》："兔舐雄毫而孕，及其生子，从口而出。"后来张华在《博物志》也说："兔舐毫望月而孕，口中吐子。"古人认为兔子因吸食月亮精华，交感而成孕，从口中吐出所生之子。这也是西游记在此篇运用的逻辑。

另外，清代钮琇在《觚剩》一书中则认为兔子不是从口中生子，但兔子生子后，会将兔崽们藏于土穴之中，也就是兔子"得土而生"，"土讹为吐也"。笔者认为此说颇为有理。况且许慎在《说文解字》一书中说："土者，吐也，即土生万物之意。"

"土"字和"吐"字在上古也许本为一字，当然这就是题外话了。

这里必须又是双关的写法，隐喻丹道。《周易参同契》说"始乎东北，箕斗之乡，施而右转，呕轮吐萌。"讲的是坎中阳能逆行上升来到中土之位，吐出金丹。还有"蟾蜍与兔魄，日月炁双明。蟾蜍视卦节，兔者吐生光"的语句，"蟾蜍视卦节"对应的是下章寇员外的故事，"兔者吐生光"便是"呕轮吐萌"，对应此章玉兔精的故事。兔子精本身为月之精华，月为坎，方位在北，兔子为卯，卯为东，兔子精本身便象征了东北方位，对应着"始乎东北"一句。"箕斗之乡"对应的是前面丑时过鸡鸣关的故事情节。毛颖指代兔尾之毫毛，毛颖山对应的就是尾闾地界。《大成捷要》讲："其尾闾一关，天生七窍。正中间，有上中下三窍，是黄道督脉正路。"尾闾有上中下三窍，对应的便是三个兔穴。而兔子精来到毛颖山，象征着坎精运行到"五环福地"的尾闾关。尾闾关属于下鹊桥，大药运行到此处，有走失的危险，安然通过以后便可"呕轮吐萌"，为大丹过关后冉冉上升，像吐出月亮一样，对应着兔子的"当吐而生"。而韩愈也讲述了兔子精吸食月华，得仙成道，对应着这里的玉兔精源于月宫，本是坎中精华；以及东郭兔子叫做"䨲"，最后被宋鹊所杀，这正对应着此章的"行者立于鸧鹊宫外，叉手当胸"一句的鸧鹊宫名。宋鹊杀掉东郭兔对应着行者收伏玉兔精，同时也对应着丹道化坎卦为纯坤，所以后面见到太阴星君。

《毛颖传》一文和西游记此回以及丹道对应堪称丝丝入扣，毫发无差，简直是天造地设，专为西游记所写。此章文笔屈曲隐微，尽显慧心，可惜世人多半粗粗看过。前人评注西游，认为此篇难懂："从头到尾，翻复数过，掩卷沉思，而终莫得其解。"所幸今日被笔者打破盘中之谜，以飨众人。

另外《伍柳仙宗》讲述大药冲关的情景："忽丹田如火珠，直驰上心，即回下驰向外肾边，无窍可出，即转驰向尾闾冲关。"也正符合玉兔精初时打不过孙悟空逃向西天门，然后回下伏于毛颖山的情节。

而在《爱丽丝漫游奇境记》的童话故事中，爱丽丝也不小心跌进了兔子洞里，发现一个奇妙的世界。至今西方用 rabbit hole 来喻指新世界的大门。兔子由于其爱打洞的习性，在中西方都是关窍的代名词。一笑。

五环福地指代哪里？

书中说此山（毛颖山，中山）为"五环之福地"。笔者孤陋，只知道琅嬛福地的典故，并没见过典籍中有五环福地的说法，因此认为此处属于西游记作者杜撰。五环很明显，环为聚合，五环为"攒簇五行"之义。金水木火土，相生相克相互环绕，始终不休。五行融合，只见中和，不见五行，是为"赞簇五行"，是谓得中正之气，也就是人之先天，最中正精华的一股气。

二神听说，即引行者去那三窟中寻找，始于山脚下窟边看处，亦有几个草兔儿，也惊得走了。寻至绝顶上窟中看时，只见两块大石头，将窟门挡住。

三处兔穴象征着什么？玉兔精为何在此三穴中都无法存身？

山中的兔穴为三处，乍看之下，不过是引用了"狡兔三窟"的成语，并不稀奇。但我们要注意玉兔精在三处兔穴都无法存身，最后被孙悟空所象征的心念赶到天上。三处兔穴加上天门其实是四个方向，兔子精三个地方都藏不住，走不通，只能向上走，回自己原先的家里。这么一来，孙悟空赶捉玉兔精的故事背后的寓意，就跃然纸上了。这一情节描述的是在体内运走金丹之时所面对的歧路，也就是走丹过关的情景。

《大成捷要》：“大药呈现于气穴。须知炁穴之下，尾闾界地，有四道歧路：上通心位，前通阳关，后通尾闾，下通谷道。”“尾闾谷道，一实一虚，故名下鹊桥。”此处南山最上面一窟处于绝顶，绝顶为凌虚为高危，因此对应的是“虚危”二字，指的就是虚危穴。虚危穴又称为阴跷，为阴阳交汇之地，是任督二脉总枢；采炁以此为先。此脉一动，即一阳初动，百脉齐动。内丹静坐运气，气从督脉上升，然后从任脉下降，那么从上升转为下降，和从下降转为上升的两处便是两个转折点，称之为上鹊桥和下鹊桥。汽车转弯尚须减速慢行，上下鹊桥运丹过关，便有大丹走失的危险。上鹊桥在鼻窍上腭处，静坐之时要舌抵上腭，便是连通任督二脉，为之搭好桥梁。下鹊桥在会阴部，也就是此处所说的虚危穴，亦为连通任督二脉之桥梁。书中说“行者立于鸡鹁宫外，叉手当胸”，“鸡鹁”也隐隐地指代下鹊桥之意。

《大成捷要》讲述运行大药过关的情景：“渐渐觉得丹田之中，现出一物，游行肇转于脐间。大如弹子，热如火珠。再寂再照，再静再定，直静至空定衡极，神藏气哲之余，自拌然呈现，滚滚转转，上冲心位。而心位不贮，下趋阳光，阳关闭而不开，滚转谷道，谷道有木座抵住、即隐藏于气穴，伏而不动。若用意勾引，便入导引之旁门。若不用意勾引，又违相随之理，此两失之矣。就不前不后，毋忘毋助，若存若亡。只等大药动而后引。不可引而后动。以待动过三次，真意大药相依而同行，方能透三关过九窍，入泥丸落于黄庭。”“关前三窍髓阻不通，大药遇阻不动，唯是一念不生，凝神不动，以待其动。”讲的就是兔子精所代表的大药走投无路，被孙悟空撵到天上，沿着督脉向人体上方运动。到最后玉兔被太阴星君收伏，象征着大药运行克服了走失的危险，终于冲过了三关。

这行者愈发狠性，下毒手，恨不得一棒打杀，忽听得九霄碧汉之间，有人叫道：“大圣，莫动手！莫动手！棍下留情！”行者

回头看时，原来是太阴星君，后带着姮娥仙子，降彩云到于当面。慌得行者收了铁棒，躬身施礼道："老太阴，那里来的？老孙失回避了。太阴道："与你对敌的这个妖邪，是我广寒宫捣玄霜仙药之玉兔也。他私自偷开玉关金锁走出宫来，经今一载。我算他目下有伤命之灾，特来救他性命，望大圣看老身饶他罢。"行者喏喏连声，只道："不敢！不敢！怪道他会使捣药杵！原来是个玉兔儿！

太阴星君象征着什么？

太阴星君对应的是老子所说的玄牝。《道德经》："谷神不死，是谓玄牝。玄牝之门，是谓天地根，绵绵若存，用之不勤。"也对应着周易中的坤卦，为纯粹的阴性能量，可以化育万物。至此，坤中之坎邪被消除殆尽，月亮中无复阴影。太阴星君的出现，便是《周易参同契》中所说的"呕轮吐萌"，天眼所看体内的内景，有一轮明月冉冉升起。

玉兔夸说自己的捣药杵"仙根是段羊脂玉，磨琢成形不计年。混沌开时吾已得，洪蒙判处我当先"，也是"玄牝之门，是谓天地根"之意。具体到丹药，便是形如一粒玄珠之最后的金丹大药。

内丹派用月的变化来比喻药物之变化，因此调药又称"簇月功"。太阴君为众嫦娥拥簇而回月宫，也暗示了调和药物之大成。因此下回便是寇员外之故事，象征着服食大药，起死回生。

二十 乾坤夺造化 生死亦可倾：寇员外篇

此篇讨论寇员外故事，对应着百回西游记中的九十六回和九十七回。

寇员外的故事是何寓意？为何该故事只能发生在收伏玉兔精之后？

丹道所谓的逆修，便是将人体阴阳混杂的后天能量进行锻炼提纯，化为人生身之初最纯粹的先天能量。就周易的卦象而言，便是从坎离杂糅交织的既济卦，逆修而回最初的本来面目，也就是纯粹的阳性能量（乾卦、元炁）和纯粹的阴性能量（坤卦、元神）。按照物理学熵化的原理，宇宙物质运转的规律是物质从有序，能量高的状态向无序，能量低的状态转化。人从先天生而到后天死，为阳性能量逐渐耗散，阴性能量也就是无序状态逐渐增加的过程。所谓"一点阳气，不尽不死；一点阴气，不纯亦不死"。修行是从后天修回到先天，逆转物质一般运行规律，所谓"窃天地无涯之元炁，续我体有限之命根"。因此青牛怪称悟空为"偷天的大贼"，孙悟空在万寿山说"老孙是盖天下有名的贼头"，在陀罗庄自称"偷天转地英明大"，菩提祖师传授悟空时说："此乃非常之道：夺天地之造化，侵日月之玄机。"都是这个意思。寇员外的"寇"字便是偷盗之意，对应着丹道逆修的概念。

上章故事讲的是收伏玉兔而见太阴星君，便是修炼金丹大药的最后步骤，抽取坎卦中的阳爻，使之变为纯阴的坤卦。而此章寇员外的故事讲的是将离卦的阴爻补足，变为纯阳的乾卦。离卦的阴爻，象征着阳能中的阴邪能量，也就是坎卦能量用事，所以此篇故事情节中出现了坎卦所象征的意象，例如遭遇偷盗、抢劫、夜雨、小人陷害等等，目的都是讲遭受了坎卦象征的艰难危机而安然度过，将其降伏，隐含的后果就是补足离卦中的阴爻。官员捕贼，是非善恶不分，也属于离卦中的阴性能量，在唐僧四众协助之下，分清黑白善恶，也是离卦中阴邪能量祛除之意。

就大周天运行的具体细节而言，收伏玉兔精是大药产后，穿过下鹊桥，运行卯酉周天，向上运行透三关过九窍，至上丹田乾坤交感，"产在坤，种在乾"，"乾坤交媾罢，一点落黄庭"。此篇故事则是讲的服食金液大药之后，进行七日蛰藏之功，深入寂灭，大休歇一回，气住脉停。《大成捷要》描述为"不省人事，气息全无，六脉皆住"，然后死而复生，大功告成。寇员外的死而复生，又延阳寿一纪，比喻的正是服药后的一番大定，息住脉停，如死一般。

坤卦和乾卦虽然并列于周易六十四卦之首，但坤卦为化育天地的能量、为玄牝、为无、为空，乾为纯阳、为示现、为有、为色。以阴孕阳，无中生有，真空才能生妙有。周易中的泰卦为坤乾交媾，便是无中生有，打开坤卦的闭藏，方有生命力和物质能量的涌出。玉兔精篇章唐僧四众到了布金寺，悟入真空，才有寇员外的起死回生。因此见到太阴星君必须得在寇员外斋僧之前，这和上述大周天的运行步骤也是一致的。

老者道："我敝处是铜台府，府后有一县叫做地灵县。长老若要吃斋，不须募化，过此牌坊，南北街，坐西向东者，有一个虎坐门楼，乃是寇员外家，他门前有个万僧不阻之牌。似你这远方僧，尽着受用。"

员外面生喜色，笑吟吟的道："弟子贱名寇洪，字大宽，虚度六十四岁。"

寇员外为何叫做寇洪？为何今年六十四岁？其住址有什么特殊含义？其妻为何名叫穿针？两个儿子为何都是秀才？

铜台府之铜台为"通泰"之谐音，取自周易的泰卦。泰卦为上坤下乾，象征着大周天中的乾坤交媾的步骤。前篇玉兔精故事中的太阴星君为重坤，升于九霄，重坤在上。此处寇员外为重乾，却入于地底，重乾在下。坤上乾下，为泰卦。笔者在拙著《周易详解》（ISBN：9798991345200）一书中详细解释了泰卦的含义。泰卦的本意为打开坤卦之母性化育能量的闭藏关窍，物质便倾泻而出。"泰"字为宏大丰富之意。"洪"字就是大、多之意。寇员外表字大宽，也是"泰"字的大、多之意。而"寇"字为偷盗、抢劫之意。寇员外姓寇名洪，便是大贼寇之意，暗示了金丹大道为夺天地造化，所谓偷天的大贼。《阴符经》："天地，万物之盗；万物，人之盗；人，万物之盗。"这里的"盗"字便是夺取能量之意。

而寇员外代表的是乾卦的能量。乾卦在周易中的意象为老父、为金、为多。名字为洪，也是丰富之意。大和宽都是此意。因此寇员外为一老年男子，家产丰富，也喻示着打开玄牝之门后，所得极大丰富。唐僧四众在其家受到极为丰富的供养。书中浓墨重彩地描述所食斋饭，正是大周天乾坤交媾后的金液源源不断的景象。

地灵县之地灵为盗天地之灵气，也是缔结灵胎之意。"地"强调的是土元素的作用。乾、坤二种纯粹的能量在"玄关妙窍"内相会时，需要"中宫胎息号黄婆"的元神真意穿针引线，使得二者进行交媾而成太极。此番动作，超出人的意识范围，不能以意引导，只能凭借元神的自身灵明，因此说"地灵"。寇员外的家住南北街，坐西向东。乾为西北，坤为西南，乾坤交媾，总之座落在西。东方为生气方，服食大药可以增添生命能量，因此门楼朝东。当然同时也和中国人惯常门朝东以求紫气东来的习俗相符合。

寇员外的妻子小名叫"穿针儿"。道书形容大周天"玉线穿三穴，金针透九关"。穿针引线，绣的是丹道的金花，而非寻常之花。前文玉兔精抛给唐僧的五彩绣球，便是用此针所绣。《大成捷要》有言："看花容易绣花难，绣到难时莫惮烦"，用意追随金丹在体内运行时，如绣花一般，其中火候，升降都需要面面俱到，不然就"毫发差殊不结丹"。寇员外的两个儿子都是秀才，并非闲文，也是指的绣花之才。

"穿针"为一老妇人的形象，为坤卦，也就是内丹修炼中的黄婆，起到穿针引线的作用。寇员外死后，唐僧四众本已经往西行去，死者自死，生者自生，两不相干，在穿针的挑唆陷害之下，唐僧才又重新回返，救了寇员外，这就是黄婆从中撮合所发挥的效用。坤卦为老妇为奸恶之人，因此书中将其设定为一个陷害别人的老妇形象。

寇员外六十四岁，而地藏王菩萨也强调"寇洪阳寿，止该卦数"，六十四这个数字对应的是周易的六十四卦。一部周易六十四卦，从重乾和重坤卦开始，为纯粹的阴能和阳能，到阴阳交杂的既济和未济卦结束，象征着从先天而到后天。重乾和重坤是二元对立的最初形式。而唐僧取经，从"在那口舌场中，是非海里，弄得眼肉胎凡"，到这里将混杂染污的意识漂洗分离为初始纯粹的原始能量，为从后天而到先天。丹道之书也常常计算爻数，每次修炼通过若干呼吸积累一个阳爻，到最后积满若干阳爻，为一个周天。至此阳爻积满，行完六十四卦，死而复生，因此寇员外在此处是六十四岁。

三藏问道："徒弟，此又是甚么去处！"行者道："不知，不知。"八戒笑道："这路是你行过的，怎说不知！却是又有些儿跷

蹊。故意推不认得，捉弄我们哩。"行者道："这呆子全不察理！这路虽是走过几遍，那时只在九霄空里，驾云而来，驾云而去，何曾落在此地？事不关心，查他做甚，此所以不知。却有甚晓蹊，又捉弄你也？"

为何说行者行过此路？

笔者在前文已经论述过，唐僧取经为修金丹的过程，孙悟空在取经路途上保护唐僧为金丹的起用。孙悟空的经历，便是金丹成就的虚写，唐僧的经历，是金丹成就的实写。孙悟空走过的路，唐僧再走一遍。孙悟空具有生而知之的灵明，可以顿悟。唐僧则是渐修。顿渐根器不同，所行道路快慢不同。孙悟空便能在"九霄空里，驾云而来，驾云而去"，唐僧却是"骨凡身重"，必须得"舍车而徒"，一步步前行。《大成捷要》："吾曾见有得闻天元大丹，而从天元了道者，则抵知天元之尊贵，而不知复有地元、人元之玄妙。"顿悟为天元大丹，从天元大丹得道之人，并不了解地元和人元的玄妙曲折，因此孙悟空不知晓唐僧所走之路，正是实情。

话说回来，步行也有步行的好处，路途景象便看的格外分明，这也在寇员外家吃了好几顿斋饭不是么？悟空便无此口福，一笑。

把斋过的僧名算一算，已斋过九千九百九十六员，止少四众，不得圆满。今日可可的天降老师四位，完足万僧之数。

斋僧圆满是何意？

便是大丹成就。乾坤交媾完毕，诸事皆完，只需放心享用成果，领受供养。所以下文便有唐僧四众放开肚皮吃斋的情节。

众贼欢喜，齐了心，都带了短刀、蒺藜、拐子、闷棍、麻绳、火把，冒雨前来，打开寇家大门，呐喊杀入。那众强人那容分说，赶上前，把寇员外撩阴一脚踢翻在地，可怜三魂渺渺归阴府，七魄悠悠别世人！

那员外跪道："老爹，其实枉了这四位圣僧！那夜有三十多名强盗，明火执杖，劫去家私，是我难舍，向贼理说，不期被他一脚撩阴踢死，与这四位何干！"

为何寇员外的死法如此奇特？

撩阴一脚这种死法颇为奇特，并非人被杀死的一般方式。前文也提到了强盗们持有各种刀枪棍棒，那么盗贼们为何不采取杀人的普通方法，一棍打死或是一刀杀死？而且寇员外自述的时候也说"是我难舍，向贼理说，不期被他一脚撩阴踢死"。正常叙述语句，应是"不期被他一脚踢死"，似乎没有必要专门强调"撩阴"二字，因此此二字必然大有文章。

我们注意到寇员外为不纯之乾卦为阳，中间仍有一点阴气。正是这点阴气，引发了盗贼的示现。而盗贼踢的部位为会阴，正是阳中之阴。离卦为外阳内阴。盗贼对应的是周易中的坎卦。盗贼之腿踢向寇员外的会阴，便是坎中的阳能量流向离卦的阴爻下陷之处，正是抽坎补离的比喻。那么寇员外被"撩阴踢死"也就可以明白了，是抽坎补离，卦变纯乾的过程。大丹得后，需要进入大定，如同死而复生。寇员外自然也就不得不死，而在下文也就不得不死而复生了。

而孙悟空去阴间找地藏菩萨要到寇洪的魂灵，送其还阳，同样也是此比喻。坎为阴中之阳，周易中也对应着人之精魂。将其送回不纯之乾卦，补足乾卦之阳能，因此也是抽坎补离，体返自然，死而复生。

长老至前，见是一座倒塌的牌坊，坊上有一旧扁，扁上有落颜色积尘的四个大字，乃华光行院。长老下了马道："华光菩萨是火焰五光佛的徒弟，因剿除毒火鬼王，降了职，化做五显灵官，此间必有庙祝。"

欲抽身而出，不期天上黑云盖顶，大雨淋漓。没奈何，却在那破房之下，拣遮得风雨处，将身躲避。密密寂寂，不敢高声，恐有妖邪知觉。坐的坐，站的站，苦捱了一夜未睡。

唐僧四众在华光破屋中，苦奈夜雨存身是何寓意？

道教中的华光菩萨，就是佛教中释迦牟尼的十大弟子中号称智慧第一的舍利弗，在《妙法莲华经》中大出风头的那位。华光菩萨在道教中称为五显大帝，或者五显灵官。《五显灵宫大帝华光天王传》中描述马灵官善于用火，身上藏有金砖火丹，随时用火降伏魔怪，所以后来民间又把他视作"火神"。明代《蠡海集》："九月二十八日为五显生辰，盖金为气母，五显者，五行五气之化也。"说的是"五显"其实仍为金，对应着"金蝉子"之金。曾传说他由神到人，又由人到神，和唐僧从金蝉子托生为人，又修行成佛的道路很像，可以说是唐僧的另一个影身。

古文中，"华"就是"花"。华光，当然也是金花之光。破屋，指的是有漏之身，佛教认为人身能量时时刻刻在漏泄，道教认为服食大丹便能成为无漏仙体。此时大丹虽然服食，根基尚未牢稳，仍是有漏之身。而坎卦在周易中的意象，为夜，为雨，为盗贼，为心，为隐伏。此段全用坎卦的意象，夜雨之中，隐伏其心，"密密寂寂"，以防盗贼，讲的是进入禅定之中的修为，用意绵密，若有若无，文火涵养大丹。

行者猛的里咳嗽一声，把刺史唬得慌慌张张，走入房内梳洗毕，穿了大衣，即出来对着画儿焚香祷告道："伯考姜公乾一神位，孝侄姜坤三蒙祖上德荫，忝中甲科。"

姜乾一和姜坤三这两个名字代表了什么？

首先，为何姓姜？《广韵》："姜，姓也，出天水齐姓，本自炎帝居於姜水，因为氏。汉初以豪族徙关中，遂居天水也。"姜姓居于天水，乾为天为头部为泥丸宫，天水象征着金液自泥丸落下；坤为土为黄庭。丹书认为，阳光三现后，元气齐升至泥丸，后降于黄庭，这才是真正的灵丹。姜为天水，天水从叔公之乾到侄子之坤，暗示了大丹从泥丸落于黄庭这一过程。

其次，乾一和坤三是什么意思？乾一为乾卦的首爻，爻辞为"潜龙。勿用。"意为如龙潜伏在地底深处，不是行动的时机。服食大丹后，要进入大定，

坤三为坤卦的三爻，爻辞为"含章可贞，或从王事，无成有终"。这句爻辞古人不解，误认为吉庆之意，详情请看拙著《周易详解》。依照西游记作者时代的见解推想，他理解的应是取"含章可贞"四字，将"含"理解为包含，"章"为美好的品质，"贞"为贞定，指的是抱元守一，仍是要做静定的功夫。

二十一 灵胎终脱壳 金光大显明：灵山见佛篇

灵山见佛是何寓意？

从佛教层面而言，玄奘法师的《大唐西域记》中记载，灵山实有其地。佛经中常言佛处于灵鹫山传法，灵鹫山简称灵山。灵山一词在典籍中能找到依据出处，非常恰切通顺。

从内丹修持的角度而言，唐僧原本为金蝉（金蟾）子，此处正式金蝉脱壳，胎神出于肉身，象征着炼心成神阶段的完成，因此到了灵山。古时将生物称为含灵，认为肉体内蕴具一点灵光。此处的灵山之灵，正是所含之灵，也就是内丹修炼所追求的超脱肉身的灵性身体。

只见一个道童，斜立山门之前叫道："那来的莫非东土取经人么？"

孙大圣认得他，即叫："师父，此乃是灵山脚下玉真观金顶大仙，他来接我们哩。"

金顶大仙象征着什么？为何其为一个孩童模样？

灵山参佛这篇故事讲的是胎神脱壳。《大成捷要》道："胎圆以后，灭尽定极之余，露出性光。静中外视，紫霞祥烟满目，顶中下视，一团金光罩体，不可着他，死心入定。"也就是胎神在体内长养完足之后，性光显露为一团金光，这是脱壳的前兆。而《性命要旨》描述最开始调神出壳之时："初出顶门，俟金光如车轮之大，便即收归上田"。则是先试着将胎神露出一点点，然后光有车轮大的时候，再收回上丹田。"当神居上田，灭尽定极之余，总先布阳光，透出顶门，然后一念思出，随光超脱于身外。"金顶大仙的接引，便象征着胎神出壳的起始阶段，要先布金光于头顶，然后阳神跟着金光脱出体外。金顶大仙，便是讲得布金光于头顶这个步骤。此时胎神尚且幼稚，为孩童模样，因此金顶大仙也是一个小孩子的样子。

登了灵山，不上五六里，见了一道活水，滚浪飞流，约有八九里宽阔，四无人迹。三藏心惊道："悟空，这路来得差了，敢莫大仙错指了？此水这般宽阔，这般汹涌，又不见舟楫，如何可渡？"行者笑道："不差！你看那壁厢不是一座大桥？要从那桥上行过去，方成正果哩。"长老等又近前看时，桥边有一扁，扁上有凌云渡三字，原来是一根独木桥。

行者又从那边跑过来，拉着八戒道："呆子，跟我走，跟我走！"那八戒卧倒在地道："滑！滑！滑！走不得！你饶我罢！让我驾风雾过去！"

他两个在那桥边，滚滚爬爬，扯扯拉拉的耍斗。沙僧走去劝解，才撒脱了手。

凌云渡是何象征？为何独木桥如此难行？

金顶大仙接引为出壳的前奏，凌云渡则为正式脱壳。《大成捷要》言："阳神迁到囟门之后，千万不可下视，恐神惊怖，恋壳而不敢出，此是第一层色身。"胎神出壳之时，神识满盈，聚在头顶脉动不已，顶门大开，红光满室，神识欲出而未出，到了那个时节，敢出去便能脱壳证悟。只是一些人心生恐惧，以为要死了，心生抗拒，闭合囟门，功亏一篑，其实可惜。八戒和沙僧的抗拒，正是对脱离肉身的恐惧，本质上是对死亡的恐惧。

赵州禅师的公案，一婆子告诉他去往五台山的路，要"蓦直去"，便是这个意思。景岑禅师那句有名的偈子"百尺竿头须进步，十方世界是全身"讲的也是这个步骤，百尺竿头其实便是神识处于顶门，进步便是进入虚空。现今世界上有人赠送礼物，祝福之语也写着百尺竿头更进一步，这就有点滑稽。

另外《枣林杂俎》讲："云南白崖川，独木桥十余所。木大如指，长三尺，或五六尺，巉险不敢着足。樵人捷足过之，亦不损折其木，非常见之材。每望夜一易，不知其因。明口但见新制，曰'仙桥'。"和这里的凌云渡倒是有几分相似。

那船儿来得至近，原来是一只无底的船儿。行者火眼金睛，早已认得是接引佛祖，又称为南无宝幢光王佛。行者叉着膊子，往上一推。那师父踏不住脚，毂辘的跌在水里，早被撑船人一把扯起，站在船上。只见上溜头泱下一个死尸。长老见了大惊，行者笑道："师父莫怕，那个原来是你。"

为何用宝幢光王佛接引？

无底的船，便是禅宗所谓的"桶底脱落"。修行人完全交付肉身，便是直接面临死亡之时，此时神识没有了肉身的牵绊，因此用没有底的船，以及脱落底的木桶来做比喻。

什么叫做接引？脱去肉身之时，自身的子光明和元初宇宙的母光明（道教称之为"天心"，佛教称之为"第八识"）汇合，称之为接引。《大成捷要》："虚空大界打不破，难出昏衢。自待内真外应，二火交光，天门自开矣。""内外两火交光"，也是这个意思。很多濒死经验中提到见到白光，其实便是佛经中提到的宝幢光王佛，也是藏传佛教中所谓的子光明汇入母光明。

胎神脱壳之后，回视自己肉身，如死尸，如粪土。因此唐僧看到自己的肉身认为是死尸。禅宗公案"拖个死尸来"其实也是此意。

丹道的修持到此处就已经结束了。当然就小说的情节而言，佛教的还要写参见佛祖，回到东土，不然不是一部完整的小说。

不期石上把佛本行经沾住了几卷，遂将经尾沾破了，所以至今本行经不全，晒经石上犹有字迹。

堕水湿经和晒经石分别出于何典？为何佛经不全？

首先，从历史典故看。《大唐大慈恩寺三藏法师传》："将至中流忽然风波乱起。摇动船舫数将覆没。守经者惶惧堕水。众人共救得出。遂失五十夹经本及花果种等。"唐朝玄奘法师的经书堕入水中，实有其事，历史典故颇有出处。另外玄奘法师的《大唐西域记》提到如来晒衣之石，石头上犹有袈裟印迹。"西有大石。佛浣衣已方欲曝晒。天帝释自大雪山持来也。""中有大磐石，是如来晒袈裟之处。衣纹明彻皎如雕刻。"此处晒经石情节应取于此，将袈裟印迹存于石上改换为书之字迹存于石上。

其次，从内丹派学说传承的层面来看。在古代社会，丹道非普通人所能接受、修习的理论，修丹之士偏好使用隐喻比喻等等来保护自己，同时增加入门难度。一般的丹书即便解释了修炼的大方向，对于修炼的细微之处、火候进退、药物老嫩等都由师徒之间传授，并不写出来，所谓"传药不传火"。这也是为何唐僧师徒取得"无字经"以及经本不全的原因。书中佛祖言自己有三藏之经，共一万五千一百四十四卷，只传了三分之一也就是五千零四八卷给唐僧，也是这个意思。

三藏无物奉承，即命沙僧取出紫金钵盂，双手奉上。

沙僧也不甚吃，八戒也不似前番，就放下碗。行者道："呆子也不吃了？"八戒道："不知怎么，脾胃一时就弱了。"

奉献金钵是何典故寓意？

首先，从佛家典故来看，玄奘法师的《大唐西域记》讲述了诸天向佛祖献钵的故事："时四天从四方来，各持金钵而以奉上。世尊默然而不纳受，以为出家不宜此器。四天王舍金钵奉银钵，乃至颇胝琉璃马脑车渠真珠等钵，世尊如是皆不为受。四天王各还宫奉持石钵，绀青映彻，重以进献。世尊断彼此故而总受之，次第重叠按为一钵。故其外则有四隆焉。"在此典故中，佛祖并不接受金钵，认为金钵并非出家人所适宜的用具。而此处则反其道而行之，唐僧向佛祖献上自己的金钵，符合佛家不用金钵的精神要旨。

其次，钵为装食物之器皿，金在内丹修炼中，指代修行者从天地摄取的能量，如同食物一般，也就是为运行大小周天的药物，现在功行完满，不需运行大小周天，金钵自然也没有了用武之地。再细想一层，人体便是盛放药物的器皿（西游记也用盛放丹药的葫芦、盛放清油的琉璃盏等等来比喻，其实是异曲同工）。凌云渡蜕去肉身，和将金钵献给佛祖，其实是同一事件，指代的是修道者和肉身的脱离。

为何师徒四众不再需要进食？

从内丹层面来看，功行完满，不需要运行大小周天获得药物，自然也就对应着不需要进食。《慧命经》："法喜春，即真炁也。其炁既归中宫，渐渐不食矣，故曰充满。其间有三月不食，有四月不食，定力专者，得断食速。定力散者，得断食迟，且断者，非勉强也，炁满神定，自然而然不食矣。"法喜充满，也就是真炁充满，便不需要人间之食物。道家常说的"气满不思食"也是这个道理。

从佛家来看，灵山见佛意味着法身的建立。证得了常住不灭的真性，超脱了肉身的限制，自然便不需要进食。原先用尽意志难以克制的障碍以及性格，现在却如春风拂水，了无痕迹。蜕变，本在突然之间。

为何唐僧取回了二十卷《五龙经》？

从佛教层面来看，并不存在《五龙经》这一佛经典籍，也就是说，此经为西游记作者杜撰。既然作者能将《心经》故意窜改成《多心经》（参见高老庄篇），这里在诸多佛典中夹带内丹派的私货也并不稀奇。

从丹道层面来看，前面玉兔精篇对应着大药冲关，寇员外篇对应着服食大药，起死回生，而这里灵山的故事则对应着内丹派修炼大药过关服食以后，脱体入虚，然后以空养空，称之为"大河车"或者"五龙捧圣"的秘诀。《伍柳仙宗》言，五属于土为真意，龙为元神，圣指的是大药，用真意引导大药的法门称之为"五龙捧圣"。具体方法是用心、肝、脾、肺、肾之五脏之气化为红、青、黄、白、黑五条飞龙，以黑龙（肾水）居左，火龙（心火）护右，青龙、白龙、黄龙拥丹上行。

《天仙正理浅说》："玄帝修于武当山，于舍身崖下舍其凡身，有五龙捧起圣体，升于万仞崖上，当知此超凡入圣一大妙喻也。五龙者，功法中之秘机。五龙捧玄帝上升，即是以秘法捧真阳大药。"《七日混沌天机》言："大药过关，服食以后，谓之大河车，又曰：五龙捧圣。服丹以后，必须先行卯酉周天一遍，团聚大药。然后主静立极，行七日大蛰之功。深入寂灭，大休歇一回。混沌七日，轻轻寂照，绵绵若存，不即不离，文火沐浴，忘形无我。外不知有身，内不知有心，时刻不可有一毫之杂念，守中抱一，直至死而复生。"

张三丰祖师在《玄机直讲》中写到："真阳之药到口，顷刻周天火发，骨胎化作一堆肉泥，阳神脱体，撒手无碍，专心致志，持空养虚，以空养神，以虚养心，随心变神。夫万物皆天地生发，吾万神朝拜而宾服，厌居尘世，道遥蓬岛，自有三千玉女奉侍，终日蟠桃会上，饮仙酒，戴仙花，四大醺醺，浑身彻底玲珑，海底龟蛇出现，万神受使，才是真铅、真汞颠倒，浑身紫雾毫光，瑞气千条，是五龙大蛰法也。"这里的持空养虚，便是五龙捧圣的法门。

旁又闪上观世音菩萨合掌启佛祖道："弟子当年领金旨向东土寻取经之人，今已成功，共计得一十四年，乃五千零四十日，还少八日，不合藏数。望我世尊，早赐圣僧回东转西，须在八日之内，庶完藏数，准弟子缴还金旨。"

为何取经需要经过五千零四十八日？

从佛教层面来看，笔者在诸原始佛典中并未见过五千零四十八这个数字，也就是说，这个数字并非佛教原始典籍所有。就中国佛教而言，宋朝所刻开元大藏经为五千零四十八卷，这个数字在佛教框架中勉强也算有对应出处。

从内丹修持来看，张三丰祖师的《大道歌》中言："五千四八生黄道。"道家讲究百日筑基，十月怀胎，三年哺乳，十年面壁，从起修到功完，共计五千零四十八天。丹书《玄要篇》中有："十月怀胎，三年乳哺，合五千四八之数，而始成四大一身，此顺而生人之道也。"

唐僧取经经历了十四年，按一年360天，每月30日来计算，便需要五千零四十天。服食金液大药之后，要行七日大蛰之功，到第八日，方才真正道完功成。因此西游记在情节上又再加八天，为五千零四十八日。

为何要"径回东土"？

《素问·异法方宜论》云："东方之域，天地之所始生也。西方者，金玉之域，沙石之处，天地之气收引也。"东方为生气之方。西方为金气凝结之地，到达西天，意味着金丹成就；回到东方，意味着享受金丹成就带来的高度的生命能量，就是书中所说的金丹功成，则"寿享长春，法身不朽"。

附录：八卦略说

（节选自拙著《周易详解》，ISBN：9798991345200）

周易运用阴爻和阳爻为度量变化的基本单位，八种基本卦象为其语言。因此有志于周易研究的读者一定要记熟八种卦象所对应的图形以及意象。这八种卦象每种都有其固定的意象，在书中反复出现，笔者在此章将其总结说明。

乾卦 ☰ 和坤卦 ☷

一 乾坤二卦综述

乾卦对应的特性品质：阳性能量、光明、正道、坚固、充满、生长、康健、能量膨胀、向上向前、强势、武力、高亢、高大、开始、仁德、王道、光明、正直、刚强

乾卦对应的事物：天、进攻用的武器（"干"）、山陵、城、门键、人之头部、金、玉

乾卦对应的动植物：马、龙、大树、桑树

乾卦对应的人："元"（位尊、年长之人），"大人"（君王、王公贵族），男子、"丈人"（老年男子），父亲

乾卦对应的事件：劳作、胜利、成功、武力

乾卦对应的方位颜色：西北、数六、金色、白色

坤卦对应的特性品质：阴性能量、黑暗、消亡、空虚、闭藏、病、能量收缩、向内、低缓、终结、众多、包含、柔顺、贪婪、闭藏

坤卦对应的事物：母性、地、土、深渊大水、河川、田野、郊外、包裹、布囊、腹部、年岁、车舆

坤卦对应的动植物：牛

坤卦对应的人："元"（位尊、年长之人），"邑人"（民众、被统治的人）、团体、女子、老年女性、母亲

坤卦对应的事件：失败、休歇（又称为致役）

坤卦对应的方位颜色：西南、数二、黑色（玄色）

二 为何乾坤二卦会对应上述意象呢？

序篇已经陈述过，阳爻和阴爻象征着二元对立的两极，其中阳爻为正极，象征为存续为发展为诞生为康健为能量膨胀为向上向前为光明为开启为尊，而阴爻为负极，象征为消亡为断裂为毁灭为死为病为能量收缩为向下向后为黑暗为闭藏为卑。

乾卦为三个阳爻重叠，为阳性能量达到极点，因此乾卦为阳性能量的代表，具备了阳爻所代表的意象。坤卦则反之。因此乾卦有生命康健、积极发展、充盈、成功、胜利、光明、白色等意象。而坤卦则有生病死亡、静止休息、空虚、无成、失败、黑暗、黑色等意象。

阳爻为动而阴爻为静，因此乾卦为劳作为武力为进攻所用的武器为干戈；坤卦为致役为休歇。具体到动物，乾卦为马而坤卦为牛。马之大者称为龙（《周礼》："马八尺以上为龙。"），因此乾卦又为龙。

阳爻为能量固结而阴爻为能量涣散，因此乾卦为坚固、为门键、山陵、城、大道；坤卦为分散、大水、河川、田野平地、郊外。

阳爻为积极仁善，阴爻为被动顺服，因此乾为仁德，为秉持正道，坤为柔德，为邪佞。

阳爻为给予而阴爻为接受，因此乾为满为慷慨，坤为虚为贪婪闭藏，因此坤为布囊为包裹为大舆。

阳爻为尊为高为上阴爻为卑为低为下。具体到环境而言，天在上方地在下方，因此乾象征着天地之天，而坤则为地。具体到人身而言，乾为人体的头部，而坤为人体具备承载功能的腹部。具体到人而言，则乾为人中之领导者（通常为地位尊贵之人如君王、王公贵族也就是"大人"、或者年龄较长之人也就是"丈人"）。坤则为人中之被领导者，也就是民众、"邑人"。注意有人以为周易认为男尊女卑，理由是男人对应阳爻为天，女人对应阴爻为地，天尊地卑，因此男尊女卑。这一逻辑是从自身价值判断出发的曲解投射，将物理意义上的位置不同和心理意义上的尊卑混淆起来。天地、男女均作为对立面而存在，就像劳作和致役、白天和黑夜，我们无法说何者为尊、何者为卑，两者只是不同特性的表达。女人更倾向于具有坤的品德，而男人更倾向于具有乾的品德，两者都是美的。

乾卦和坤卦都是能量达到极点之卦，因此都有领导者或者君王的意象，也就是"元"，只不过乾卦之"元"偏向于阳刚作为，而坤卦之"元"偏向于包容柔德。在一家之中，乾卦便是父亲，而坤卦便是母亲。

震 卦 ☳

一 震卦综述

震卦对应的特性品质：一阳初动、诞生、解散、在上、在前

震卦对应的事物：雷电、车、马、足脚蹄爪、行走、各种容器器皿、头发、树枝、春季、神主牌位

震卦对应的动植物：马、龙、蛇虫、芝兰、竹子、可食用植物、谷物嘉禾、草木

震卦对应的人：家中之长子、人（非君子贵族也非奴隶）、王公贵族

震卦对应的事件：向上向前运动发展、植物生长、征战

震卦对应的方位颜色：东方、左方、上方、数三、青色

二 为何震卦会对应上述意象呢？

震卦为两个阴爻在上，一个阳爻在下，阳性能量向上运行，阴性能量向下沉聚，所以震卦为阳爻向上向前去破除收服阴爻的意象。因此震卦的经典意象为向上向前行进发展，犹如植物生长。阳爻破除阴爻，为破解障碍，若是障碍为敌人，则震卦代表征战、出动军队。但未必是阳爻向上去破除阴爻，也可能阴爻向下破除阳爻，使得阳爻消失，震变坤为死亡消散，因此震卦也有使物体解散的能力，指代破除解散。而自然界中使物体解散的能量，莫过于雷电，因此震卦又为雷震。

震卦一般而言象征着能量向上运动，因此震卦指代上方。商周时以左方为尊为上，因此震又指代为左方，如师卦的"师左次"以及大有卦的"自天佑之"，就是用震卦表示左方。

震卦表示行动、运动。一个行动必然要有人来作为行动的主体，因此震卦也指代行动之人，常常在周易之卦中指代行动方。震卦还可以从行动的意象引申而为能量运动所凭借的媒介工具，如人的腿脚、动物的蹄爪、马、车、船等。

一阳在下，众多阴爻在上，说明障碍尚多，行动处于初始阶段。因此，震卦往往表示事物的起点、初始行动。春天为万物诞生的季节，震卦一阳初动，对应春天。另外，两阴爻为土为水，阳爻为生命体，震卦可以指代处于土下或者水下的生命体，也就

是龙、蛇、虫等。东方为生气之方，因此震卦为东方，配色青色。

震卦也可以象形为两根竖直的线长在一根横线之上，犹如草木生长在地面上，因此象形为草木，引申而为人的头发、树的枝条。而震卦具有向上、尊贵、嘉美的意象，说明此草木对人类有益，因此震卦可以指代谷物、嘉禾、水生可食用的菜蔬等。

震卦的阳爻可视为器皿的底部，阳爻上两根竖线则象征着器皿的壁，因此震卦可以象形为容器。

巽 卦 ☴

一 巽卦综述

巽卦对应的特性品质：陨落、退让、驯顺、失败、跟从、屈曲

巽卦对应的事物：风、云、布帛、丝绳、系缚、人之腿股、罪责、咎言

巽卦对应的动植物：草、木、鸡、狗、动物之羽毛

巽卦对应的人：家中之长女、妻子、妇人、贼、寇盗

巽卦对应的事件：得到赏赐（"孚"）或收获利益、后退、遭受咎言

巽卦对应的方位颜色：东南、数四、数五、白色

二 为何巽卦会对应上述意象呢？

巽卦的经典意象为后退、失败、咎言、利益。巽卦为两个阳爻在上，一个阴爻在下，阳爻为充满，阴爻为开口向下，为物质从充满通过开口向下流动，因此有利益、获得的意象。而巽卦又可理解为反向的兑卦。兑卦为嘴巴为食物为吃进食物为言语为赞美，那么反向的兑卦便象征着不适宜入口的食物，有食物败坏的意象，因此巽卦也引申为败坏、陨落。而兑卦象形为口，有言辞的意象，兑卦又开口向上，象征着积极正面的言辞，而巽卦便是倒过来的兑卦，开口向下，象征着负面言辞、毁谤指责、归罪于人，所以为"咎"。"咎"字在周易中出现近百次，一般来说均指代巽卦。

震卦和巽卦互为伏卦，两相结合，便变成了乾卦，就成了一个完整的能量体。震卦为人为士，巽卦作为震卦的互补卦，则为妻子为妇人，男女结合，便是一个完整的家庭单位。因此，巽卦有男人之妻、妇人的意象。

巽卦象形会意为绳索，两个阳爻为固结为扭结之绳，阴爻为开散，有绳索下端开散的意象。丝绳编织而成布匹，因此巽卦有布帛的意象。而若是巽卦上有一个阴爻，则构成了正反巽，巽为绳，正反则为来回系缚，正反巽有用绳索来回系缚的意象，此意象在周易一书中常常使用。

正反巽的卦象在周易一书中占据非常重要的地位，值得大书特书。巽卦本身便有两面性，既有表示赏赐或者物质利益的正面意义，也有表示败退咎言的负面意义。再加上正反巽的卦象又可以理解为正反兑的卦象，兑卦既有表示损折的负面意象，又有表示得食受享的正面意象。因此，正反巽的卦象是周易的所有卦象组合中最容易产生误读混淆的卦象，周易一书作为解读占卜结果的指导之书，每每出现此卦象便会花上笔墨来阐明应如何解读，像爻辞中的"有孚"便是指代正反巽中的巽卦应理解为利益赏赐；"无咎"便是指代其中的巽卦不应理解为反兑也就是咎言；"亨"便是指代其中的兑卦应理解为正面的得食受享，等等。笔者将会在具体的卦象中一一分析。

坎 卦 ☵

一 坎卦综述

坎卦对应的品质特性：阴性能量、能量离散、伤害、险难危机、隐蔽、心、公平分割、轮、轴、机关、犁铧

坎卦对应的事物：月亮、水、雨水、污泥、酒水、血液、沟、坑陷、墓穴、车辙、人之耳、肾、冬季

坎卦对应的动植物：猪、肉、水中之鱼、带来伤害之物如蒺藜、棘树

坎卦对应的人：家中之中子、贼、寇盗、带来伤害之人、小人（平民、卑微之人）

坎卦对应的事件：伤害、水体带来险阻

坎卦对应的方位数字颜色：北方、数一、黑色

二 为何坎卦会对应上述意象呢？

坎卦为半震和反向的半震相叠，震卦开口向上，反震则开口向下。坎卦中间的阳爻被两个阴爻分别向相反的方向拉扯，有能量离散消耗的象征。一个阳爻孤悬于两个阴爻之中，中间阳爻断裂则坎卦变全阴为坤卦，坤为死亡，因此坎卦象征着会带来伤害死亡的困难、危机、险阻。其能量杂乱离散，不像艮卦那样有统属特性，也不像离卦那样团结相互交流，因此坎卦为"小人"，为众人。"小人"在周易一书中指代平民百姓。

而若是将两个阴爻理解为土地的话，坎卦则为两个半艮相叠，艮为土，半艮开口向不同的方向，因此坎卦喻示着土地的分裂向两个不同的方向，可以指代土地中的沟洫、坑坎、陷阱（引申为捕捉鸟兽的机关）、墓穴、车辙等。

坤卦正中的阴爻变阳则形成了坎卦。坎卦作为坤卦的中正之子，继承了坤卦的许多特性，如黑暗、隐匿、水体河川、黑色。坎卦离坤卦只有一步之遥，坤为极寒，因此坎为冬季，对应北方，也象征着北方的戎狄。坤为黑夜，月亮为黑夜之子为夜中之阳，因此坎卦代表着月亮。从坎卦的隐秘、伤害的属性引申，则坎卦为小偷、为寇盗。坎卦为水体，常常为特殊的水。因为坎卦还可以理解为一个阴爻处在半艮之上，半艮为土为沙石，阴爻为水，整体为土水混合的意象，因此坎卦为含有杂质的水体，引申为污泥、酒水、血液、雨水。肾脏为人身水汽运化的器官，因此坎又为肾。猪被认为是水性的动物，因此坎卦为猪。（《诗·小雅》："有豕白蹢，烝涉波矣。"传："犬喜雪，马喜风，豕喜雨，故天将久雨，则豕进涉水波。"古人认为猪豕涉波便是要下雨的征候，象征着坎卦能量的增强。）而猪肉为常见肉食之物，因此坎又指代肉食。坎卦又为水中之阳，鱼处于水中，鱼为实为阳，水为虚为阴，正好为一个阳爻处于两个阴爻之中，因此坎卦又象征为鱼。

坎卦又象形为中分，坎卦的一二爻和二三爻以二爻阳爻为中轴对称分布，而且开口相反，象征着物体被一分为二，因此坎指代中间、轴。两阴夹一阳，正是沿着轴来回滚动的意象，因此坎又为车轮。古代的犁铧也属于沿着轴来回滚动之物，因此坎又为犁铧。

坎卦中间的阳爻可以理解为树枝，两个不同指向的阴爻可以理解为树枝上指向外部不同方向的尖刺，阴爻说明具有伤害效果，因此坎卦可以理解为蒺藜、带刺的植物、荆棘。在周代时带刺的树木经典意象为棘树，而棘树虽然外面多刺，但是里面红心，如同我们的心一般，受伤、多刺而火红依然，因此棘树以它的心被古人盛赞（如《诗·邶风》："吹彼棘心。"），周朝也用"九棘"来作为公卿上朝列位之处。因此坎卦又引申为心。例如坎卦为心为中分，乾为正道为仁德，乾坎卦象在周易一书中常常有秉持中正之心的意象。

若是以头为阳，两耳对称分布于头部为阴，正好也是两阴夹一阳的画面，因此坎又为耳。中医认为肾开窍于耳，这和坎为肾的意象也恰好对应。

坎卦所指代的事物，看似杂乱繁多，其实我们仔细思考，不外乎象形会意，比喻引申。

离 卦 ☲

一 离卦综述

离卦对应的品质特性：阳性能量、空虚匮乏、能量交流、交友结纳、涉水、渡过险难、明察、发现问题、事物显露

离卦对应的事物：太阳、火、编织之物（网罗、筛子、纹饰、簸箕）、文书、人之眼目、诊视、光明、旱、夏季、刀兵

离卦对应的动植物：牛、雉

离卦对应的人：家中之中女，邻朋好友、社会关系

离卦对应的事件：涉水、渡险、旱灾、交友结纳、勘察、用网捕捉

离卦对应的方位数字颜色：南方、数九、红色（赤色）

二 为何离卦会对应上述意象呢？

"离"字造字从网从隹、有以网捕鸟之意。笔者认为是
"罹"字的初文。《集韵》："罹：与罗通。"《书·汤诰》：
"罹其凶害。"传："罹，被也。"《释文》："罹，本亦作
罗。" 而罗振玉先生认为"古罗離为一字。""离"字为鸟遭
遇网罗之意，引申为网罗。

网罗为交错编织之物。离卦为半震和反向的半震相叠，上面
半震开口向下，下面半震开口向上，两个半震在中间相遇相叠，
有能量相互交流交错之意。因此，离卦着重强调能量的交互。具
体到物质上，便是来回编织交错之物，如网罗、筛子、簸箕等。
具体到人际关系上，便是人和人的互动交流，因此离卦有邻朋好
友、交结建立社会关系的意象。比如乾离相叠的经典卦象，乾卦
为大人为当权者，离为结纳交结，乾离之间包含巽卦，巽为物质
赏赐从大人（乾中满）流向离卦（离中虚因此有匮乏的意象），
因此为"利见大人"。但离卦所代表的人际互动并非一定是积极
正面的，也可能为争执刀兵，因此离卦有刀兵离乱之意象。

离卦象形为眼目，上面阳爻为上眼皮，下面阳爻为下眼皮，
中间为眼睛。从眼目的意象引申而有勘察、明察、诊视、或者事
物显露于人前之意。

"目"又引申指外形上类似于人的眼睛形状的孔、眼等，具
体指像"网眼"一类的东西。所以离又为编织网状物。离有眼目
之意，又有交错之意，来回编织交错则美观悦目，因此离卦引申
为纹饰，进而引申为供眼目使用之物，如文书。

乾卦正中的阳爻变阴则形成了离卦。离卦作为乾卦的中正之
女，继承了乾卦的特性，象征着光明的阳性能量。因此，乾为光

明，离为白昼为太阳。乾为仁德为权力，离为明察，乾离结合有王权仁德而光明彪炳的意象，因此乾离分别出现在上下卦的卦象多为吉象。离为阳性能量，因此离有火的意象，也象征着旱灾，对应着夏季，配位为南方，颜色为红色。

将坎卦三爻完全反转，阴爻变为阳爻，阳爻变为阴爻，便得到了离卦，因此离卦和坎卦为对立面，互为伏卦。我们看到坎离的意象很多都是对立的，如光明和黑暗、显露与隐匿、火和水、日和月等。在讲述事件能量变化发展之时，坎卦为下陷为危机难关，那么离卦便是奋力渡过难关，这一意象在需卦中体现最为明显。

离卦所指代的事物，看似杂乱繁多，其实我们仔细思考，不外乎象形会意，比喻引申。

艮 卦 ☶

一 艮卦综述

艮卦对应的特性品质：不动、坚固、障碍、静止、安全、庞大、干旱

艮卦对应的事物：身体、家屋、门、厨房、停留之处所、牢狱、旅馆、劳役、坚硬之物、石块、山陵、朋贝钱财、友、人之手（手之动作如采选、搜求、击打、捉、拖曳等）、皮肤、鼻子、刀、刀锋、篦子、器皿之盖、覆盖、桌几

艮卦对应的动植物：植物的果实、狐狸、牛、龟、虎、飞鸟、鸟之翅膀、动物之尾

艮卦对应的人：家中之少子、官员、奴仆

艮卦对应的事件：遇到障碍、停留、倒退或反向运动（复）、旱灾

艮卦对应的方位数字颜色：东北、数八、土黄色

二 为何艮卦会对应上述意象呢？

艮卦为一个阳爻在上，两个阴爻在下。

阳爻在上，阴爻在下，阳性清扬居于上位，不欲向下，而阴性下沉居于下位，不欲向下，有各安其位的意象，因此艮卦有安全、稳定、静止、坚固的意象。处于安全、稳定的位置，便是停留的处所、家、临时的旅馆房舍。安全稳定不变之物，若是不符合主方心意，便成了障碍，因此艮为障碍。直到如今，东北河南等地都有俗语说"艮牙"，指代食物不易咬动或嚼烂，给牙齿造成障碍。

阳爻在上为领导型能量，阴爻在下为从属能量。艮卦因此有领导管理的意味，因此指代管理民众的官员，也就是周易一书所说的"君子"，同时也象征着官府。既然艮卦指代官府，加上艮卦有表示静止、障碍、停留处所的意象，因此艮卦为牢狱。但同时也可指代被领导之人，如奴仆。无论是官员还是奴仆，其实都是负责操作之人，如同人身之手，因此艮为手，引申而为手发出的一系列动作（击打、拖曳、搜求等等），因此艮为劳役，劳作必须使用身体，艮又为身体。

艮卦一阳在上，阳性清扬飞举，有飞翔之态。因此艮卦为飞鸟，为翅膀为飘垂的尾羽，象形为旗帜（旗帜为统率众人之物，同时也符合艮卦的统率之意）。尾巴根为阳爻，剩余的尾巴部位为阴爻，随着尾巴根的运动而运动，因此艮为尾。

因为阴爻众多，都被阳爻统属，所以艮卦的能量规模强盛，有庞大的意象，也指代体积庞大的动物，如牛、鹿、大象等。艮

为坤子，因此继承了坤卦的土的特性，因此艮为土为石，为土黄色。体积庞大的土石之物，便是山陵，因此艮卦为山陵。

一阳爻居于众阴之上，阴性的能量未必服从管理，也有可能会销蚀阳性的能量，此时的艮卦便喻示着存在消亡的可能。艮卦和坤卦相隔只有一爻之变。艮卦的阳爻变阴，便是坤卦，坤卦为消亡，因此艮卦有带来消亡、剥蚀切割的意象，可以指代刀、刻剥、刑罚等，进而引申为剥蚀所得之物、或者从整体脱离的局部，如皮肤、植物的果实。

艮卦同时还可以被视为阳爻下有两串竖直的垂线。若是将阳爻视为棍棒，阴爻视为贝壳，艮卦便可以象形为一根木棍下系有两串贝壳，两串贝壳为一朋，而这正是"朋"字的甲骨文构字原型（参见【释朋字】），因此艮卦为朋贝钱财。"朋"字后来被引申为象"朋"上两串贝壳一样形影不离的伙伴，也就是朋友之朋，因此艮卦又为朋友。艮卦的阳爻象形为上方的门框，两根垂线为竖立的门框门扇，因此艮卦又象形为门。若是将阳爻视为桌面，两根垂线为桌子之腿脚，那么艮卦便象形为桌几案台。艮卦阴爻在下为柴，阳爻在上为火焰，而艮卦又为家，家中之火为厨房，因此艮卦指代厨房。艮卦具有火性能量，又象征能量庞大之物，因此为庞大的火性能量，可以指代旱灾。

艮卦又为反向的震卦。震卦为往为向前向上，艮卦便为来为复为反向运动。震卦开口向上，艮卦便是向下覆盖固定。震卦象形为器皿或车厢，艮卦便象形为器皿车厢之盖。

和艮卦有关的经典卦象：艮下叠坤为甲骨文的"富"字，艮下叠震为"昔"象。可参见笔者在《字义辨》中对"富"字和"昔"字的解释。

兑卦 ☱

一 兑卦综述

兑卦对应的特性品质：损折、通达、破除障碍、脱出、喜悦、正面的言辞、强而易折

兑卦对应的事物：湖泽、嘴巴、食物、秋季、斧钺、言语。

兑卦对应的动植物：羊、轻小之物如虫豸

兑卦对应的人：家中之少女、妾

兑卦对应的事件：发出声音、笑、哭号、赞誉、得到食物、享用

兑卦对应的方位数字颜色：西方、数七

二 为何兑卦会对应上述意象呢？

兑卦为一个阴爻在上，两个阳爻在下。

若是阳爻占据主动，阳性能量则向上发展，去破除顶部象征障碍的阴爻。阳爻有两个，阴爻只有一个，象征着阳性能量占优，因此兑卦象征着强势破除障碍、强势前进，开辟道路、脱出、通达，如诗经中的"行道兑矣"一语的"兑"字，便取此义。进而引申为用来破障的人或事物，如斧钺、带有强势长角的大羊等。同时也指代尖锐之物。

若是阴爻占据主动，阴性能量则向下沉降，去销蚀下部阳爻。因为阴爻只有一个，其能量不占据主导优势，说明阳性能量的主体受到伤害，但不危及根本，因此兑卦象征着受损。结合起来，兑卦为强势而容易受损的能量。

兑卦阴爻两个横段为眼睛，两个阳爻为嘴巴，嘴巴占据了两个阳爻，象征着嘴巴张大。因此兑卦重点强调嘴巴，以及和嘴巴有关的事物，如食物、享用食物、笑、哭号、发出声音、赞美等。因为阳爻较阴爻为多，所以兑卦的能量较为正面积极，较多的来指代赞美的正面言辞，笑、喜悦。

兑卦下面两个阳爻可以会意为厚土，上面一个阴爻会意为水，水少土多，因此兑卦象征湖泽。

兑卦为艮卦的伏卦也就是对立面。艮卦既然为大为多为坚固，兑卦便为轻为小为柔弱，引申指代轻小之物，如小虫、少女等。

兑字后来分化成锐、悦、脱等字，分别运用兑卦的某一特性而成字。

总结

首先，关于能量的变化运动。周易一书常常以行路为比喻来说明主方的能量消长状态。震为前进，巽为后退，坤为彻底停止，乾为积极健康地运行，坎为遇到危机伤害为坑陷为河水之险阻，离为渡过危机险难为涉水，艮为遇到障碍或者反向运动，兑为破除障碍。对于能量变化运行的这一基本框架我们一定要明确。

其次，除了乾卦和坤卦为纯卦之外，其余六卦都是阴爻和阳爻夹杂。阴阳夹杂时，根据阴爻还是阳爻占主导地位，卦象便有不同的解读。试论述如下：

震卦为两阴爻在一阳爻之上。若是阳爻主动上升，则是行动、出发等；而若是阴占主动，来销蚀阳爻，则是分解（从这个角度看，震卦是兑卦表示损折之意的加强版）。兑卦为两阳爻在一阴爻之上。若是阳爻主动上升，则是强势出击、破障（从这个角度看，兑卦是震卦表示前进之意的加强版）；若是阴爻主动下降，则是损折（从这个角度看，兑是震卦代表分解之意的减弱版）。

艮卦为两阴爻在一阳爻之下。若是阳爻主动上升，则是统属（进而指代臣仆）、飞翔；若是阴爻占主导能量，则是刻剥、销蚀、后退。巽卦为两阳爻在一阴爻之上。底部阴爻代表分裂不固，若是阳能占主动，则是利益收获、强势领导，因此巽卦为屈曲顺从（从这个角度看，巽卦是艮卦表示臣仆之意的加强版）；若是阴爻占主动，则是后退（从这个角度看，艮卦来复是巽卦表示后退的加强版）。

坎卦为两个阴爻夹一阳爻，阳爻孤悬则为险难危机，象征着能量离散、中分。坎卦又可以理解为半震处于半艮之上、或是正反两个半震相叠、或是正反两个半艮相叠、阴爻在半艮之上、或者阴爻在半震之下。若是理解为两个半震相叠，方向相反，象征着能量的离散、分裂；半震为人，正反为多，因此坎又指代众人。若是理解为正反两个半艮相叠，半艮为土，便有车辙沟窦的意象。若是理解为半艮处于阴爻之下，为缩小版的艮下坤上，艮为不动坚硬土块，阴爻为水，为水中土块沉淀也就是泥的意象，因此坎为泥滓、为污辱。离卦则反之，经典意象为两个半震正反相交，指代能量的交流聚合；或是可以看成艮上震下的缩小版，指代震方遇到的障碍。

最后，在本卦和伏卦之中，八种基本卦象的每一卦均和其对立卦同时存在于本卦和伏卦之中。例如本卦出现了震卦，那么伏卦相同位置的三个爻变必然便转化为巽卦。本卦表示现在，伏卦表示将来。有进（震）必有退（巽），有生（乾）必有死（坤），有黑暗（坎）必有光明（离），有障碍问题（艮）必有破障解决问题的办法工具（兑），等等。明白了每一个事件都有其正面和负面意义，明白了每一个正面或者负面的事件都终将向其对立面转化，我们便可以对所处世界中无处不在的二元性略微持超然平和的心态。这种领悟，便是笔者研习周易的最大收获，谨在此和读者共享。

作者：景天

封面设计：方一菡(Yihang Fang)

联系邮箱：bojibifu@yahoo.com